L'âme perçoit et révèle la vérité.

Nous savons reconnaître la vérité, quoi qu'en disent les sceptiques et les railleurs. Lorsque vous prononcez des paroles qu'ils ne veulent pas entendre, les idiots vous demandent : «Comment savez-vous que c'est la vérité et non une erreur de votre part ?» Nous savons distinguer la vérité de l'opinion, tout comme nous savons, à l'état de veille, que nous sommes éveillés.

Les messages de l'âme, les manifestations de sa nature propre, nous les appelons Révélations. Celles-ci s'accompagnent toujours de l'émotion du sublime. Car cette communication est un apport de l'esprit divin à notre esprit. C'est un reflux du ruisselet individuel avant les brusques gonflements océaniques de la vie.

RALPH WALDO EMERSON,
Essais

Comme pour toute conversation, quelques-unes des idées présentées ici ne sont pas inédites. Sachez que j'en suis conscient. Je n'ai pas voulu supprimer certains passages qui reprennent (parfois dans les mêmes termes) des arguments formulés dans mes autres livres. Je tiens pour acquis que ces questions ne reviendraient pas si elles n'avaient aucune importance dans le contexte du présent ouvrage. J'ai donc oublié toutes les redondances et je vous invite à faire de même.

En particulier, la liste des erreurs concernant Dieu et la Vie, qui est présentée dans ce volume, ressemble beaucoup à celle des Dix Illusions de l'homme exposée dans *Communion avec Dieu*. Elle s'en inspire, tout en les plaçant dans un autre contexte. Cependant, comme les lecteurs du présent dialogue n'auront pas tous lu *Communion*, ce texte-ci est nettement destiné à être complet en lui-même.

Le monde est en difficulté. Plus que jamais. Ce livre clarifie la crise actuelle, mais éclaire aussi *les moyens de la résoudre.*

C'est un extraordinaire aperçu du processus en cours sur cette planète, des raisons de notre égarement et des façons de revenir sur la voie que nous disons vouloir prendre. Nous ne pourrons pas détourner indéfiniment le regard de ce processus (la soudaine et explosive désintégration de la vie telle que nous la connaissons), car la réalité de nos profondes difficultés va s'imposer à nous.

Ça, c'est le présent. Nous sommes confrontés à des événements et à des conditions qui ne peuvent pas nous laisser indifférents.

Cela ne signifie pas qu'il faille désespérer. En fait, il ne faut surtout pas. C'est le désespoir qui a *créé* le problème. On ne résoudra certainement pas ce dernier par un surcroît de désespoir.

Non, ce n'est pas le moment de désespérer, mais de réparer. Alors même que nous cherchons à réparer nos torts, nous sommes invités à en explorer les raisons. Qu'est-ce qui nous a menés jusqu'à la profondeur de ce désespoir suicidaire? Voilà la question-clé de ce livre. C'est une question que beaucoup de gens ne veulent pas se poser. Les réponses menacent notre mode de vie même... et apparemment, beaucoup d'humains aimeraient mieux voir disparaître celui-ci plutôt que d'évoluer. Ils préféreraient la mort au changement.

Ce livre va changer votre vie. Il présente de Nouvelles Révélations. Il nous fournit des outils pour *sortir* du désespoir, pour permettre à toute la race humaine de se hisser jusqu'à un nouveau plan d'expérience, vers une nouvelle compréhension d'elle-même, une nouvelle expression de sa vision la plus grandiose.

Si cet ouvrage nous a été donné, envoyé à ce moment précis, c'est pour nous venir en aide. Il présente ses révélations sous la forme d'une conversation avec Dieu. Pour en tirer les bienfaits, il n'est pas nécessaire de croire que cette conversation s'est vraiment déroulée. Il vous suffit de bien vouloir la suivre, en examiner le contenu, explorer la possibilité de l'appliquer à votre vie, et en observer les résultats.

La race humaine a atteint un Moment de Choix. Nous sommes confrontés à nos options par la marée des événements – et leurs instigateurs. Nous avons le choix d'avancer en construisant ensemble, enfin, un nouveau monde de paix et d'harmonie fondé sur de nouvelles conceptions de Dieu et de la Vie; ou de reculer, en perpétuant dans la séparation le vieux monde de conflit et de discorde fondé sur de vieilles croyances.

Combien de temps durerons-nous si nous persistons à choisir les approches anciennes? On peut débattre de cette question. Mais en définitive, si aucun changement radical n'affecte notre modèle actuel, notre civilisation s'effondrera, tout simplement. À mon avis, nous n'en avons que pour quelques années – non pas des siècles ni des décennies, mais des années.

Ceux qui sont prêts à accueillir des croyances nouvelles (ou du moins à les envisager) se demandent ce qu'elles seraient et quels résultats elles pourraient engendrer. Selon moi, ces nouvelles révélations présentent des réponses de taille à ces questions.

Cette conversation avec Dieu a débuté comme une simple demande adressée à sa manière par un simple mortel, au Dieu qu'il connaît. J'ai demandé à Dieu comment nous pouvons modifier la trajectoire autodestructrice de l'humanité.

Même si le Dieu que je connais ne ressemble pas à celui auquel vous croyez, c'est le même, j'en suis convaincu. Et je crois que si une personne s'adresse à ce Dieu dans la pureté, la sincérité et l'expectative, celui-ci répondra.

Ce livre est la réponse de Dieu.

Je crois qu'il peut sauver le monde.

S'il te plaît, Dieu, viens ici. Nous avons besoin d'aide.

Je suis là.

Nous avons besoin d'aide.

Je sais.

Maintenant.

Je comprends.

Le monde est au bord du désastre. Et je ne parle pas d'un désastre naturel, mais d'une calamité engendrée par l'homme.

Je sais. Tu as raison.

Écoute, les humains ont déjà vécu des désaccords, parfois graves, mais à présent, nos divisions et désaccords peuvent mener non seulement à des guerres (ce qui est déjà funeste) mais à la fin de la civilisation telle que nous la connaissons.

C'est exact. Tu as bien évalué la situation.
Tu saisis la gravité du problème, mais c'est sa nature qui t'échappe. N'en connaissant pas la cause, tu continues de chercher à la résoudre sur tous les plans, sauf le bon.

Lequel ?

Le plan de la croyance.
Le monde actuel est confronté à un problème spirituel.
Ce qui vous tue, ce sont vos conceptions de la spiritualité.
Vous persistez à vouloir résoudre le problème du monde comme s'il était d'ordre politique, ou économique, ou même militaire, *et ce n'est rien de tout cela.* C'est un problème spirituel, le seul que les humains ne semblent pas savoir résoudre.

Alors, aide-nous.

C'est ce que je suis en train de faire.

Comment ?

De bien des façons.

Nommes-en une.

Ce livre.

Ce livre va nous aider?

C'est possible.

Qu'avons-nous à faire?

Le lire.

Et ensuite?

En tenir compte.

C'est ce qu'ils disent tous. «Tout est dans le Livre, affirment-ils. Lisez-le et tenez-en compte. C'est tout ce que vous avez à faire.» L'ennui, c'est *qu'ils brandissent tous des livres différents.*

Je sais.

Et chaque livre énonce quelque chose de différent.

Je sais.

Alors, maintenant, nous devons «lire et tenir compte» de *ce livre*?

La question n'est pas de savoir ce que vous devez faire, mais bien ce que vous pourrez faire si vous le choisissez. C'est une invitation, et non une exigence.

Pourquoi voudrais-je lire cet ouvrage, puisque je me suis déjà fait préciser par des croyants véritables que toutes les réponses se trouvent dans les *autres* livres – ceux-là mêmes dont *ils* me demandent de tenir compte?

Parce que vous n'en avez pas tenu compte.

Mais oui, nous l'avons fait. Enfin, nous croyons.

Voilà pourquoi vous avez besoin d'aide, à présent. Vous croyez l'avoir fait, mais ce n'est pas le cas.

Vous persistez à déclarer que vos textes sacrés (vos cultures en ont un grand nombre, et ils sont différents) vous accordent l'autorité nécessaire pour agir ainsi, pour vous traiter mutuellement comme vous le faites.

Si vous alléguez cela, c'est seulement parce que vous n'avez pas vraiment tenu compte du message profond de ces livres. Vous les avez lus, mais vous ne les avez pas vraiment *écoutés*.

Mais oui, nous l'*avons* fait. Nous faisons ce qu'ils nous *disent*!

Non. Vous faites ce que VOUS dites qu'ils vous disent.

Qu'est-ce que ça signifie?

Tout simplement que tous les textes sacrés transposent le même message fondamental. Ce qui diffère, c'est l'interprétation qu'en font les humains.

Il n'y a rien de « mal » à avoir des interprétations différentes. Ce qui peut vous nuire, cependant, c'est de vous diviser à propos de ces différences, de vous blâmer les uns les autres à cause de ces différences, et de vous entretuer à la suite de ces différences.

C'est ce que vous faites maintenant.

Ce que vous faites depuis assez longtemps.

Vous ne pouvez même pas vous entendre au sein d'un groupe précis, encore moins entre groupes, sur le message et la signification d'un tel livre, et vous utilisez ces désaccords pour justifier ensuite des massacres.

Vous vous disputez sur ce que dit le Coran, sur le sens de ses paroles. Vous vous disputez sur ce que dit la Bible, sur le sens de ses paroles. Vous vous disputez sur ce que disent le Veda, la Bhagavad-Gita, le Lun-yü, le canon pali, le Tao-tö-king, le Talmud, le Hadith, le Livre de Mormon...

Et que dire des Upanishad, du Yi-king, de l'Adi Granth, du Mahâbhârata, des Yoga-sutra, du Mathnawi, du Kojiki?

Ça va, on comprend.

Non, en fait, vous ne comprenez pas. Justement. Il y a *bien* des textes sacrés, mais vous faites comme s'il n'y en avait qu'*un*.

C'est *votre* texte sacré qui est *vraiment* sacré. Tous les autres sont, au mieux, de médiocres substituts, au pire, des blasphèmes.

Non seulement il n'y a qu'un seul texte sacré, mais il n'y a aussi qu'une *interprétation*: la vôtre.

Cette arrogance spirituelle, c'est ce qui a causé le plus de douleur à votre espèce. Vous avez souffert davantage (et fait davantage souffrir les *autres*) avec vos idées sur Dieu qu'avec vos idées sur tout le reste de l'expérience humaine.

Vous avez fait de la source de joie suprême celle de votre plus grande douleur.

C'est *débile*. Pourquoi donc? *Pourquoi avons-nous fait cela?*

Parce qu'il y a une chose, une seule, pour laquelle les humains semblent vouloir tout sacrifier.

Ils sacrifient volontiers l'amour, la paix, la santé, l'harmonie et le bonheur, tout comme la sécurité et même leur équilibre mental, à cette seule et unique chose.

Laquelle?

Le fait d'avoir raison.

Vous êtes prêts à céder tout ce pour quoi vous avez jamais lutté, tout ce que vous avez jamais désiré, tout ce que vous avez jamais créé, afin d'avoir «raison».

En fait, pour cela, vous êtes prêts à sacrifier la Vie même.

Mais n'est-ce pas dans l'ordre des choses? Écoute, il faut bien défendre *quelque chose* dans la vie. Et la Parole de Dieu, c'est ÇA qui est juste!

Quel Dieu?

Quel Dieu?

Oui, quel Dieu?
Adonaï? Allah? Élohim? Dieu? Hari? Jéhovah? Krishna? Le Seigneur Jésus? Bouddha? Rama? Vishnou? Yahvé?

Le Dieu dont la parole nous a été rapportée avec clarté par le Maître et les prophètes.

Quel Maître et quels prophètes?

Quel Maître et quels prophètes?

Oui.

Adam? Noé? Abraham? Moïse? Confucius?
Siddharta Gautama? Jésus? Patanjali? Mahomet?
Baha'Ullah? Jalal al-Din Rumi? Martin Luther?
Joseph Smith? Paramahansa Yogananda?

Tu ne mets pas tout ce monde-là sur le même pied, dis?

Pourquoi pas? L'un d'eux est-il plus grand que
les autres?

Certainement!

Lequel?

Celui en qui je crois!

Exactement. *Maintenant*, tu saisis.

Alors, que veux-tu que je fasse? Que je sacrifie mes
croyances?

Je ne te demande rien. L'important, c'est ce
que tu veux faire.

Je veux trouver un moyen de dépasser toutes
ces croyances confuses qu'entretiennent les
humains.

Il y en a un.

Lequel?

Les transcender.

Qu'est-ce que ça veut dire?

Transcender signifie aller au-delà, dépasser, et

non rejeter ou détruire complètement. Il n'est pas nécessaire d'éliminer une chose pour la surpasser.

De toute façon, vous ne voulez pas détruire votre vieux système de croyances, car vous désirez en retenir une trop grande partie. « Transcender » ne veut pas toujours dire « être différent de » : cela signifie « être plus grand que ». Votre nouveau système de croyances élargi retiendra sans doute une part de l'ancien (celle qui vous semble encore utile). Ce sera donc une combinaison du nouveau et de l'ancien, et non un rejet complet de l'ancien.

Vois-tu la différence ?

Je crois que oui.

Bien. Alors, tu peux cesser de résister.

La raison pour laquelle les humains s'accrochent avec autant de ténacité à leurs vieilles croyances, c'est pour ne pas les déshonorer en les rejetant complètement, d'emblée. Ils croient n'avoir que cette solution : rejeter l'ancien ou l'accepter en totalité. Mais ce n'est pas leur seul choix. Vous pouvez examiner l'ancien système de croyances pour en déceler les aspects qui ne sont plus fonctionnels. Vous pouvez l'élargir afin d'améliorer le fonctionnement de certains de ses aspects. Vous pouvez aussi l'élargir pour en renouveler certains des aspects.

Rejeter entièrement vos croyances actuelles, ce serait discréditer une très grande part de ce qui a été enseigné, compris, réalisé – et qui était *bien*.

Trop de gens auraient l'impression d'« avoir tort ». Cela donnerait « tort » aux ancêtres, à des textes sacrés entiers, à des *vies* actuelles. Les gens auraient à avouer que tous les aspects spirtuels de l'expérience humaine constituaient jusque-là une erreur, un malentendu. La plupart des gens ne peuvent le reconnaître. Et ils *n'ont* pas à le faire, car ce n'est pas vrai.

En fait, vous n'avez pas à déclarer que vous aviez « tort » à propos de quoi que ce soit, car ce n'était pas le cas. *Il vous manquait une vue d'ensemble, tout simplement. Il vous fallait plus d'information.*

Transcender des croyances actuelles, ce n'est pas les rejeter inconditionnellement, mais les « compléter ».

Avec ces nouvelles informations, tu peux élargir tes croyances (non pas les *rejeter toutes,* mais les *élargir*) et continuer ta vie autrement.

D'une manière fonctionnelle.

Mais je n'ai pas plus d'information.

Mais oui.

Vraiment?

Tu as ce livre.

2

Si je comprends bien, tu affirmes que ce livre est l'égal de la Torah, de toute la Bible, de la Bhagavad-Gita ?

Non, mais ces livres n'ont-ils pas été écrits par des mortels guidés par la révélation divine ?

Oui, bien sûr, mais tu ne mets sûrement pas sur un pied d'égalité ces paroles-ci avec celles de Confucius, les enseignements du Bouddha, les révélations de Mahomet…

Encore une fois… ce n'étaient que de simples mortels, n'est-ce pas ?

Je ne dirais pas cela ainsi. C'étaient des êtres humains *exceptionnels* qui comprenaient des vérités incommensurables. Des hommes profondément inspirés.

Toi aussi, tu peux comprendre de telles vérités. Toi aussi, tu peux être profondément inspiré. T'imagines-tu que ces expériences sont réservées à une élite? Je te déclare ceci: elles sont destinées au plus grand nombre. *L'inspiration divine est le droit acquis de chaque être humain.* Vous êtes *tous* exceptionnels. Vous ne le savez tout simplement pas, ou ne le croyez pas.

Pourquoi pas?

Parce que vos religions vous ont enseigné le contraire. Elles vous ont amenés à croire que vous étiez des pécheurs, que vous étiez indignes, que seul un petit nombre d'entre vous (tous décédés) méritaient de recevoir l'inspiration directe de Dieu.

Elles vous ont convaincus que personne de vivant ne pourrait atteindre à une telle dignité et que, par conséquent, les vérités sacrées ou la Parole de Dieu ne se trouvent dans aucun livre contemporain.

Pourquoi donc? Pourquoi ont-elles prétendu cela?

Parce qu'autrement, cela aurait autorisé un autre maître, un autre prophète, un autre messager de Dieu à apporter de nouvelles révélations et à vous ouvrir à des interprétations différentes – et cela, les religions organisées et déjà établies ne pouvaient le supporter.

Ainsi, même si les religions de votre monde ne s'entendent pas sur le livre détenteur de la vérité la plus élevée, la sagesse la plus profonde et la

Véritable Parole de Dieu, elles sont *vraiment* d'accord sur un point.

Lequel?

Peu importe le livre, il doit être ancien.
Absolument.
Il faut que ce soit un livre ancien.
Cela ne peut pas être un livre nouveau, actuel. Les révélations directes de Dieu ont pris fin il y a longtemps, vos religions en conviennent. Seuls les vieux textes sacrés renferment la révélation divine.

La plupart des gens acceptent que les grandes vérités de Dieu soient parvenues *aux* humains *par l'entremise* des humains. Mais ils refusent tout simplement l'idée que ces êtres soient des contemporains.

Voilà votre façon de penser. Voilà votre concept.

Si c'est vieux, c'est valable; si c'est neuf, c'est méprisable.

Si c'est vieux, c'est vrai; si c'est neuf, c'est faux.

Si c'est vieux, c'est bien; si c'est neuf, c'est mal.

Si c'est vieux, c'est bon; si c'est neuf, c'est mauvais.

C'est précisément à cause de cette manière de penser que le progrès est si difficile sur votre planète, et l'évolution si longue.

Tout cela se complique du fait que, telle quelle, cette mentalité ne s'applique qu'aux choses (les objets inanimés) et aux idées. L'ironie, c'est qu'en ce qui concerne les *gens*, vous procédez à l'inverse.

S'ils sont jeunes, ils sont valables; s'ils sont vieux, ils sont méprisables.

Ainsi, votre société écarte d'emblée certaines

des nouvelles idées les plus brillantes et certains des aînés les plus sages.
Demande à Hermann Kümmell.

Hermann Kümmell?

Un médecin de Hambourg qui, à la fin du XIXe siècle, a eu beaucoup de difficulté à convaincre ses confrères qu'il était important de se laver les mains avant une opération. L'idée de la stérilisation des mains a été sommairement écartée par « les gens sensés », et Kümmell, tourné en ridicule, a failli être chassé de sa chère profession médicale pour avoir seulement suggéré qu'une telle pratique pouvait sauver des vies.

Cet entêtement des êtres humains à s'accrocher au passé, à refuser l'innovation ou la pensée nouvelle avant d'y être obligés par le poids gênant des preuves ralentit leur processus d'évolution depuis des millénaires.

Mais maintenant, on n'a plus l'impression de pouvoir laisser perdurer ce processus. Comme si le moment actuel était crucial ou que nous avions atteint un carrefour.

Oui. Vous affrontez à l'heure actuelle un danger nouveau et saisissant, une menace pour votre race entière. Une menace à votre survie même, posée par la combinaison d'une *faille idéologique* et d'un *progrès technologique* : vous pouvez désormais chercher à résoudre vos différences au moyen d'outils de destruction humaine dépassant vos pires cauchemars.

Mon Dieu, que faire?

Si vous voulez transformer votre monde et sa trajectoire autodestructrice, vous pouvez effectuer cinq choix.

1. Reconnaître que certaines de vos croyances anciennes sur Dieu et sur la Vie ne sont plus valides.
2. Reconnaître qu'il y a des aspects de Dieu et de la Vie qui vous échappent, et dont la compréhension changerait tout.
3. Favoriser l'avènement d'une nouvelle vision de Dieu et de la Vie susceptible d'engendrer un nouveau mode de vie sur votre planète.
4. Explorer et examiner courageusement cette nouvelle vision et, si elle s'aligne sur votre vérité et votre sagesse intérieures, élargir votre système de croyances pour lui faire une place.
5. Démontrer, par votre vie, vos croyances les plus élevées et les plus grandioses, au lieu de les nier.

Voilà les Cinq Étapes de la Paix. Si vous les appliquez, vous pourrez tout changer sur votre planète.

Pourquoi insistes-tu autant sur Dieu et nos croyances ? Pourquoi ne pas nous recommander de modifier nos systèmes politiques et économiques mondiaux ? Pourquoi ne pas nous conseiller de changer nos lois, de mettre un terme à notre violence, de partager nos ressources, d'éliminer toute forme de discrimination, de redistribuer notre abondance et de vivre en paix ?

Parce que ce sont tous des changements comportementaux.

Nos comportements, n'est-ce pas précisément ce qu'il nous faut corriger à présent?

Oui, si vous décidez de vouloir dorénavant un monde de paix et d'harmonie.

Bon, je suis perdu. Je ne comprends pas. Pourquoi parles-tu de nos croyances, alors que nous avons besoin de changer nos comportements?

Parce que ce sont les croyances qui *créent* les comportements.

3

Tous les comportements sont issus de croyances?

Tous.

N'y a-t-il pas des «réactions automatiques»?

Même ces réactions s'appuient sur ce qui, *croyez-vous*, arrive, arrivera ou pourrait arriver.

Tous les comportements s'appuient sur des croyances.

Vous ne pouvez les changer à long terme sans vous pencher sur les croyances qui les soutiennent.

Je vais répéter cet énoncé, car sa brièveté traduit mal son importance.

J'ai déclaré ceci:

Vous ne pouvez changer vos comportements à

long terme sans vous pencher sur les croyances qui les soutiennent.

Alors, c'est sur ses croyances que la société doit focaliser.

Exactement. Et c'est précisément là-dessus que la plupart de vos sociétés ne se sont *pas* concentrées, sauf sur celles qui causent aujourd'hui, comme dans le passé, le plus de bouleversements.

Mais si nous…

… Écoute-moi. Je suis en train de t'expliquer quelque chose de très important.
Je disais donc ceci : les sociétés qui causent et ont causé le plus de bouleversements dans votre monde sont celles qui se sont concentrées sur les *croyances.*

La plupart des humains tentent de changer les choses en se focalisant sur les *comportements.* Ils persistent à croire qu'ils peuvent améliorer la situation en *faisant quelque chose.* Ainsi, tout le monde se démène en essayant d'imaginer ce qu'il peut *faire.* On se concentre sur *l'action, plutôt que sur les croyances.*

Mais dans vos sociétés, les forces radicales ont toujours cherché à opérer des changements par la *pensée* et non par l'action, car elles savent que la pensée *produit* l'action. Si on incite une personne à *penser* d'une certaine manière, on peut l'amener à *agir* dans un but précis. *L'inverse n'est pas aussi facile.*

Le meurtre, par exemple. Pour pousser quelqu'un à tuer, il ne suffit pas de le lui ordonner. Il faut lui en donner une *raison.* Et la « raison » n'existe que dans la pensée. Et *la pensée* est

toujours fondée sur la *croyance*. Alors, pour amener une personne à en tuer une autre, la façon la
plus rapide est de lui fournir une *croyance* qui
soutienne l'action et puisse la favoriser.

Comme quoi?

Que Dieu veut ce meurtre qui consiste à
accomplir sa Volonté, et que celui qui le commet
sera récompensé au ciel.
Ce peut être une croyance très forte, une motivation majeure.
Tandis que la plupart d'entre vous cherchent à
susciter le changement chez les autres en leur
indiquant quoi FAIRE, ceux qui *savent* vraiment
comment motiver les gens provoquent ce changement en leur disant quoi CROIRE.
Tu piges?

Ouah! Oui.

Votre monde est présentement confronté à
d'énormes problèmes, et vous devez *les résoudre
sur le plan de la croyance.* Vous ne pourrez pas y
parvenir par le biais du comportement.
Cherchez à changer les croyances, et non les
comportements.
Une fois cela fait, le comportement suivra
automatiquement.

Mais notre société est très orientée vers l'action.
L'Occident, en particulier, a toujours trouvé ses solutions
dans l'action et non dans la contemplation tranquille ou la
philosophie.

On peut essayer par tous les moyens de modi-

fier un comportement ou d'y mettre fin, mais à moins de modifier les croyances qui l'ont produit, on ne changera rien et on n'arrêtera rien. Il existe deux façons de modifier une croyance : *l'élargir ou la transmuer*. Mais sans l'une ou l'autre, rien n'est possible.
On ne fait que l'interrompre.

Autrement dit, le comportement revient.

N'est-ce pas indiscutable ? Ne vois-tu pas que l'histoire se répète ?

Je le vois, oui. Et c'est frustrant.

Votre race tourne en rond parce qu'elle n'a pas changé ses croyances fondamentales (sur Dieu et sur la Vie) *depuis des millénaires*.
Ces croyances s'enseignent, sous une forme ou une autre, dans presque toutes les écoles de votre planète, dans presque toutes les cultures. On les présente souvent sous forme de « faits », mais ce sont tout de même des croyances.
Cela ne serait pas si funeste et ne donnerait pas lieu à des résultats aussi terribles, si vos croyances et vos enseignements correspondaient à la réalité. Mais ce n'est *pas* le cas. Ce que vous enseignez à vos enfants ne correspond *pas* à la réalité, et vous *leur dites* que « c'est ça, la réalité ».
La plupart d'entre vous ne le font pas intentionnellement. Vous ignorez que ce sont des faussetés. Après tout, ces choses, on *vous* les a enseignées. Vous supposez donc qu'elles sont vraies. C'est ainsi que « les péchés du père retomberont sur les enfants jusqu'à la septième génération ».

Dans certaines écoles (surtout des établissements religieux où l'on encourage les enfants, dès leur plus jeune âge, à voir la vie à travers le prisme de doctrines religieuses et de préjugés culturels), on engendre des comportements incroyablement négatifs qui reflètent des croyances extraordinairement erronées.

En enseignant à vos enfants à croire en un Dieu intolérant, vous sanctionnez leurs comportements d'intolérance.

En enseignant à vos enfants à croire en un Dieu vengeur, vous sanctionnez leurs comportements de vengeance.

Puis, vous les envoyez se battre avec les démons que vous avez créés. Ce n'est pas un hasard si, de loin, les «guerriers» les plus nombreux de tout mouvement radical sont les jeunes.

Lorsque vous envoyez directement les plus jeunes d'entre vous de l'école religieuse ou de l'école militaire à vos forces armées en leur jurant qu'ils se battent pour une «cause supérieure» ou «un but supérieur», ou que *Dieu est de leur côté*, que doivent-ils croire?

Doivent-ils contredire leurs aînés, leurs enseignants, leurs prêtres, leurs *oulémas*?

Mais si vous n'y prenez garde, *vos propres enfants vous déconsidéreront.*

Nous devons donc changer les croyances des jeunes.

Oui. Mais cela ne sera possible que si vous changez les croyances de ceux qui *enseignent* aux jeunes. C'est vous tous. Car à ces jeunes, vous n'enseignez pas que dans les écoles, mais à chaque instant de leur vie, alors qu'ils vous observent, vous, leurs modèles, *en train de* vivre.

Il vous faut bien comprendre ceci : *toute votre vie est un enseignement.* Tout ce que vous pensez, dites et faites instruit quelqu'un.

T'imagines-tu que les autres ne savent pas à quoi tu penses ? Crois-tu qu'ils n'écoutent pas ce que tu dis ? Espères-tu qu'ils ne te voient pas ?

Les jeunes, en particulier, veulent apprendre la vie, et le plus souvent, ils apprennent de la *vie même.* Et ils le savent par intuition. C'est pourquoi ils observent avec autant d'attention et ne manquent rien. Tu crois les faire marcher ? Tu te trompes.

Ils voient la peur, la colère, l'hypocrisie. Ils voient que tes actes ne correspondent pas à tes paroles. Et oui, ils savent même assez à quoi tu penses. Ils en savent plus que tu ne le crois.

Alors, il nous faut changer *nos propres* croyances avant de pouvoir nous attendre à la même chose chez nos enfants.

Oui. Sinon, vous allez rester là à regarder vos jeunes faire des choses incroyablement terribles – *en vous demandant où ils ont bien pu trouver de telles idées.*

Comme ces jeunes gens qui, il y a quelques années, ont emmené un étudiant universitaire gay nommé Matthew Shepard jusqu'à un tronçon de route isolé, dans la région de Laramie, dans le Wyoming, l'ont attaché à une clôture à bétail, l'ont brutalement battu et l'ont laissé mourir ?

Comme ces jeunes hommes, oui.

Ils avaient le sentiment que celui-ci méritait son sort.

Oui.

Ils n'avaient même pas le sentiment de faire quelque chose d'inconvenable.

Personne ne fait rien d'inconvenable, compte tenu de son mode de perception du monde.

Alors ça, c'est une affirmation d'une importance énorme.

C'est vrai. Alors, répétons-la.
J'ai dit...
Personne ne fait rien d'inconvenable, compte tenu de son mode de perception du monde.

Alors, ce que nous devons faire, c'est *changer notre mode de perception du monde.*

Exactement. C'est ce que j'ai dit ici.

Et nous devons changer les croyances des gens, car c'est ce sur quoi est fondé leur mode de perception du monde.

Exactement.

Notre progéniture nous imite, tout simplement. *Tous* les gens ne font que s'imiter les uns les autres. Nous ne faisons que répéter ce que nous voyons faire chez les autres.

Tu connais l'histoire du miroir qui parle à l'autre ?

Non.

Il lui lance : « Tout ça, c'est la magie des gens. »

4

Bon, alors les croyances de l'humanité à propos de Dieu
et de la Vie sont incomplètes, et ce sont ces notions
incomplètes que nous avons transmises à nos enfants d'une
génération à l'autre, ce qui a engendré la crise politique,
économique, sociale et spirituelle actuelle.

C'est exact.

Et si seulement nous pouvons changer ces croyances,
nous pourrons transformer tout cela.

Oui.

Nous pourrons mettre fin au meurtre et à la souffrance.

Oui.

Nous pourrons éliminer la pauvreté et le désespoir.

Oui.

Nous pourrons mettre un terme à l'oppression, à l'agression et à la répression.

En effet.

Cela semble tellement plein d'espoir. J'ai le sentiment que nous avons une chance.

Oh, tu as plus qu'une chance, mon fils. Toi et tous les enfants de Dieu, vous avez un heureux destin à accomplir. Et en utilisant le pouvoir, la merveille et la gloire de tous les dons que je vous ai accordés, vous allez l'accomplir. À moins que vous n'utilisiez pas ce pouvoir, que vous mettiez de côté la merveille de votre nature et que vous rejetiez mes dons.

Mais cela vous sera très difficile, car je me suis arrangé pour qu'il vous soit très ardu de ne pas atteindre votre but. En effet, les dons que je vous ai conférés sont si extraordinaires qu'ils rendent la chose presque impossible.

Considérez seulement ce que vous avez accompli jusqu'ici! Contre toute attente, vous vous êtes mis au monde et votre race a atteint la conscience.

Contre toute attente, vous avez acquis une connaissance suffisante du monde qui vous entoure pour générer des réussites matérielles vraiment extraordinaires.

Contre toute attente, vous avez développé la conscience de vous-même au point de recon- naître qu'il y a quelque chose de plus grand que l'expérience limitée de votre être, en développant les arts et la culture, la science, la philosophie et la spiritualité pour exprimer votre vision élargie de l'existence.

Lorsque vous parcourrez du regard votre Univers (et vous aurez bientôt la technologie nécessaire pour le faire d'une façon beaucoup plus efficace), vous verrez que ce ne seront pas de minces accomplissements. De toutes les formes de vie, seule une infime minorité y est parvenue.

Et regardez vos vies personnelles. Nombre d'entre vous sont devenus des êtres dynamiques, productifs, affectueux, attentifs, compatissants, profondément soucieux des sentiments des autres, tout à fait engagés envers l'amélioration du sort de tous, et très déterminés à explorer courageusement les confins de leur connaissance, afin de créer un lendemain encore plus brillant.

Vois-tu la magnificence de tout cela ? Voilà Qui Tu Es, et ce n'est que le commencement.

C'est vrai ?

Je vous l'assure : vous êtes capables d'accomplissements et d'expériences qui dépassent vos rêves les plus fous. Vous vous trouvez, même à présent, à la veille d'un âge d'or, à l'aube d'un millénaire de paix qui pourrait mener vers une gloire plus grandiose de l'espèce humaine que votre cœur ne peut en saisir la connaissance.

Cela pourrait être votre cadeau pour l'avenir, votre destin, si seulement vous pouviez le choisir.

Tu parles de changer toute notre expérience de la vie sur cette planète. Car malgré tous nos accomplissements et nos

idées, nous n'avons pas atteint la paix. Lorsque tu men-
tionnes ces mille ans de paix, tu parles de changer notre
mode de vie entier.

Oui, c'est bien de cela qu'il est question ici. Et
c'est par rapport à cela que tu m'as demandé de
t'aider, n'est-ce pas ?

C'est vrai, mais je ne vois tout simplement pas de
panacée, de «pilule magique» susceptible d'accomplir tout
ce qu'il faut pour atteindre cela.

Il y en a une.

Nos croyances.

Vos croyances.

Précisément, nos croyances à propos de Dieu ?

À propos de Dieu et de la Vie.

Et les gens qui ne croient pas en Dieu ?

Que les gens croient ou non en Dieu est sans
importance. Tout le monde entretient des croyances sur la Vie. Comme tu peux le remarquer, les
croyances collectives à propos de la vie reflètent
assez bien les croyances collectives concernant
Dieu. C'est compréhensible, étant donné ce que
je vais maintenant te dire — et cela, certaines
personnes ne l'accepteront peut-être pas.

Quoi donc ?

Que Dieu et la Vie, c'est la même chose.
Même si tu leur donnes deux noms différents,

ils sont identiques. Dieu, c'est la Vie, et la Vie, c'est Dieu. Dieu, c'est l'énergie que tu appelles la Vie, et la Vie, c'est l'énergie que tu appelles Dieu. C'est du pareil au même. La vie, c'est Dieu *à l'état physique.*

Alors, si nous croyons en la Vie, nous croyons en Dieu, c'est bien ce que tu veux dire?

Oui.
Tu ne peux séparer Dieu de la Vie, ni la Vie de Dieu. Tu peux affirmer que tu crois en la Vie mais non en Dieu, mais ce serait comme dire que tu crois au cerveau mais non à l'esprit.
Comme tu peux voir et toucher le cerveau, tu sais qu'il est là. Comme tu ne peux ni voir ni toucher l'esprit, tu n'es pas tellement certain de sa nature ni même de son existence. Le cerveau, c'est l'esprit *à l'état physique.* Mais c'est justement ton esprit qui te permet de contempler ton cerveau. Sans ton esprit, tu ne saurais même pas que le cerveau existe.
Il en va exactement de même pour Dieu et la Vie.

Alors, nous n'avons pas à «croire en Dieu» afin de changer le monde.

Pas du tout.

Mais les croyants ont une longueur d'avance.

Pas nécessairement.

Quoi?

J'ai dit: pas nécessairement.

Entends-tu par là qu'une croyance en Dieu n'est pas un bénéfice dans ce cas-ci? Que ce n'est pas un avantage?

En fait, c'est peut-être un désavantage.

Comment peux-tu affirmer que le fait de croire en Dieu peut être un *dés*avantage pour changer le monde?

Tout dépend non pas de ta croyance ou non EN Dieu, mais de ce que tu crois À PROPOS DE Dieu.

Je t'ai déjà précisé que tu n'as pas du tout à croire en Dieu afin d'utiliser des croyances pour changer le monde. Tu n'as qu'à croire en la Vie. Et tu crois en la Vie, car tu es en train d'en faire l'expérience.

Mais si tu fais partie de ceux qui croient en Dieu, *ce que* tu crois *à propos de* Dieu peut avoir un impact extraordinaire sur ce que tu crois à propos *de* la Vie – de même que sur ta façon de *vivre* ta vie et d'*en faire l'expérience*.

Alors, ta croyance *à propos de* Dieu devient cruciale.

En somme, si le monde est dans un tel état (crise, violence, meurtre et guerre), c'est à cause de nos croyances actuelles à propos de Dieu?

C'est vrai.

Bon, alors partons de ce point. Lesquelles de nos croyances à propos de Dieu engendrent les crises, la violence, le meurtre et la guerre?

Premièrement, vous croyez que Dieu *a besoin* de quelque chose.

Deuxièmement, vous croyez que Dieu *peut ne*

pas obtenir ce dont il a besoin.

Troisièmement, vous croyez que Dieu *vous a séparés* de lui parce que vous ne lui avez pas donné ce dont il a besoin.

Quatrièmement, vous croyez que Dieu a tout de même des besoins si intenses qu'il *exige* à présent que vous, *de votre position séparée*, y répondiez.

Cinquièmement, vous croyez que Dieu *vous détruira* si vous ne répondez pas à ses exigences.

Ces Cinq Erreurs à propos de Dieu ont causé plus de douleur et de destruction dans votre existence quotidienne que toutes vos autres croyances mises ensemble.

Eh bien, d'accord... nous pourrions discuter de ces croyances en détail, je suppose...

Cela vous serait d'un grand bénéfice.

Et j'aimerais le faire plus tard. Mais pour l'instant, je veux comprendre comment ces croyances à propos de *Dieu* entraînent les crises, la violence, le meurtre et la guerre entre les *gens*.

C'est simple. *Vous trouvez approprié d'agir les uns envers les autres de la même façon que, selon vos croyances, Dieu agit envers vous.*

Vous croyez également que, lorsque vous provoquez les crises, la violence, le meurtre et la guerre, vous le faites *pour répondre aux exigences de Dieu*. Vous croyez *aider Dieu à répondre à ses besoins.*

Nombre d'entre vous croient que Dieu *veut* tout cela, puisque c'est ce qu'il faut pour répondre à ses exigences. Dans ce contexte, vous croyez que le meurtre délibéré est la Volonté de Dieu.

Personnellement, je ne connais aucun être humain qui croit cela.

Tu n'en connais peut-être pas personnellement, mais je puis t'assurer qu'ils existent et qu'ils se trouvent sur votre planète depuis très longtemps.

Depuis les tout premiers jours, vous avez décrit les pires désastres et les pires expériences humaines (et même des actes de terreur commis par les hommes) comme étant «la Volonté de Dieu».

En fait, c'est en vous efforçant de comprendre les mauvaises choses qui vous arrivent que vous en êtes venus à croire, au départ, en l'existence d'un Dieu – et en un Dieu qui fait de mauvaises choses.

Explique-moi, s'il te plaît.

À l'époque la plus primitive que vous appelleriez l'âge des cavernes, et même avant, les humains ne comprenaient pas le moindre aspect de la vie qui les entourait. Ils savaient seulement qu'il y *avait* de la vie alentour. C'est-à-dire *autre chose qu'eux.*

Cette *autre chose* qui existait se manifestait tout autour. Elle apparaissait sous la forme du vent et de la pluie, du soleil, de la lune et des nuages, des plantes, des arbres, des minuscules choses vivantes que vous nommez aujourd'hui les insectes, des grandes choses vivantes que vous appelez maintenant les animaux, et sous la forme d'effets spectaculaires tels que les feux de forêt spontanés, le tonnerre et la foudre, les immenses vagues de l'océan et, parfois, un effrayant tremblement de terre.

À l'époque, l'*Homo sapiens* ne comprenait rien à tout cela. Il ne savait pas pourquoi les gens mouraient, pourquoi les ouragans, les tornades ou les sécheresses détruisaient tout. Il ne comprenait rien à rien.

Afin de donner un sens à ces choses, les premiers humains conclurent qu'il devait y avoir une puissance plus grande qu'eux. Ils imaginèrent que des « esprits » manifestaient de manière variée le bien et le mal dans leur vie.

En voyant le jour devenir la nuit, et la nuit le jour, l'herbe pousser, les fleurs s'épanouir et les arbres perdre leurs feuilles et les retrouver, ils se mirent à déifier la nature. Ils imaginèrent le « dieu de la pluie », le « dieu soleil » et bien d'autres dieux qui accomplissaient les choses selon leur humeur et leurs caprices. Ils se dirent qu'il fallait *influer* sur cette humeur et *plaire* aux dieux pour que ceux-ci exaucent ensuite leurs vœux.

Toutes sortes de rites et de rituels furent créés pour « invoquer » l'esprit des dieux nécessaires ou sollicités à tel moment, afin de les apaiser, de les honorer et de les amener à accomplir les demandes sincères des humains. Ils instaurèrent des rites de fertilité, des rites de passage et des rituels de toutes sortes et de toutes intentions. Ceux-ci furent développés au cours des siècles et devinrent ce que certains d'entre vous appellent maintenant les coutumes païennes.

Des mythes prirent naissance autour de l'influence directe des pouvoirs sacrés sur la vie terrestre, et de la vie terrestre sur les pouvoirs sacrés. Ces mythes devinrent des récits qui, à force de répétition, se transformèrent en croyances, c'est-à-dire en *vérités* pour certaines gens.

Lorsque le mythe se mue en vérité, il prend la forme d'une religion organisée.

Des religions dites païennes aux religions communément acceptées de votre époque, la distance n'est pas énorme. Encore aujourd'hui, la plupart des humains croient en une puissance supérieure dont il faut apaiser la Source par des gestes.

Sur votre planète, il y a à ce jour des centaines de religions, certaines honorant une pluralité de dieux, d'autres n'en vénérant qu'un seul.

Oui, mais il n'y a qu'une religion véritable.

Nous y voilà, une fois de plus. C'est la réponse à ta question et l'origine des croyances à propos de *Dieu* qui ouvrent la porte aux crises, à la violence, au meurtre et à la guerre entre les gens.

Mais c'est *vrai*! Une seule religion est *bonne*. Les autres ont peut-être de bonnes *intentions*, mais elles ne sont tout simplement pas acceptables. Et nous devons prendre bien garde d'être *attirés, par la ruse,* vers de fausses croyances qui ont peut-être belle *apparence*, mais n'ont rien à voir avec la Loi de Dieu. Car si nous nions le seul Dieu véritable et la Loi de Dieu, nous ne serons pas sauvés et nous irons droit en enfer.

Quand?

Quand?

Oui. Quand cela va-t-il arriver?

Quand nous allons mourir, bien sûr.

Et si les croyants véritables ont le sentiment que quelques-uns *méritent* d'aller en enfer parce qu'ils ne croient pas au Seul Dieu véritable, ni ne suivent la Loi de Dieu, ils ont le droit de les y *envoyer* immédiatement en les tuant. En effet, ils y sont parfois obligés. Lorsque les chefs religieux émettent un mandat, tous les croyants véritables doivent y obéir et même tuer sur demande.

Qui a prétendu cela?

Toi.

Moi?

Oui. Tu as dit qu'on pouvait détruire tout individu, gouvernement ou peuple dont les actions équivalent à l'apostasie. Ta Parole nous sert d'autorité.

Vous utilisez ma parole comme autorité en ces matières?

Bien sûr. Le fait de savoir que nous accomplissons la volonté de Dieu nous guide, nous dirige, nous encourage et nous réconforte lorsque nous massacrons les gens.

Mais je ne voudrais jamais cela.

Comment? Mais tu *l'as fait!*

Moi?

N'as-tu pas séparé la mer Rouge pour permettre la fuite de ton peuple? Et n'as-tu pas alors refermé la mer, noyant sous des tonnes d'eau environ 600 de leurs poursuivants? N'as-tu pas éliminé presque chaque habitant de Sodome et Gomorrhe? Et n'as-tu pas tué bien d'autres gens, ou exigé ou approuvé d'autres meurtres au cours des siècles?

Grâce à ces récits (entre autres) des instructions et exigences de la Déité, que l'on retrouve dans la Bible, le Coran, la Bhagavad-Gita, le Livre de Mormon et d'autres textes sacrés, chaque écolier de chaque culture connaît la Colère de Dieu.

Oui, voilà le problème.

Pourquoi le fait d'enseigner cela à nos enfants poserait-il un problème?

Parce que ce n'est pas la vérité.
La colère de Dieu n'existe pas.
C'est l'une de vos fausses croyances à propos de Dieu. Mais il est clair pour moi que vous y croyez et que vous jugez approprié d'agir entre vous de la même manière que, selon vous, Dieu agit à votre égard. Vos chefs religieux l'ont fait. Ils ont demandé à «tous les croyants véritables» de «tuer les apostats».

Eh bien, nous disons parfois «Il faut tuer les infidèles!», mais ça sous-entend la même chose. «Infidèles», «apostats», peu importe. Ce ne sont que des mots. Le point essentiel, c'est que si d'autres n'ont pas les mêmes croyances que nous, Dieu nous incite à les tuer.

Les chrétiens l'ont fait, les musulmans aussi. De nombreux groupes de croyants l'ont fait.

Tu connais l'histoire?

Oh oui. En 1095, à Clermont, en France, le pape Urbain II a lancé un appel à une «croisade» qui a engendré une série d'expéditions militaires organisées par des chrétiens occidentaux contre des musulmans et autres «infidèles». Ces croisades, qui se sont étalées sur *deux cents ans*, ont fait des centaines de milliers de victimes.

De même, au cours des siècles, les chefs musulmans ont soutenu un grand nombre d'agressions, d'assassinats, de massacres, au nom de l'éradication de l'apostasie.

Et ces comportements ne se sont pas arrêtés au Moyen-Âge. En 1989, l'ayatollah Ruhollah Khomeini, alors chef spirituel de l'Iran révolutionnaire, a publiquement condamné un livre intitulé *Les Versets sataniques* et émis une *fatwa* contre son auteur, Salman Rushdie.

Les musulmans du monde entier avaient le devoir de tirer à vue sur Rushdie; le cas échéant, cela leur donnait droit au ciel. L'écrivain dut se cacher pendant dix ans, jusqu'à ce que le gouvernement iranien finisse par révoquer la *fatwa*.

Plus récemment, à la fin des années 90, des musulmans radicaux, dont un bon nombre vivaient en Afghanistan, déclarèrent la guerre à la civilisation occidentale, disant aux musulmans du monde entier qu'il était de leur devoir d'apporter la «mort à l'Amérique» et la «mort à Israël», entre autres ennemis.

Autrement dit, votre histoire se répète.

Sans cesse. Et nous ne semblons pas trouver moyen de l'arrêter. À présent, nous avons affaire à d'horribles actes terroristes et au meurtre de nombreux innocents.

Entre-temps, dans un article sur ces deux siècles d'attaques de la part des chrétiens, l'*Encyclopaedia Britannica*, édition 2001, présentait sur les croisades un commentaire désormais ironique. On y explique que ces actes aléatoires de terrorisme «avec leur combinaison d'idéalisme, d'ambition, d'héroïsme, de cruauté et de folie, constituent un phénomène médiéval et, en tant que tel, étranger à l'expérience de l'homme moderne».

Je m'attends à ce que ce passage soit réécrit dans la prochaine édition…

5

Ainsi, les Cinq Erreurs à propos de Dieu engendrent les crises, la violence, le meurtre et la guerre.

Oui. On peut l'observer.

Tu as dit, également, que certaines croyances à propos de la Vie nous égaraient.

Oui.

Quelles sont-elles?

Les voici:
1. Les humains sont séparés les uns des autres.
2. Il n'y a pas assez de ressources pour le

bonheur de tous.

3. Pour en obtenir, les hommes doivent se concurrencer.

4. Certains êtres sont meilleurs que d'autres.

5. Il est approprié que les humains résolvent par le meurtre les différences sérieuses nées de toutes les autres erreurs.

Ces Cinq Erreurs à propos de la Vie, combinées aux Cinq Erreurs à propos de Dieu, finissent par créer une meurtrière litanie d'erreurs qui engendre, encore à ce jour, un monde de colère profonde, de violence brutale, de perte terrible, de peine implacable et de terreur continuelle.

Vous croyez être terrorisés par d'autres, mais en vérité, vous l'êtes par vos propres croyances.

Voilà ce que vous devez changer pour, un jour, réaliser votre rêve d'un monde de paix, d'harmonie et de bonheur.

Je le redis, encore et toujours : vous ne pourrez changer par des moyens politiques ou économiques les conditions qui engendrent la colère, la violence, la perte, la peine et la terreur. Vous pourrez *affecter* ces conditions (soit les modifier quelque peu, pour une courte période de temps, ou les interrompre), mais vous ne pourrez les éliminer sans changer vos croyances.

Car «ce sont les croyances qui génèrent les comportements».

C'est exact.

Comme j'en ai exprimé le désir, j'aimerais revenir plus tard sur toutes ces fausses croyances.

C'est bien, car c'est la raison de ce dialogue.

Mais d'abord, au début de cette conversation, tu as spécifié que nous pouvions déjà accomplir cinq choses pour changer le monde et sa trajectoire autodestructrice. Tu les a appelées les «Cinq Étapes de la Paix», mais aucune d'entre elles ne me semblait constituer un plan d'action. Elles ressemblaient plutôt à des divagations philosophiques. Pardonne-moi, je ne veux pas que ma remarque soit péjorative, mais je me demande si c'est le genre d'information qui aidera les gens et qui sera utile au monde actuel.

Ce dialogue a pour but d'*éveiller* les gens et de *guérir* le monde. Cela aidera *et* servira.

Alors, je disais que vous pouvez effectuer cinq choix. Je n'ai rien précisé quant à ces choix.

Je répète ici que la paix ne sera atteinte que lorsque vous changerez vos croyances, car il vous faudra saisir ce point pour guérir votre planète.

Ce que vous cherchez à guérir, ce sont les blessures causées par vos croyances les plus profondes qui ont engendré les comportements à la source de tout cela.

Le désir suprême de l'humanité est la paix, et je vous montre que vos croyances actuelles ne vous rendent pas très paisibles.

«Être paisible» n'est pas un acte, mais un état. On ne dit pas: «Je fais paisible», mais «Je *suis* paisible». Et l'«*être*» est une expression de l'âme et de l'esprit.

Veux-tu répéter?

L'«être» est une expression de l'âme et de l'esprit. Le «faire» est une expression du corps.

Toutes les expériences du corps proviennent d'expériences de l'âme ou de l'esprit. À vous de choisir lesquelles. Si vous choisissez l'esprit, les gestes du corps suivent les sentiments de l'esprit. Si vous choisissez l'âme, les gestes du corps suivent les sentiments de l'âme.

L'âme ressent toujours de la joie, car l'âme *est* joie. L'âme ressent toujours de l'amour, car elle *est* amour. L'âme se sent toujours reliée à la merveille de la vie, car elle en *est* l'expression.

Pour constamment ressentir cela, vous devez sortir de votre esprit. Vous devez «perdre la tête» et entrer dans votre cœur.

Je croyais que tu allais dire : dans votre âme.

Le cœur est le pont entre l'esprit et l'âme. D'abord, sortez de votre esprit et entrez dans l'espace de votre cœur. De là, il est facile de passer à l'âme.

Lorsque vous êtes dans votre espace de cœur avec une autre personne, vous pouvez parler d'âme à âme. Lorsque vous êtes dans un espace de cœur avec vous-même, vous pouvez vous sentir très profondément relié à votre âme. C'est alors que vous pouvez faire l'expérience de la communion avec Dieu.

Si vous restez dans votre esprit, vous serez affecté par ses constructions. Si l'esprit est découragé ou affaibli, le fonctionnement du corps reflétera cet état. S'il est enthousiaste, renforcé ou renouvelé, le fonctionnement du corps le reflétera aussi.

Si l'esprit est découragé, diminué, restreint, frustré, en colère, blessé ou agité, le corps le démontrera. S'il est stimulé, élargi, illimité, exubérant, joyeux, guéri et paisible, le corps se comportera d'une façon entièrement différente.

Mais n'est-ce pas précisément le sentiment que donne aux gens la «religion à l'ancienne»? Ne parle-t-elle pas du «renouvellement de l'esprit»? Ne permet-elle pas aux gens de se sentir stimulés, élargis, illimités, exubérants, joyeux, guéris et victorieux? N'est-ce pas *précisément son attrait?* N'est-ce pas *sa promesse explicite?*

En effet. Mais c'est une promesse que vos religions anciennes n'ont pas pu tenir pour l'ensemble de l'humanité.

Pourquoi cela? Si la religion peut plonger les individus dans l'extase, pourquoi ne peut-elle guérir le monde?

Parce que la religion organisée, telle que vous la créez actuellement, est une expérience largement exclusive à l'individu ou au groupe qui en fait l'expérience. Vous n'avez pas trouvé moyen d'inclure tout le monde dans la même expérience (soit l'ensemble de la société) parce que vous n'avez pas trouvé de moyen de vous entendre tous sur *la façon de faire l'expérience.*

En effet, vous *êtes en désaccord* sur cette question, au point d'interrompre votre propre extase pour exprimer votre désapprobation lorsqu'un autre ne ressent pas son extase de la même manière.

Vous avez argumenté entre vous, vous vous êtes battus et entretués dans la colère à propos de cette extase.

Pourquoi? Pourquoi donc avons-nous fait cela? Et pourquoi les religions ne peuvent-elles guérir cela?

De par leur nature, les religions organisées excluent autant de gens qu'elles en incluent. Cela ne poserait pas de problème si les religions toléraient ceux qu'elles excluent, mais beaucoup trop souvent, ce n'est pas le cas. Vous pouvez compter sur les religions pour enseigner la tolérance, mais non pour la pratiquer, car elles ne l'ont pas appris. Ainsi, elles enseignent tout le contraire.

Cela m'attriste tellement. Et je n'aurais pas su à quel point le problème était grave (et il l'*est, maintenant*) si je ne l'avais pas vu, de mes yeux vu. La preuve la plus récente et, pour moi, la plus choquante, de ce dont nous sommes en train de discuter se trouve dans un article de l'*Arizona Republic*, signé Stephanie Simon, d'abord paru dans le *Los Angeles Times* du 1ᵉʳ décembre 2001. Je veux reprendre intégralement cet article ici pour que le monde entier sache à quel point ce problème est grave et insidieux. La plupart des gens à qui j'ai fait lire ce récit sont horrifiés et stupéfaits.

Voici l'article.

ATTAQUE CONTRE UN PASTEUR LUTHÉRIEN

Sa participation à un événement œcuménique est taxée d'hérésie

St. Louis – Pour le révérend David Benke, la cérémonie du Yankee Stadium était une bénédiction, une occasion de se joindre à d'autres chefs religieux et civiques en offrant du réconfort à un pays touché au vif par les attaques terroristes menées contre le World Trade Center et le Pentagone. Il est donc monté sur la scène avec des vedettes et des politiciens pour entonner des chants patriotiques et prier.

C'était, croyait-il, son devoir de pasteur.

Mais certains de ses collègues ont vu les choses d'un tout autre œil et considèrent sa participation à cet événement œcuménique comme une hérésie.

La semaine dernière, six pasteurs du synode de l'Église luthérienne tenu au Missouri ont engagé des mesures juridiques réclamant l'excommunication de Benke.

D'autres ont réclamé par une pétition le congédiement du président de l'Église, Gerald Kieschnick, pour avoir sanctionné la participation de Benke à l'événement et pour avoir lui-même prié avec des aumôniers d'autres confessions luthériennes après une tournée des ruines du World Trade Center en octobre.

Benke «a participé à l'idolâtrie en prenant part avec des non-chrétiens» au service du 23 septembre, a déclaré au *St. Louis PostDis-*

patch l'un des dissidents, le révérend David Oberdieck. Vendredi, ce dernier a refusé d'ajouter des commentaires, alléguant que la dispute était une «histoire de famille» qui ne serait pas diffusée dans «les médias séculiers». Mais il s'en tenait à son point de vue: Benke est un idolâtre.

Lui et d'autres membres du clergé ont également accusé Benke de «syncrétisme», c'est-à-dire de promouvoir l'égalité de toutes les religions. Selon la pétition de dix pages contre Benke, la participation de celui-ci à la cérémonie de New York était une «offense flagrante envers l'amour du Christ» qui donnait «l'impression que la foi chrétienne n'en est qu'une parmi d'autres par lesquelles les gens peuvent prier Dieu».

Selon ces critiques, en frayant avec des «hérétiques» tels que des musulmans, des juifs, des hindous et des chrétiens d'autres confessions, Benke a implicitement endossé leur foi, laissant ainsi sous-entendre qu'elles offrent toutes des approches équivalentes pour atteindre le salut.

Les chefs de l'Église soutiennent qu'il ne faut pas prier en public avec un pratiquant d'une autre foi, même des luthériens d'autres confessions. Selon eux, il ne faut pratiquer sa religion qu'avec ceux qui partagent la même idée de Dieu et des textes sacrés.

«Nous ne pouvons nous avancer vers la balustrade de la communion avec quelqu'un qui conçoit la communion d'une façon complètement différente», expliqua le révérend David Strand, porte-parole de l'Église établie en banlieue de St. Louis.

La confession protestante la plus nombreuse du pays, la Convention baptiste du Sud, avec ses 16 millions de membres, se conforme à une tradition similaire. «Je n'ai pas la fibre œcuménique, a souvent dit le révérend Paige Patterson, ancien président de l'Église. En effet, bien des pasteurs de cette confession se sont empressés de rester à l'écart des services œcuméniques après les attaques du 11 septembre.

Cependant, Benke et Kieschnick insistent pour dire que la cérémonie du Yankee Stadium n'était pas un service du culte formel et que, par conséquent, elle n'était pas interdite aux membres du synode du Missouri.

Ils la considéraient comme un événement séculier, organisé par le maire Rudolph Giuliani et présenté par l'acteur James Earl Jones, comprenant quelques prières.

Lorsque vint le tour de Benke de prendre la parole au micro, il récita une brève prière qui commençait et se terminait par des références au Christ. Même s'il est resté dans un silence respectueux pendant que les autres chefs religieux parlaient, ses supporters rappellent fortement qu'il n'a pas prié avec eux. Et qu'il n'a pas donné son assentiment à leurs points de vue.

«Suggérer que Benke priait Dieu comme l'imam priait Allah… est une insulte, même en supposant que ce soit vrai», a déclaré Strand, ajoutant que la même justification s'appliquait à la séance de prière impromptue de Kieschnick avec des aumôniers d'autres confessions.

Alors, en lisant cet article, je me suis trouvé naïf. Écoute, je croyais être un type assez calé, au courant de l'actualité mondiale, mais je vois ici que je n'ai pas la moindre *idée* de ce qui se passe autour de moi.

Cette histoire m'a bouleversé. J'ai été chamboulé et attristé, j'ai eu mal au cœur en la lisant. Je n'avais absolument aucune idée de tout cela… Je croyais devoir chercher ailleurs dans le monde ce degré d'intolérance *religieuse* hystérique et radicale.

Il est temps que vous reconnaissiez une vérité humaine que personne ne veut envisager.

L'un des plus grands problèmes du monde actuel est la religion organisée.

Les religions organisées constituent un problème.

Elles ne forment pas une solution, mais un *problème*.

Pas toutes, mais la plupart. Et sûrement la plupart des plus grandes.

Dans l'ensemble de vos religions organisées les plus grandes et les plus influentes, des aveugles guident les aveugles.

Vraiment. Écoute, un pays est aux prises avec une peine incroyable et cherche un soutien spirituel en période de besoin, désireux de ressentir son unité et son union dans un moment de désarroi, et voilà que *ses propres religions l'abandonnent.*

Voici un peuple qui ne demande qu'à se serrer les coudes

et à avancer au même pas – chaque personne faisant appel au Dieu qu'elle comprend, sachant que la guérison commence par l'expression de la tolérance envers la compréhension de toutes les autres personnes – mais qui découvre que la religion organisée l'interdit.

Les religions interdisent la tolérance. Peux-tu imaginer? Des baptistes refusant de prier avec des juifs ou des catholiques. Des luthériens refusant de prier avec *d'autres luthériens.* Comme si on pouvait prier au mauvais moment, en un lieu inopportun, avec une personne inappropriée.

Est-il étonnant que des humains du monde entier demandent «Trouvez l'erreur»? Que des autocollants de pare-chocs et des panneaux-réclame aient commencé à apparaître, disant DIEU, SAUVE-MOI DES TIENS? Qui veut croire en un Dieu moins charitable et moins tolérant que lui?

Comment pouvons-nous demander au monde de se guérir lorsque la religion organisée (l'institution même censée fournir cette guérison) ne fait qu'infliger de plus en plus de dommages, ouvrir de plus en plus grande la blessure, répandre de plus en plus son indignation vertueuse, son refus, son dédain absolu, sa complète intolérance?

Mais comment peux-tu blâmer les religions si leur Dieu fait exactement la même chose?

Le problème principal, c'est votre idée de Dieu.

Je vais le redire, afin que tu ne puisses le manquer… le problème qu'affronte aujourd'hui l'humanité *est d'ordre spirituel.*

Vous ne comprenez pas qui vous êtes. Qui est Dieu. Comment fonctionne le monde. Vous ne comprenez pas que l'amour est la base de toute la vie, et vous ne comprenez pas non plus *l'amour inconditionnel.*

Vous imaginez Dieu sous la forme d'une petite déité jalouse et mesquine qui dit aux fidèles prosternés en prière : « Désolée, faites ce que je dis ou allez vous balader. Toi, ta prière, je l'écoute. Toi, la tienne, non, parce que tu n'as pas bien prié. Tu ne m'as pas plu. » Là, vous faites de moi une réplique du pire de l'humanité.

Vous prétendez chercher à être divin dans votre vie... et si c'est le Dieu auquel vous cherchez à ressembler, vous avez brillamment réussi.

Vous pouvez remercier la religion organisée de vous avoir enseigné comment faire.

Les religions organisées ne sont pas toutes dans cette catégorie. Certaines enseignent la tolérance et la pratiquent vraiment. D'autres enseignent un Dieu inclusif et vivent vraiment cet enseignement. L'Église unitaire en est un exemple. L'Église unitaire de la science religieuse aussi. Et il y en a d'autres, comme l'Église communautaire métropolitaine, et d'autres encore. Alors, les religions organisées ne tombent pas toutes dans cette catégorie.

Ton évaluation est juste, mais la majorité d'entre elles appartiennent à cette catégorie. Lorsque j'emploie les termes « religions organisées » ou « religion » en général dans ce dialogue, je parle des religions qui enseignent une doctrine d'*exclusivité* sous-entendant « notre religion est la seule véritable ».

C'est ce genre de religion qui constitue le problème.

Pas toutes. *Ce genre de religion seulement.* Celle qui enseigne une philosophie séparatiste et une théologie prônant l'exclusivisme.

Et comme tu l'as souligné, la plupart des grandes religions du monde, hélas, tombent dans cette catégorie.

Ce pourrait être plus malheureux que tu ne le penses, car ces religions fondent leurs idées sur des croyances spirituelles qui ne sont tout simplement pas vraies, mais qui ont un impact immense sur la société en général (croyants et non-croyants), comme nous le verrons dans la suite de ce dialogue.

Oui, l'humanité affronte d'autres problèmes : la faim, la pauvreté, le crime et la corruption, le désarroi politique, l'abus gouvernemental et l'avidité des grandes entreprises, et bien d'autres problèmes sociaux aussi. Mais à la base, ce sont *tous* des problèmes spirituels.

Voilà l'essentiel, le point de mire de cette discussion. Car si vos interprétations spirituelles étaient complètes, aucun de ces problèmes n'existerait.

Vous ne les laisseriez pas exister.

Mais un grand nombre de vos religions organisées les plus grandes, les plus puissantes et les plus influentes ne *permettent* pas à vos interprétations spirituelles d'être complètes, car elles ne fournissent pas l'espace adéquat. Elles ne permettent pas à vos contemplations de s'aventurer sérieusement au-delà des limites de leurs propres doctrines.

Ainsi, alors même que votre planète affronte un gigantesque problème spirituel, vous tentez de le résoudre par des moyens temporels. Vous vous empressez de traiter les symptômes, et non la cause, de votre maladie mondiale.

Vous cherchez à susciter, pour l'ensemble de l'humanité, l'enthousiasme, la croissance, l'absence de limites, l'exubérance, la joie, la guérison et la paix. Mais vous tentez de le faire avec la politique, l'économie, l'éducation, les programmes sociaux, et même avec des bombes.

Cela ne se fera pas ainsi.

Vous essayez de tout réparer, sauf ce qui en a besoin. Vous essayez de tout changer, sauf ce qui en a besoin.

Vous vous occupez de tout, sauf de vos croyances élémentaires. *Mais ce sont vos croyances élémentaires qui créent le problème.*

Voilà pourquoi les Cinq Étapes de la Paix concernent Dieu et l'âme, et non le corps.

6

D'accord, je vois. Je suis convaincu. Alors, revenons-y. Nous n'avons jamais vraiment parlé de ces Cinq Étapes de la Paix. Pourrions-nous les passer en revue?

Oui. Vous pouvez choisir d'entreprendre ces étapes maintenant si vous voulez changer votre monde et sa trajectoire autodestructrice. Faites cette déclaration:

1. Je reconnais qu'une partie de mes vieilles croyances à propos de Dieu et de la Vie ne sont plus fonctionnelles.

2. Je reconnais ne pas comprendre certains aspects de Dieu et de la Vie dont la compréhension pourrait tout changer.

3. Je veux susciter, à propos de Dieu et de la Vie, de nouvelles idées susceptibles d'en-

gendrer une nouvelle façon de vivre sur cette planète.
4. Je veux explorer et examiner ces nouvelles idées et, si elles coïncident avec ma vérité et ma perception intérieures, élargir mon système de croyances afin de les inclure.
5. Je veux vivre de manière à démontrer mes croyances.

Bon, prenons la première étape. Bien des gens ne sont pas prêts d'admettre que leurs croyances ne sont pas fonctionnelles. Surtout leurs croyances religieuses. En fait, ils disent que ce monde a justement besoin d'un peu de «religion à l'ancienne», que tout marcherait parfaitement si seulement nous commencions tous à l'écouter, à lui obéir, à faire ce qu'elle déclare.

Oui. Les fondamentalistes font partie de ces groupes de croyants. Certains les qualifient de puristes, car ils sont persuadés que pour avancer, il faut reculer vers les paroles originelles et exactes des textes sacrés, ceux en lesquels ils se trouvent justement à croire et qu'il faudrait lire et appliquer à la lettre, selon eux.
Tout mouvement religieux a ses fondamentalistes.

Ont-ils raison ? Nous suffirait-il d'écouter et de suivre ces paroles exactes pour que le monde aille mieux ?

La première difficulté, c'est qu'il ne suffit pas de les écouter. Vous devez les *interpréter* – et dès lors, vous décidez de leur sens. Ce n'est plus la Parole de Dieu. Ce sont vos paroles *à propos* de la Parole de Dieu. Et tout le monde suppose que vous savez de quoi vous parlez. Bien sûr, comme il n'y a pas moyen de le savoir, les autres doivent *vous croire sur parole.*

Pour contourner ce problème, plusieurs religions veulent accorder l'infaillibilité aux textes sacrés ou l'autorité suprême à des individus en position de leadership spirituel.

Les catholiques romains n'ont-ils pas fait cela avec le pape?

Oui. Dans la théologie catholique romaine, il est proclamé que le pape, lorsqu'il agit en tant qu'enseignant suprême et dans certaines conditions (en parlant *ex cathedra*, ou «du haut de sa chaire») ne peut se tromper quand il aborde des questions de foi ou de morale.

Et dans la Bhagavad-Gita, n'est-il pas écrit que les paroles attribuées au Seigneur Krishna sont infaillibles?

Il est vrai que dans la Bhagavad-Gita, Arjuna dit au Seigneur Sri Krishna qu'il accepte la perfection de tout ce qu'il dit.

«*Sarvam etad rtam manye*»: voilà ses paroles exactes. «*J'accepte la vérité de tout ce que tu dis.*»

Et les islamistes n'ont-ils pas proclamé l'infaillibilité du Coran, et celle des *oulémas* – les enseignants religieux et les «instruits» au sein de la *Oumma*, communauté musulmane?

En effet. Dans l'islam, l'*ouléma* reçoit une autorité suprême sur les questions à la fois morales et temporelles de la vie des musulmans, de leur naissance à leur mort.

Ne précise-t-on pas également, dans certaines interprétations de l'islam, que les musulmans doivent toujours suivre la voie de la majorité de la communauté, qui avait été chargée d'une mission par le Coran et contrainte d'accepter un défi, et qu'on dit toujours protégée par la main de Dieu – et donc dotée de l'infaillibilité?

Je vois que tu as tâté de la théologie comparée.

Oui.

Et qu'en as-tu conclu?

Qu'aucun être humain n'est infaillible et qu'il peut même être fort dangereux d'assigner l'infaillibilité à une personne ou à un groupe. Je vois que la doctrine de l'infaillibilité («nous avons toujours raison») amène invariablement à *blâmer* l'autre. Elle engendre le désaccord et le conflit. Elle peut également produire un certain *orgueil*, le contraire de l'humilité qui est censée être le fondement de toutes les religions.

En fait, c'est bien ce qui s'est passé.

Mais je suis curieux. Que *dirais-tu* aux gens qui affirment la nécessité absolue de suivre et d'interpréter à la lettre les paroles de leurs textes sacrés?

Je leur demanderais de remarquer que ces paroles ont été écrites à un moment différent et dans un lieu et des circonstances tout à fait différents. Je leur ferais observer que, tandis que ces enseignements étaient fondés sur un ensemble ferme de principes, les interpréter aujourd'hui d'une façon littérale au lieu de chercher à comprendre le principe sous-jacent qu'ils révèlent, pourrait mener, tout au moins, au malentendu et, dans le pire des cas, à une perte de la sagesse originelle dans laquelle ils étaient enracinés.

J'inviterais les humains à tirer de meilleurs bienfaits des enseignements originaux de toutes les traditions religieuses si ces enseignements s'appliquaient dans un nouveau contexte, soit celui d'une société en évolution continuelle.

Autrement dit, à demeurer ouverts à la possibilité de nouvelles interprétations afin, peut-être, de mieux appliquer la sagesse ancienne à la vie contemporaine.

Exactement.

À la fin, je dirais aux gens de partout de croire ce qu'ils veulent, de suivre leur cœur et leur âme, mais de ne pas chercher à imposer leurs vues – et certainement pas par la force.

Et s'ils insistaient tout de même pour maintenir que leur voie est la seule véritable? Et s'ils se croyaient *obligés de forcer les autres à la suivre*?

Je leur demanderais : « Qui l'exige ? »

Et s'ils répondaient : « Dieu » ?

Je répliquerais : « Vous n'avez rien compris. Ce n'est pas ce que je vous demande. Je n'exige pas cela. Je n'accorderais jamais le libre arbitre à des gens pour que vous puissiez le leur enlever ensuite. »

C'est une affirmation très puissante. Elle a un grand impact, car *même les fondamentalistes radicaux croient en la doctrine du libre arbitre*. Mais maintenant, je veux comprendre une certaine chose et, pour cela, je dois entrer dans les détails.

Vas-y.

Comment se fait-il que les fondamentalistes religieux tels que les talibans afghans exigent que toutes les femmes se recouvrent d'une *burqah* de la tête aux pieds et que tous les hommes portent une barbe de telle longueur, qu'ils interdisent aux femmes de détenir des emplois et de sortir sans être accompagnées d'un parent de sexe masculin, et qu'ils excluent les filles des écoles jusqu'à ce que la réforme du programme ne permette de leur enseigner que ce qu'elles sont censées entendre? Je ne comprends pas. J'essaie, mais je n'y arrive pas.

Il y a dans le Coran et le Hadith des écrits qui pourraient être interprétés comme un appui à toutes ces injonctions.

Mais ce sont des exigences répressives. Pourquoi ces contraintes?

Les sociétés répressives existent depuis le début de l'histoire. Les exigences et les restrictions des dirigeants de ces sociétés ne sont pas fondées sur la volonté de Dieu, mais sur ce que les chefs religieux prétendent être les «Lois de Dieu», en s'appuyant sur la crainte que la pleine liberté amène les gens à s'écarter de la voie tracée par ces chefs. En réalité, bien des gens *prendraient* probablement une autre voie, pour la simple raison que *c'est celle qu'ils préféreraient.* Mais une société répressive ne laisse pas de place à la préférence personnelle. Et une société répressive fondée sur les principes d'une religion organisée ne laisse de place qu'aux préférences de Dieu.

Mais qui peut prétendre vraiment les connaître ?

Les chefs et les enseignants de toute société répressive. Demande-le-leur ! Mais quel genre de chef mène par la force ? Et quel genre d'enseignant doit recourir à la peur pour convaincre ses étudiants de la sagesse de ses enseignements ?

Et quel genre de société interdit à ses membres d'être éduqués, ou exposés, à toute autre pensée que celle qui est acceptée par elle ?

N'est-ce pas une société qui vit dans une peur désespérée ? Qui craint que, une fois entendus, ces autres points de vue semblent plus attirants ? Et avec quel autre outil que la peur une société apeurée peut-elle se façonner ?

Mais il n'est pas étonnant que ce genre de société humaine apparaisse, car *c'est ainsi que vous imaginez le royaume de Dieu.*

Vous imaginez que Dieu exige que vous l'aimiez, sinon... Que vous acceptiez ses enseignements, sinon... Que vous vous comportiez d'une certaine manière, sinon...

Seul un Dieu de peur ferait cela. Un Dieu d'amour, non. Un Dieu d'amour n'aurait jamais à le faire. Car l'amour engendre sa propre allégeance, alors que la peur la rejette.

Mais si Dieu utilise la peur pour combler ses désirs et ses besoins, ne devriez-vous pas en faire autant ? En effet, ne devriez-vous pas le faire *en Son Nom* ?

Voilà le cercle de logique que vous avez créé, et vous y êtes enfermés. C'est un cercle vicieux dans lequel vous êtes maintenant embourbés à l'échelle de votre planète.

Je sais! C'est pourquoi je te demande ton aide. Dis-nous quoi faire. Nous voulons tous la paix. Nous voulons tous mettre fin à la tristesse et à la souffrance, et à tous ces meurtres réciproques auxquels nous nous livrons et que nous ne semblons pas capables d'arrêter. Nous cherchons un monde nouveau. Dis-nous ce qui va fonctionner. S'il te plaît.

Je te l'ai déjà dit. D'abord, vous devez reconnaître que ce que vous faites maintenant *ne fonctionne pas.*
Et ce n'est pas seulement le cas de votre religion. Vos structures politiques et économiques ne fonctionnent pas. Vos programmes d'éducation non plus.
Aucune des structures mises en place dans votre société ne soutiennent votre société. En fait, elles la démolissent.
Toutes ces structures sont fermement fondées sur des croyances qui ne reflètent pas la réalité. Elles ne vous servent plus. *Débarrassez-vous-en.*

Nous en débarrasser? Liquider tout ce que nous avons fait pour créer la civilisation?

Ce que vous avez créé n'est pas la civilisation. C'est tout *sauf* « civilisé ».
Mais je ne parle pas de « tout liquider ». Ni de détruire les structures de votre société. Quand je dis « débarrassez-vous-en », je fais référence à certaines des *croyances* qui ont créé les structures de votre société sous sa forme actuelle.
Changez-les.
Ne détruisez pas les structures de la politique, de l'économie et de l'éducation ; augmentez-les,

modifiez-les, améliorez-les.

Même nos religions?

Surtout vos religions. Vous êtes invités à créer une nouvelle façon de vivre vos religions en examinant profondément leur sagesse, puis en mettant à profit celle-ci pour former une nouvelle expression de votre nature spirituelle. Vous êtes invités à vous ouvrir à de nouvelles idées, à de nouvelles pensées et à de nouvelles révélations en explorant cette nouvelle expression spirituelle.

Alors, nous avons besoin d'une révision complète, n'est-ce pas?

Si vous choisissez ce que vous *dites* choisir (un monde de paix, d'harmonie et de bonheur), la réponse est oui. *Vous devez remodeler votre monde et sa société sur tous les plans.* L'univers vous invite à présent à vous recréer à neuf, sous la prochaine version la plus grandiose de la plus grande vision que vous ayez jamais entretenue de Qui Vous Êtes.

7

Ça semble tout à fait impossible. Je suis désolé. Je n'aime pas jeter une douche froide sur tout cela, mais je ne vois pas comment nous pourrions y arriver.

Le voulez-vous?

Oui, mais ça paraît tellement renversant.

Vous êtes *déjà* tous renversés.
Il s'agit de savoir par quoi vous choisirez de l'être : les conditions actuelles, qui pourraient détruire vos vies, ou les idées magnifiques susceptibles de les recréer.

Eh bien, quand tu l'énonces ainsi...

C'est la seule façon de l'énoncer, car c'est *la réalité.*

Voici la question qui confronte toute l'humanité, maintenant.

PAR QUOI CHOISISSEZ-VOUS D'ÊTRE REN-VERSÉS?

Voulez-vous l'être par quelque chose qui vient *vers vous* ou par quelque chose qui vient *de vous?*

C'est vrai, tout cela «paraît renversant». Il faut que ce le soit. Avec cette force (celle de vos idées, le pouvoir des nouvelles croyances), *vous pouvez renverser toute la négativité du monde.*

Eh bien, je déteste soulever ce point une fois de plus, mais c'est ce que prétend faire *la religion organisée.* Je ne veux pas élaborer, mais selon certains, si nos efforts échouent en vue de créer la vie que nous voulons sur cette planète, ce n'est pas parce que la religion nous a trompés, mais parce que *nous avons trompé la religion.*

Eh bien, penchons-nous là-dessus.

La religion organisée existe depuis des millénaires. Dans votre société, elle a touché bien des vies personnelles, mais peu de chose collectivement. En tant que groupe, vous affrontez toujours les mêmes problèmes qu'au début: l'avidité, l'envie, la colère, la vertu, l'inéquité, la violence et la guerre.

La plupart des religions organisées ne vous ont pas détachés de ces comportements. Au contraire, elles vous ont poussés à vous y enfoncer. Dans certains cas, elles les ont même justifiés par leur propre exemple.

On espérait que la religion rapproche votre

monde de Dieu, qu'elle crée un sentiment de communion avec le divin. Mais pour bien des religions organisées, cela n'a pas été le cas. Elles ont ainsi touché des vies personnelles. Cependant, l'expérience de votre société sur le plan collectif n'est pas la communion, mais la rupture; ce n'est pas l'unité avec Dieu, mais la séparation. Dans certains cas, la religion organisée *enseigne* vraiment la séparation d'avec Dieu.

On espérait que la religion rapproche les gens les uns des autres et développe un sentiment de communauté et d'intégration. Mais pour bien des religions organisées, cela n'a pas été le cas. Elles ont ainsi touché des vies, mais sur le plan collectif, votre société a vécu l'expérience contraire. En fait, dans certains cas, la religion organisée prêche *contre* la communauté et l'intégration, proclamant que Dieu n'a jamais voulu que des gens de races, de cultures et de nationalités diverses s'entremêlent, et encore moins se marient entre eux pour cocréer.

On espérait que la religion apporte à votre monde un plus grand sentiment de joie et de liberté, mais dans trop de cas, elle ne l'a pas fait. En réalité, peu d'institutions ont fait davantage pour ligoter, enchaîner et restreindre l'esprit humain, présentant de longues listes de ce qu'il faut faire ou non, porter ou non, manger ou non, penser ou non, apprécier ou non.

En effet, certaines religions organisées ont alourdi de culpabilité bien des joies humaines en proclamant que tant de choses que vous aimez sont mauvaises. L'argent est mauvais, le pouvoir est mauvais, le sexe est mauvais, la musique et la danse sont mauvaises, et dans certains endroits, le fait même d'être *vu* est mauvais. Couvrez-vous!

Cachez-vous! Protégez-vous! *Ayez honte de vous-mêmes!* Telles ont été les leçons de trop de vos religions. Tels ont été leurs enseignements. Mais le vrai message de Dieu n'est pas la honte, l'intolérance, l'exclusivité, la séparation ni l'assujettissement. Le véritable message de Dieu est la joie, l'acceptation, l'unité, la liberté et l'amour inconditionnel.

Le plus souvent, sur votre planète, le meurtre, la domination, la répression et la terreur ont été menés sous la bannière de la religion organisée et au nom de Dieu. Un exemple majeur: les deux cents ans de croisades chrétiennes, au cours desquelles des gens furent massacrés au nom du Christ.

Oui. En novembre 2001, l'ex-président Bill Clinton disait, dans un discours aux étudiants de l'université de Georgetown, que le terrorisme international actuel, qui venait d'atteindre les États-Unis, remontait à des milliers d'années.

«Au cours de la première croisade, a-t-il déclaré, lorsque les soldats chrétiens ont pris Jérusalem, ils ont commencé par brûler une synagogue qui renfermait 300 juifs, puis ils ont entrepris de tuer chaque femme et chaque enfant musulman sur le mont du Temple. Je peux ajouter ici qu'on raconte encore cette histoire au Moyen-Orient, et que nous payons toujours pour cela.»

Ce genre de folie religieuse a toujours cours, et aujourd'hui on tue en criant «Allah est grand!». L'énorme ironie et l'immense tristesse, c'est que certains humains ne voient même pas la contradiction dans tout cela.

Voilà l'effet qu'ont eu sur vous vos religions organisées, fondées sur l'exclusivité, la vertu et la vengeance. Elles n'ont rien résolu. En fait, elles ont *aggravé* les problèmes mêmes qu'elles étaient censées résoudre.

Mais la religion a fait beaucoup de bien dans le monde. Prends, par exemple, ses œuvres caritatives. Prends les millions de gens dont elle a touché la vie d'une façon positive.

En effet, la religion a fait du bien dans le monde. Elle a engendré maints bienfaits grâce à l'aide qu'elle a accordée et au changement qu'elle a provoqué dans la vie des individus. En tant que force d'évolution sociale, toutefois, elle ne s'est pas bien comportée.

Pourquoi vos religions organisées ont-elles été si singulièrement inefficaces lorsqu'il a fallu élever la morale, les motivations et *la manière de procéder* des humains? Pourquoi ont-elles complètement échoué à produire un changement significatif dans la conscience universelle globale?

Voilà la question que l'humanité ferait bien d'aborder, mais vous avez peur de la poser.

Et si nous la posions ici?

Vous découvririez que ce n'est pas faute d'efforts. En effet, la plupart des religions organisées ont esquissé des tentatives sincères afin de provoquer un changement social et un nouveau mode de vie.

C'est plutôt par manque de compréhension. Et par entêtement.

Grosso modo, la religion organisée n'a pas changé de point de vue depuis des siècles et, dans certains cas, des millénaires.

Permets-moi de le reformuler, pour que tu puisses en apprécier toute l'importance.

J'ai dit qu'on n'a pas apporté *de nouvelle idée importante* dans la plupart des grandes religions organisées *depuis des centaines et des milliers d'années.* En effet, l'*idée* même d'«idées nouvelles» est un anathème.

Cette conversation-ci va présenter des idées nouvelles et audacieuses. Oseras-tu les envisager? Auras-tu le courage de t'exposer à certaines idées nouvelles au sujet de Dieu, même si tu crois ne pas être d'accord?

Vos religions les plus grandes et leurs chefs s'y refusent résolument. Ils ne peuvent reconnaître qu'il leur échappe peut-être des choses dont la connaissance changerait tout.

À vrai dire, lorsqu'elles affirment avec insistance avoir toutes les réponses, les religions n'en fournissent aucune.

Vous voilà donc devant une question importante. C'est une nouvelle formulation de la question déjà posée, celle qu'affronte aujourd'hui toute l'humanité.

Vous lancerez-vous sur des mers nouvelles et inconnues, ou laisserez-vous la marée des événements vous balayer sur les bas-fonds rocheux sur lesquels se sont déjà mille fois fracassés vos espoirs?

Retournerez-vous aux paroles, aux expressions exactes et aux interprétations et applications littérales de vos religions anciennes, comme le voudraient les fondamentalistes de toutes les religions, ou oserez-vous explorer, suggérer, recommander et créer une spiritualité *nouvelle* qui ne rejette pas tout ce qui est vieux mais l'améliore,

portant l'humanité vers de nouveaux sommets?
As-tu le courage d'entreprendre les Cinq
Étapes de la Paix?

Et si je réponds que je suis prêt? Et si j'admets qu'un
grand nombre de nos croyances (non seulement nos croyances religieuses, mais aussi un grand nombre de nos idées sur
l'économie, la politique, l'éducation, la philosophie et une
grande part de notre culture) ne fonctionnent plus?

Alors, tu seras prêt à explorer ce qui *pourrait*
fonctionner.
Alors, tu seras prêt pour de nouvelles
révélations.
Alors, tu seras prêt à construire un nouvel
avenir.

8

Bon, la première des Cinq Étapes de la Paix est l'aveu que je viens de faire. La deuxième, c'est la reconnaissance que des aspects de Dieu et de la Vie m'échappent, dont la compréhension pourrait tout changer. D'accord, c'est certain. Je ne sais pas tout sur la Vie. Je ne comprends pas tout de Dieu.

Peut-être pas, mais certaines gens et bien des religions prétendent comprendre.
Es-tu prêt à examiner cela? Es-tu prêt à être *une force et une source*, à ta façon, dans ton coin du monde, qui modifiera ces croyances?

Je crois pouvoir être une Force et une Source. J'aime l'idée. Mais comment? *Comment* faire? Voilà la question.

D'abord, tu dois le *choisir*. Tu dois te sélectionner toi-même. C'est une question d'auto-sélection. Tu dois décider que c'est qui tu es. Puis, tu dois décider de démontrer cette décision à toute heure du jour. Tout acte est un acte d'autodéfinition. Tout ce que tu penses, dis et fais te définit, annonce ce que tu choisis en ce qui te concerne.

La vie est transmettrice de décisions. Elle transmet au monde les décisions que tu prends pour toi-même. Elle dit aux gens ta décision concernant qui *tu* es, qui *ils* sont, ta raison d'être et la leur, et la vie en soi.

Tu ne devineras jamais tout l'impact de ces décisions. Leur incidence dépasse largement ton imagination.

Mais au départ, il ne s'agit pas de vouloir changer le monde. On commence par se changer soi-même. Si tu changes ton être, ton monde intérieur change. Et lorsque ton monde intérieur change, le monde extérieur que tu *touches* change peu à peu. Et lorsque le monde extérieur que tu touches change, le monde qu'*il touche* change aussi, ainsi que le monde qu'à son tour *il* touche. Cela prend de plus en plus d'ampleur, comme une vaguelette sur un étang.

Oui, j'ai déjà entendu cette analogie. Et le temps est peut-être venu de faire des vagues, de secouer la barque.

Si tu ne le fais pas maintenant, quand donc le feras-tu? À part toi, qui le fera?

En effet. Je vois, à présent. Je vois que je dois m'engager. *Personnellement*. Je ne peux me contenter d'attendre les autres. Aucun d'entre nous ne peut se le permettre. Nous ne le pouvons plus. *Le temps presse.*

C'est exact.

Je pourrais tout d'abord changer la part de ma vie qui ne croit pas que j'ai un rôle à jouer pour aider à créer le monde collectif extérieur dans lequel nous vivons tous. En ce sens, je pourrais changer mes croyances intérieures *à propos* de ce monde, de la Vie et de Dieu. Puis, je pourrais parler aux chefs religieux de ma communauté. Nous le pourrions tous. Nous pourrions aller trouver nos chefs spirituels locaux et fixer une rencontre avec eux (en fait, *les uns avec les autres*) pour en discuter.

Dans ma propre communauté, à Ashland, en Oregon, un chef spirituel musulman local a entendu parler des terribles faussetés qu'un prêtre chrétien de l'endroit répandait sur l'islam dans ses sermons. Le musulman téléphona au prêtre pour lui demander une rencontre, mais il n'eut même pas de retour d'appel. Refusant d'abdiquer, il appela chaque jour, puis chaque heure, demandant gentiment à rencontrer le prêtre en question. Un laïque rattaché à cette Église finit par rencontrer le musulman pendant quelques instants. Mais le prêtre ne le fit jamais, et s'y refuse aujourd'hui encore.

Que dirais-tu à tes chefs religieux locaux si tu pouvais les rencontrer?

Je leur parlerais d'une conversation que j'ai eue il y a peu de temps avec sir John Templeton, le créateur du prix Templeton de religion, durant laquelle je lui ai demandé ce dont, selon lui, le monde avait le plus besoin maintenant. Celui-ci m'a répondu: «D'une théologie de l'humilité.» Lorsque je l'ai prié d'apporter des précisions, il a ajouté: «C'est une théologie qui reconnaît ne pas avoir toutes les réponses. Nous avons besoin d'une théologie qui est prête à poser sans cesse des questions.»

Sir John est un homme d'une grande sagesse.

Mais je me demande si on trouvera un jour le moyen de convaincre les grands leaders religieux qu'ils n'ont pas toutes les réponses définitives. Le *fondement* même de ces religions, c'est leur *certitude* de posséder les réponses. Selon eux, *nous n'avons qu'à les écouter.* S'ils prétendent cela, que pourrions-nous dire à nos pasteurs et à nos rabbins, aux membres du clergé de toutes les confessions de notre communauté?

Demande-leur si les gens qui suivent les enseignements des grandes religions organisées sont en paix ou bien coléreux, intolérants, rigides, abusifs et belliqueux.

Demande-leur qui est en guerre en Irlande. Et au Moyen-Orient. Qui est en conflit constant dans les Balkans, à la frontière de l'Inde et du Pakistan, en Agfhanistan. Qui a semé l'intolérance envers les gays, l'inégalité vis-à-vis des femmes, la discrimination envers les minorités aux États-Unis.

Mais sache que la bannière de la religion organisée n'est pas la seule qui soit brandie dans les nombreuses luttes de l'humanité. Il y a aussi l'étendard du nationalisme. Partant, tu dois également t'entretenir avec tes chefs politiques.

Tu as dis que le problème n'était pas politique ni économique, mais spirituel.

C'est exact. Ce sont vos interprétations spirituelles actuelles qui créent et soutiennent les structures politiques et économiques en place. Il est donc normal de rencontrer vos chefs religieux, mais aussi vos leaders politiques et économiques,

car ce sont leurs interprétations spirituelles qui
interviennent dans ces champs d'activité.
La politique, c'est la *démonstration* de votre
spiritualité.
Ainsi en est-il de l'économie.
Alors, engage la communauté entière, et non
seulement ta communauté religieuse, dans des
explorations d'une nouvelle spiritualité menant à
des changements radicaux.

Bonne idée! Peut-être que des citoyens ordinaires, dans
des villes du monde entier, pourraient créer un mouvement
informel, se réunir pour trouver ensemble des moyens de
semer la paix dans leurs propres communautés, puis inviter
leurs leaders religieux, politiques et économiques à dia-
loguer avec eux, et surtout, entre eux.

Nous *pourrions* peut-être changer certaines croyances
ou, du moins, amener des gens à commencer à examiner
certaines *idées nouvelles.*

Ah, mais quelles seraient ces nouvelles idées? Voilà la
question. Depuis des siècles, nous cherchons comment sortir
de ce dilemme. Qu'*est-ce* donc qui nous échappe à propos de
Dieu et de la Vie, et dont la compréhension changerait tout?

Moi-même, j'ai essayé de penser à ce que je répondrais
si on me posait cette question. Quelle nouvelle idée pourrais-
je offrir à la réflexion des gens?

Nous avons besoin de conseils, d'observations. Nous
avons besoin d'un nouvel angle à partir duquel approcher
tout cela.

Qu'est-ce que nous ne comprenons pas à propos de Dieu
et de la Vie?

Es-tu prêt à écouter une nouvelle révélation?
Es-tu vraiment prêt à regarder les choses sous un

nouvel angle ? Veux-tu véritablement connaître ce
que tu ne comprends pas ?

Oui.

Très bien, allons-y. Et rappelle-toi, ce ne sera
pas facile à accepter pour certaines gens.

Je comprends. Vas-y. Nous aurons tout au moins un nouveau sujet de discussion. Parler sans cesse des vieilles
théologies ne nous mène nulle part. Nous tournons en rond.
Entre-temps, nous nous entretuons, car les théologies
anciennes ne nous ont pas arrêtés.

Très juste. Alors, voici la vérité que vous ne
comprenez pas.
Toute votre civilisation (votre religion, votre
politique, votre économie, vos structures sociales,
tout) est fondée sur de faux raisonnements.

Alors, voilà une bonne amorce de conversation.
J'imagine que ce sont les faux raisonnements dont nous
avons parlé ici ?

Oui. Les cinq à propos de Dieu et les cinq
autres sur la Vie, qui sont devenus des croyances
fermes entretenues par les humains.
Les Cinq Erreurs à propos de Dieu ont
engendré la religion organisée, et les Cinq autres
sur la Vie, le nationalisme. *Voilà les deux raisons
pour lesquelles votre monde est dans un constant
désarroi depuis des siècles.*

Ah, c'est bien : alors je peux dire aux gens que nous ne
devons pas avoir de religions ni de pays ! Est-ce que j'ai
oublié quelque chose ?

Ce n'est pas ce que j'ai dit.

En tout cas, c'est l'impression que j'en garde.

Alors, tu ne m'as pas écouté. Je n'ai pas parlé d'abolir les religions ni les pays. Même si les religions organisées et le nationalisme ont été les deux causes principales de désarroi sur la Terre, il est tout aussi vrai que les religions, le nationalisme, les cultures et les traditions fournissent aux humains un sentiment d'identité et de communauté.

Autrement dit, il y a des choses qui fonctionnent et d'autres qui ne fonctionnent pas dans la religion et le nationalisme. Je ne suggérerais jamais de tout simplement abolir ces choses.

Il n'y a rien à «abolir». Ce qui est clair, par contre, c'est que vous devez maintenant améliorer (non pas éliminer, mais améliorer) votre expérience et votre expression des identités religieuses et nationales si vous souhaitez vraiment créer un monde dans lequel les humains vivront dans la paix, l'harmonie et le bonheur.

Comment pouvons-nous apporter ces améliorations ?

Notamment en observant les faussetés sur lesquelles sont basées vos croyances actuelles à propos de Dieu et de la Vie. Pour cela, il vous faudra, tes interlocuteurs et toi, entreprendre les Cinq Étapes de la Paix.

Alors, cela pourrait être notre première tâche : tenter d'amener, chacun dans notre sphère d'influence, tous nos chefs religieux, politiques et économiques locaux à entreprendre les Cinq Étapes de la Paix.

Pourquoi pas?

Ce ne sera peut-être pas facile.

C'est un début, un point de départ. Pour essayer d'améliorer les choses, il faut s'entendre sur le besoin d'une amélioration. On ne peut régler un problème sans s'entendre sur son existence. À présent, la vie sur votre planète (et la croyance sur laquelle elle est fondée) ne fonctionne pas. Pas si ce que vous voulez vivre est ce que vous affirmez vouloir vivre. Mais si vous ne pouvez vous entendre sur le fait que ces choses ne fonctionnent pas, vous voilà perdus, et vous ne pourrez rien faire d'autre.

Eh bien, je vais essayer. Je vais promouvoir les Cinq Étapes de la Paix. Les publier. Demander ses commentaires au public. Engendrer du soutien pour en discuter dans nos communautés.

Je peux même annoncer un dialogue ou une conférence sur les Cinq Étapes de la Paix en invitant des leaders locaux. Je vais lancer une invitation publique, en essayant de rendre tout cela irrésistible.

C'est de l'*activisme spirituel*, et je crois qu'il nous en faut davantage aujourd'hui. Nous avons besoin de commencer par un dialogue ouvert et honnête sur nos points de vue respectifs. Nous devons valider le désaccord et la critique, tout comme le droit de poser des questions – et de *mettre en question les réponses.*

Un grand nombre de nos religions mêmes font échec à cette discussion et à ce débat. Tandis que, dans la plupart des cercles chrétiens, il est maintenant accepté qu'il ne faut pas prendre à la lettre un seul mot de la Bible, un grand nombre de fondamentalistes chrétiens persistent à considérer littéralement la Bible comme la Parole de Dieu, pure et absolue. L'idée même de «fondamentalisme» est inconnue dans la tradition islamique. *Tous* les fidèles musulmans croient que le Coran est la parole de Dieu, pure et absolue, telle qu'elle est révélée à Mahomet, et qu'il faut la prendre à la letre. Impossible d'en dévier. Quiconque n'adhère pas à cette croyance fait acte d'apostasie. À certains endroits, l'apostat est même passible de mort.

D'aucuns pensent peut-être que j'exagère, mais les fidèles de certaines religions se sont mis à *argumenter sur les pronoms*. Nos affrontements à propos de Dieu sont devenus si triviaux, et nous imaginons notre Dieu si insignifiant, qu'un éditeur américain a créé un effet de choc en publiant une Bible dans laquelle on n'utilise ni le masculin ni le féminin.

La journaliste Cathy Lynn Grossman rapportait cet événement dans *USA Today*, en mars 2002, sous le titre A HOLY WAR OF WORDS (UNE GUERRE SAINTE DES MOTS). Elle nous informe qu'«une nouvelle traduction» non sexiste «du Nouveau Testament», appelée *Today's New International Version* (Nouvelle version internationale actualisée) et publiée par la maison Zondervan, «est en train de soulever les passions chez les croyants qui considèrent chaque parole sacrée comme un pavé sur le chemin menant à Jésus et au salut».

Selon l'article, la nouvelle Bible est parsemée de passages révisés où *lui* est remplacé par *on* et *les fils* par *les enfants*, de Matthieu jusqu'aux Révélations. Scott Bolinder, président de Zondervan, prétend qu'elle «honore les principes bibliques», mais montre aux lecteurs actuels que «la Bible n'est pas seulement pour les garçons».

«Mais les critiques comme James Dobson, fondateur du ministère conservateur Focus on the Family, disent que le fait de taire "la masculinité voulue par les auteurs des Écritures" transgresse l'Évangile en obscurcissant la paternité de Dieu... et l'identité véritable de Jésus-Christ».

La journaliste résume ainsi un grand nombre des propos de ces détracteurs: «Si vous jouez avec la Bible, vous jouez avec Dieu.»

Une Bible de la neutralité des genres, affirment ces critiques, pourrait «écarter les croyants innocents et les nouveaux convertis du chemin de la vie éternelle», écrit Cathy Grossman.

L'ennui, soulignent les observateurs cités dans l'article, c'est que «le fait de changer des pronoms dans un texte biblique implique que quelque chose allait de travers dans la version originale» et que «entre évangélistes,"on ne dit tout simplement pas que la Bible contient des erreurs"», aurait déclaré Nancy Ammerman, du Hartford Institute for Religion Research.

L'article cite également R. Albert Mohler Jr., président du Séminaire théologique baptiste du Sud, avançant que «le fait de capituler devant les vents traîtres de la culture populaire serait "une insulte au caractère même de la Bible en tant que parole éternelle, infaillible et autoritaire de Dieu"».

Alors, de quel genre d'insulte parle-t-on ici? L'article en offrait un exemple. Dans la version révisée, la formulation de Jean, chap. 11, versets 25 et 26:

«Celui qui croit en moi, même s'il meurt, vivra; et celui qui vit et croit en moi ne mourra jamais»

...a été remplacée par...

«Quiconque croit en moi vivra, même s'il meurt, et quiconque vit et croit en moi ne mourra jamais.»

La journaliste cite d'autres exemples, y compris un changement dans Tite, chap. 2, verset 12, où, élaborant sur l'enseignement de Paul, les Bibles anciennes disent que la grâce salutaire de Dieu s'est «manifestée à tous les hommes», tandis que dans la nouvelle traduction controversée, cette grâce «offre le salut à tout le monde».

Alors, je ne suis pas certain que cela constitue une «insulte au caractère même de la Bible», mais je suis sûr que c'est ce genre de chamailleries irascibles à propos de l'«infaillible» parole de Dieu qui produit tous ces *comportements erratiques chez les humains*.

«L'exactitude, la fidélité à la parole de Dieu est toujours la position morale la plus élevée», précise Susan Harding, anthropologue à l'université de Californie à Santa Cruz, auteure d'ouvrages sur le langage et la politique fondamentalistes, selon *USA Today*. D'après l'article, elle aurait déclaré que ces changements de genre introduits dans la Bible nous entraînaient sur «la pente glissante de la perdition».

Alors, c'est tout. Nous irons droit en enfer si nous remplaçons dans la Bible les «il» par des «on».

La citation de Mme Harding se termine ainsi: «On ne peut avoir de communauté de croyants si ceux-ci ne s'accordent pas sur la lettre de la Bible.»

Je manifeste un respectueux désaccord, faisant remarquer que c'est lorsqu'une communauté de croyants n'est *pas* en désaccord sur *quoi que ce soit* que ses membres ont tous de très gros problèmes.

Nous avons plutôt besoin d'un *dialogue ouvert* à propos des révélations de Dieu, des vérités de la vie, de qui nous sommes et de qui nous choisissons d'être, et de la façon dont nous pouvons tous le mieux arriver à destination en tant que société humaine.

Cette conversation est un bon exemple de dialogue ouvert et franc. Partage-la avec d'autres, pour qu'ils sachent de quoi nous parlons.

Alors, à travers nos discussions actuelles, tu as

déjà entrepris les deux premières étapes de la paix. Tu as avoué que tes vieilles impressions ne sont plus fonctionnelles et tu as reconnu que des aspects t'échappent à propos de Dieu et de la Vie, dont la compréhension changerait tout. Es-tu prêt pour la troisième étape?

Voyons... L'étape 3 consiste à vouloir susciter une nouvelle interprétation de Dieu et de la Vie. D'accord, je suis prêt.

Vraiment? L'es-tu véritablement? Cette idée est très menaçante pour certains. Que quelqu'un, actuellement, puisse susciter une nouvelle conception de Dieu et de la Vie qui serait valable, cela ébranle le fondement même de l'orthodoxie.

Je suis prêt à me détacher de cela un instant. Je suis ouvert à l'idée que quelqu'un essaie.

Non, non, il ne s'agit pas que quelqu'un «essaie». Il s'agit que tu sois prêt à susciter une nouvelle interprétation, et non à ce que quelqu'un *essaie* de la susciter.

Quelle est la différence?

La différence consiste à savoir dans quelle mesure tu t'ouvres à l'Espace du Possible. Ceux qui croient à Mahomet, à Jésus, à Baha'Ullah et aux autres ne disent pas que ces hommes ont «essayé» de susciter une grande vérité. Ils affirment plutôt qu'ils l'ont *fait*. Alors, es-tu prêt à annoncer et à déclarer qu'il est possible que quelqu'un *essaie* de susciter une

nouvelle idée de Dieu et de la Vie, ou que
quelqu'un *suscite* vraiment une nouvelle idée de
Dieu et de la Vie? La différence est énorme.
Tu vois, dans votre monde, il est très difficile de
faire quelque expérience que ce soit si vous ne
croyez pas à sa possibilité. Même si elle se
produit, vous allez la nier.

Ce n'est pas vrai. Il est arrivé dans ma vie bien des choses
que je ne croyais pas possibles.

Oui, mais d'autres les ont validées pour toi. Ils
ont juré que cela s'était passé. Ils ont reconnu que
c'était vrai. Alors, ça l'est devenu pour toi.
Par contre, si la majorité des gens de votre
culture (presque tous les membres de votre
société) prétendent qu'une chose n'est pas
possible, il te sera très difficile, sinon impossible,
d'en faire l'expérience.
Même si tu l'as juste sous les yeux, tu ne le
croiras peut-être pas ou tu y verras autre chose,
car tu ne le comprendras tout simplement pas.

Oui, je me rappelle ma grand-mère âgée quand elle a vu
le premier homme marcher sur la Lune. Elle a fixé le
téléviseur en disant: «C'est un bon film, non?» Quand mon
père et ma tante lui ont répondu: «Non, maman, c'est vrai.
Ils sont vraiment sur la Lune», grand-mère a ajouté: «C'est
un film merveilleux. C'est plein d'imagination.» Elle ne
pouvait tout simplement pas concevoir cette réalité, ne
comprenant pas comment une telle chose pouvait se
produire.

Et ce que l'on ne comprend pas...

On le nie!

Exactement.

Ainsi, si l'on ne croit pas *possible* qu'un contemporain suscite une nouvelle idée de Dieu et de la Vie ou apporte au monde une nouvelle révélation, on trouvera la chose incompréhensible. On ne la comprendra pas. Ce qui veut dire?

Qu'on la niera.

Même si son message fait battre ton cœur d'excitation. Même si la croissance de ta conscience fait trembler ton corps. Même si la danse joyeuse de ton âme allume ton esprit. Mais maintenant, je t'invite à t'ouvrir davantage à l'Espace du Possible. Non pas à reconnaître qu'il est possible que quelqu'un *essaie*, mais qu'il est possible que quelqu'un *fasse* la chose appelée «suscite une nouvelle idée de Dieu et de la Vie».

L'Espace du Possible doit accorder de la place à une Vérité nouvelle – à une *immense* Vérité nouvelle.

D'accord, je suis ouvert à l'idée. Je vais l'être suffisamment pour envisager la possibilité d'apprendre quelque chose de neuf ici.

Bien.

Peux-tu l'énoncer directement?

Oui. Appelons cela la **PREMIÈRE NOUVELLE RÉVÉLATION**:
Dieu n'a jamais cessé de communiquer directement avec les humains. Depuis le début

des temps, il communique avec eux et par leur intermédiaire.

Voilà ce que tu pourras dire aux autres lorsqu'ils te demanderont : «Quelles sont ces nouvelles idées que vous aimeriez nous voir envisager? Qu'est-ce donc que nous ne savons pas et dont la connaissance changerait tout?»

Je t'invite à *changer tes croyances à ce propos. Abandonne l'idée que Dieu a cessé de communiquer avec les humains. Sois prêt à envisager une nouvelle pensée : que Dieu parle continuellement à chacun.*

Peux-tu le faire? Peux-tu entretenir l'espace de ce possible?

J'essaie. J'essaie considérablement depuis le début de ce dialogue.

Tu ne peux te contenter d'«essayer». Si tu veux faire l'expérience que tu dis vouloir faire, si tu souhaites faire partie de ceux qui aident à changer la trajectoire autodestructrice de votre monde, tu ne dois pas te contenter d'«essayer». Tu dois le faire.

Tu m'as demandé de faire quelque chose. De t'aider. De te donner des outils pour changer le monde.

Oui.

Eh bien, je t'invite, *toi*, à faire quelque chose.

Quoi?

Utilise les outils que je te donne.

Ne dis pas que tu «essaies» de les utiliser. Ne

fais pas comme certains, qui les ont écartés sous prétexte que ce ne sont pas les «bons» outils, ou les ont laissés de côté, parce qu'ils sont supposément «trop difficiles» à utiliser.

Je ne te donnerais pas ces outils si je ne te savais pas capable d'y recourir. Ma fonction n'est pas de te frustrer ni de te mettre à l'épreuve. (Ni de te *punir* si tu ne réussis pas.)

Il m'appartient de te glorifier et, ainsi, de me glorifier. Car ce n'est que dans ta gloire que la mienne se trouvera. Ce n'est que dans ta merveille que la mienne sera connue. Ce n'est que dans la Vie même, exprimée dans sa prochaine façon la plus grandiose, que la Vie même sera *vécue* ainsi.

9

Je suis prêt! Je me sens inspiré et prêt! *Je vais passer à l'action.* Je vais délaisser le moindre doute. Je vais entrer dans la foi et la connaissance entières. Je suis prêt à susciter une nouvelle idée de Dieu et de la Vie, et je suis tout à fait ouvert à cette possibilité.

Bien. Car maintenant, je te demande de t'ouvrir encore davantage à l'Espace du Possible.

D'accord.

Je te demande de t'ouvrir à la possibilité que soient suscitées, grâce à *toi*, des idées et des révélations nouvelles.

Oui, je comprends. Mais ce geste me paraît si... intéressé, si autoglorificateur et… si lourd.

Seulement si tu crois être le seul à avoir reçu ces capacités. Cette idée exigerait que tu te considères, et même te déclares, extraordinaire. Encore plus que les autres.

Tu *es* extraordinaire, mais *pas* plus que les autres. Alors, sache que tu n'as pas à te sentir alourdi d'un fardeau, ni complètement responsable d'apporter au monde le nouveau message qu'il attend. Car tous, partout, peuvent susciter ce nouveau message, partager cette nouvelle idée, révéler cette nouvelle vérité.

Dans ce cas, tout le monde peut prétendre être le nouveau messager de Dieu. Comment démêler tout cela? Qui devons-nous écouter?

N'écoute aucun humain qui se targue d'être plus extraordinaire que les autres.

Si un individu cherche à se distinguer du reste de l'humanité, se qualifie de supérieur, de meilleur que les autres, ou se prend pour un petit saint en se déclarant plus grand, en se proclamant le messie, le sauveur ou le seul père de l'humanité, ou le seul vrai prophète, ou s'il s'exalte, fuis-le à toutes jambes.

Mais si des individus se déclarent messagers de Dieu même si vous en êtes *tous*, et sauveurs même si vous en êtes *tous*, et saints même si vous en êtes *tous*, alors écoute-les attentivement, car ils ne te diront pas de les suivre, mais de suivre le Dieu qui vit en toi.

Car c'est dans ton cœur, ton âme et les profonds replis de ton esprit que réside la Divinité. C'est là qu'elle se trouvera, seulement là qu'elle peut vraiment être ressentie, et de là qu'elle peut émerger dans la pureté et la vérité, et à travers nulle autre personne, situation ou chose.

La Divinité réalisée au moyen d'une autre personne, situation ou chose est la Divinité par projection. Vous voyez tout autour de vous, dans le monde extérieur, l'expression de la Divinité, mais elle est différente de l'*expérience* de la Divinité.

Ne confondez jamais l'expression avec l'expérience.

Une fleur magnifique est une expression de la Divinité, mais ce n'est que lorsque vous voyez, ressentez, humez et touchez la jolie fleur *qui est Vous* que vous connaissez l'*expérience* de la Divinité.

L'expression extérieure peut *mener* à l'expérience intérieure, mais elle ne pourra jamais se substituer à elle. Toutefois, lorsque l'expérience intérieure mène à l'expression extérieure, le cercle est complet – c'est le but de la Vie, la fonction du Monde et de tout l'Univers.

Ouah! Je n'ai jamais reçu d'explication aussi simple. Peux-tu élaborer juste un peu pour moi?

Le but du Monde, la raison de sa création, est de vous fournir un champ contextuel dans lequel atteindre une conscience de votre destinée. Cela peut s'accomplir en partie par l'observation de l'expression extérieure de la Divinité que la Vie présente, fournit et produit.

Mais ne confondez pas les deux. Car l'expression de la Divinité n'est pas la *vôtre* mais celle d'un être *différent*. Et lorsque vous faites vôtre *cette* expérience, vous substituez l'extérieur à l'intérieur. Ce faisant, vous vous éloignez du pouvoir de la Divinité qui est en vous et cédez votre pouvoir. Cela, aucun véritable maître ou avatar ne vous le demandera jamais et ne vous permettra même de le faire de vous-même. *Par conséquent, méfiez-vous de ceux qui vous offrent un espace et une façon de leur rendre hommage.*

Ah! *Voilà* ce qu'on entend par le dicton «Si tu vois le Bouddha dans la rue, fuis-le».

Oui. S'il paraît être le Bouddha, à la façon dont on le traite (et à celle dont il *laisse* les gens le traiter), alors il ne l'est *pas*, car le Bouddha ne laisserait jamais les autres le considérer ou le traiter comme un être plus extraordinaire qu'eux.

Vos gouvernants occupent les sièges les plus élevés afin que vous leur obéissiez. Mais abstenez-vous, car ces gens ne pratiquent pas ce qu'ils prêchent.

Ils créent de lourds fardeaux et les déposent sur les épaules des autres, mais eux-mêmes ne veulent pas lever le petit doigt pour les soulever.

Ainsi, ceux qui prétendent enseigner la loi spirituelle la plus élevée mais ne la vivent pas, peuvent être aisément identifiés. Tout ce qu'ils font leur sert à être vus des autres. Ils portent de grandes tuniques ornementées; ils aiment occuper la place d'honneur dans les banquets et les sièges les plus importants dans les églises, les synagogues et les lieux de rassemblement de toutes sortes; ils adorent être accueillis sur la place du marché et encouragent les autres à les appeler pères et parents véritables, enseignants

supérieurs, maîtres, rabbins et prophètes.
Mais vous n'avez pas à être appelés «rabbins»,
car il n'y en a qu'un seul, qui est dans votre cœur.
Et vous n'avez pas à être appelés «maîtres»,
car vous n'en avez qu'un, logé dans votre âme.
Et n'appelez aucun humain votre «père» spirituel ou votre «parent véritable», car vous n'avez
qu'un seul Dieu le Père (ou la Mère), source de
toute création, et vous êtes tous enfants de ce
seul Dieu, frères et sœurs, progéniture égale, unis
à l'Un Qui Est.

Et personne ne doit se faire appeler votre
enseignant le plus grand, car vous n'avez qu'un
seul enseignant suprême, qui est la Divinité en
vous, c'est-à-dire la sagesse, la connaissance et
la vérité que vous *êtes*.

D'autres vous instruiront peut-être sur la façon
de trouver en vous cet enseignant suprême, et
cette personne sera peut-être «un» enseignant,
l'un des nombreux qui viendront vers vous, au
cours de votre vie, pour vous rappeler Qui Vous
Êtes Vraiment. Oui, même vous, vous pouvez
vous qualifier d'enseignants, ou pouvez être quali-
fiés d'enseignants par les autres.

Mais si vous choisissez cette forme de service à
l'humanité, faites-le avec humilité, car quiconque
s'exalte sera humilié, et quiconque s'humilie sera
exalté.

Je te déclare ceci : Vous reconnaîtrez les plus
grands d'entre vous du fait qu'ils seront vos
serviteurs.

Tu veux dire que nous n'avons à vénérer aucun
enseignant suprême ni être divin ? Que Moïse, Jésus et
Mahomet n'étaient pas plus extraordinaires que les autres ?

Formulons-le à l'inverse. *Chacun est aussi
extraordinaire que Moïse, Jésus et Mahomet.*

C'est une affirmation très audacieuse. Elle pourrait créer
des problèmes. On pourrait me tuer pour avoir préconisé une
chose pareille, ou me traiter d'*apostat*. Je pourrais avoir une
fatwa contre moi, ma tête pourrait être mise à prix.

Oui, c'est fort possible.

Je ne veux pas déshonorer Mahomet par une semblable
affirmation.

Mais comment cela pourrait-il être considéré
comme un déshonneur pour Mahomet? *C'est ce
que préconisent ses disciples.*

Quoi?

Selon les disciples de Mahomet, tout le monde
doit chercher à être aussi extraordinaire que lui.
Ils *appellent les gens à ce voyage.* C'est ce que
dit le Hadith. Grâce à lui, les disciples de
Mahomet modèlent leur vie sur la sienne.

On peut annoncer qu'on *modèle* sa vie sur celle de
Mahomet, mais pas qu'on a *copié* la sienne. C'est un
blasphème que de se prétendre aussi saint que Mahomet.
C'est une *hérésie* que de se proclamer aussi extraordinaire
que Jésus. C'est *le sommet de l'arrogance spirituelle* que de
s'imaginer aussi sage que Moïse.

Vraiment? Jésus n'a-t-il pas dit: «Mon Père et
moi ne faisons qu'Un» et «Ceux qui entendent la
parole de Dieu et l'appliquent sont mes frères et
sœurs»?

Peut-être, mais même entre frères et sœurs, l'un peut être plus extraordinaire que les autres.

Demande à une mère lequel de ses enfants est le plus extraordinaire.

Et Jésus n'a-t-il pas dit de ses propres miracles : « Vous ferez les œuvres que je fais ; vous en ferez même de plus grandes » ?

Oui, mais il énonçait cela à propos de ceux qui croient en *lui*. « Si vous croyez en *moi*, vous ferez les œuvres que je fais ; vous en ferez même de plus grandes. »

Ce qui veut dire : « Si vous croyez que je suis le Fils de Dieu et que je peux faire ces choses, *vous le pouvez aussi* », non ?

Je suppose qu'on peut l'interpréter de cette façon.

Jésus donnait un exemple. Tout comme Mahomet. Les maîtres ont toujours établi des exemples semblables pour encourager les autres à les suivre, à vivre comme eux, à leur ressembler.

Tous les musulmans cherchent à émuler la vie de Mahomet. Tous les chrétiens cherchent à émuler la vie du Christ. Tous les bouddhistes cherchent à émuler la vie de Siddharta Gautama.

Ne crois-tu pas que tu ferais bien d'émuler la vie de tes plus grands maîtres spirituels ?

Oui, je suppose.

Eh bien, « émuler » signifie « chercher à égaler ou à surpasser ».

Alors, regarde les deux derniers mots de cette phrase.

Regarde-les.

Comprends-tu leurs implications ?

Alors, ne serait-il pas cruel de t'encourager, dans un premier souffle, à faire cela et de déclarer ensuite que c'est impossible ?

Je ne l'ai jamais vu ainsi.

Eh bien, le moment est venu. Car je te répète ceci :

Le maître véritable n'est pas celui qui a le plus de disciples mais celui qui crée le plus de maîtres.

Le leader véritable n'est pas celui qui a le plus de partisans mais celui qui crée le plus de leaders.

Le roi véritable n'est pas celui qui a le plus de sujets mais celui qui en mène le plus grand nombre à la royauté.

L'enseignant véritable n'est pas celui qui a le plus de connaissances, mais celui qui amène le plus de gens vers la connaissance.

Et un Dieu véritable n'est pas celui qui a le plus de serviteurs, mais celui qui sert le plus, faisant ainsi des Dieux de tous les autres.

Car c'est à la fois le but et la gloire de Dieu : que ses sujets ne soient plus des sujets et que tous connaissent un Dieu non pas inatteignable, mais inévitable. (Extrait de *CAD*, tome 1.)

Oh, j'*adore* ça ! «Un Dieu non pas inatteignable, mais *inévitable.*» Cette expression est extraordinaire.

Si tu la trouves extraordinaire, c'est parce qu'on t'a dit que le contraire était vrai. Que tu ne *pouvais pas* atteindre à la divinité, et que tu ne dois jamais y prétendre.

Mais n'est-ce pas ce qu'ont fait les Maîtres dont

beaucoup d'entre vous suivent les enseignements?

Oui.

Et ne vous ont-ils pas encouragés à suivre leur exemple?

Oui.

Alors, pourquoi affirmerait-on que c'est de l'apostasie ou un blasphème?

Je ne sais pas.

C'est l'une des contradictions inhérentes à ce qu'ont dit, selon vous, les messagers qu'honorent vos religions.

Mais maintenant, voici une **DEUXIÈME NOUVELLE RÉVÉLATION:**

Chaque être humain est aussi extraordinaire que tous les autres qui ont jamais vécu, vivent maintenant ou vivront jamais. Vous êtes tous des messagers. Chacun d'entre vous. Chaque jour, vous apportez un message de la vie à la vie. À chaque heure. À chaque instant.

Tout ce que vous pensez, dites et faites est un message. Votre vie entière est votre enseignement. Si vous pensiez que les autres, demain, prendraient la voie que vous avez prise aujourd'hui, prendriez-vous la même?

Vous pensez peut-être que les gens ne se tournent pas vers vous, mais ils le font. Plus de gens que vous ne le supposez. En fait, chaque personne dont vous touchez la vie est touchée par votre exemple. Vous lui donnez de l'information sur la vie. Vous lui dites comment c'est, comment fonctionnent les choses, comment vont les choses, et elle vous égale, vous copie, apporte votre information dans le monde et l'intègre à sa vie. Vos enfants le feront. Tous les jeunes, enfants ou non, qui vous voient et vous connaissent, sont touchés par vous. Votre famille le fera. Tous les gens, parents ou non, qui vous voient et vous connaissent, sont touchés par vous. Vos voisins le feront. Votre pays le fera. Vous *êtes* le pays. Le pays est constitué de vous. *Vous êtes* votre religion. Votre religion est faite de vous. *Tout commence par vous.* Vous êtes le premier domino. Lorsque vous tombez, tous les autres dominos tombent, et pour la même raison que vous! Pour ne pas tomber dans des pièges, formez des rangs.

Mettez-vous au même pas que votre moi supérieur, car il parcourt La Voie. Mettez-vous au même pas que vos pensées les plus grandioses, car elles vous mènent à cette voie. Tombez amoureux, car l'amour est cette voie. Puis, regardez les choses *s'éclaircir*, tout cela grâce à *vous.*

Tu es ce messager. C'est un travail divin que nous accomplissons, toi et moi. Alors, tiens bon!

Je ne me suis jamais considéré comme un messager.

Tu en es un. Et il importe que tu le saches. Autrement, tu chercheras toute ta vie Celui Qui Apporte Le Message, même si toute la race humaine l'a cherché tout au long de l'histoire. Votre race a annoncé, à l'occasion, que Celui-là avait été découvert. Et, après avoir fait cette annonce, des humains ont alors décidé qu'il n'y aurait jamais d'autre messager.

Cela n'est pas de moi. *Vous seuls l'avez inventé.* Cette décision vous appartient.

En fait, vous savez. Vous savez *tous* de façon inhérente, intuitive, ce qui fonctionne ou non pour aller là où vous dites vouloir aller et pour créer ce que vous dites vouloir créer.

Vous avez déjà laissé entendre que ce que vous choisissez de créer, c'est un monde de paix, d'harmonie et de bonheur. Il y a en vous une boussole qui vous indique cette direction, un étalon par rapport auquel vous pouvez mesurer chaque choix, une balance avec laquelle peser chaque décision.

Vous avez en vous un système de guidage interne. Appelez-le comme vous voulez – intuition, prémonition, confiance ou «mon petit doigt» –, mais ne niez pas sa présence.

C'est une conscience supérieure. Un *sentiment d'assurance.* Et plus vous vous y fierez, plus vous saurez que vous pouvez vous y fier.

IO

D'accord, j'en suis encore à l'étape 3. Je suis prêt à susciter une nouvelle idée de Dieu et de la Vie. Mais laisse-moi vérifier si je comprends bien. Entends-tu par là que nous devons accorder autant d'attention aux paroles d'un chauffeur de taxi de Phoenix qu'à celles de Moïse, Jésus ou Mahomet?

> Pourquoi poser la question en ces termes? Pour ne pas la poser à propos de Confucius? Ou de Siddharta Gautama? Ou de Patanjali?
> Pourquoi ne pas choisir, aux fins de la comparaison, Baha'Ullah? Ou Jalal al-Din Rumi? Ou Joseph Smith?
> Et qu'est-ce que tu trouves à redire de Paramahansa Yogananda?

C'est la deuxième fois que tu soulèves cette question. Veux-tu dire que les gens comme Siddharta Gautama étaient aussi saints que Jésus?

On l'appelait le Bouddha, n'est-ce pas?

D'accord, j'ai fait le mauvais choix. Et Joseph Smith? Tu ne le places sûrement pas dans la même catégorie que le Bouddha, Moïse, Jésus et Mahomet!

Pourquoi pas?

Parce que... ce n'est pas *exact*, c'est tout.

Alors, permets-*moi* de voir si *j'ai* bien compris. Mahomet a inspiré le Coran, n'est-ce pas?

Oui. Je crois.

Et Joseph Smith a produit le Livre de Mormon.

Oui.

Alors, tu affirmes que le Coran est plus sacré que le Livre de Mormon parce que Mahomet est «plus saint» que Joseph Smith?

Eh bien, je ne dis pas cela, mais je sens que la plupart des musulmans seraient de cet avis.

Et les chrétiens feraient la même comparaison entre le Nouveau Testament de Jésus et Joseph Smith, et les juifs entre la Torah de Moïse et Joseph Smith, c'est bien ça?

Je ne veux pas parler pour les autres. Je ne parle que de

mon observation au fil des ans. Je remarque que la majorité des chrétiens n'accorderaient pas au Livre de Mormon autant d'autorité que le Nouveau Testament, en dépit du fait que les membres de l'Église de Jésus-Christ des Saints des Derniers Jours (les mormons) se considèrent très certainement comme des chrétiens... et je ne sais pas ce que penseraient les juifs de la clarté de la Parole de Dieu dans le Livre de Mormon, par rapport à la Torah. Ils diraient peut-être «Qui sait?» et lanceraient probablement un bon débat là-dessus. Mais je le répète, je suis confus.

D'accord, passons à d'autres comparaisons. Qui est plus «saint», Jésus, Moïse ou Mahomet?

Je ne sais pas. Tu me demandes quelque chose que j'ignore.

Eh bien, Moïse a rapporté les dix commandements, n'est-ce pas? Et Jésus a suscité les enseignements du Nouveau Testament, non? Et les paroles de Mahomet sont la base du Coran, non? Alors, qui est plus «saint»?

Veux-tu débattre de la question?

Non, *mais les humains le font*. En fait, ils ont commencé il y a longtemps et n'ont jamais terminé le débat. En s'efforçant de l'achever, ils menacent de *vous* achever.
Voilà l'essentiel.
C'est ce qui se passe dans le monde.

Tu répètes ça constamment.

Oui, car je suis en train de te préparer à la **TROISIÈME NOUVELLE RÉVÉLATION.**

Qui est ?

**Aucune voie ne mène à Dieu plus direc-
tement qu'une autre. Aucune religion n'est la
«seule vraie religion», aucun peuple n'est le
«peuple élu» et aucun prophète n'est le «plus
grand prophète».**

Si c'est vrai, alors nous devons mettre de côté toute
supposition que nous avons faite dans la création de nos
croyances. Nous devons arracher chaque brique que nous
avons posée.

Ces briques ne soutiennent plus une structure
qui loge un monde de paix, d'harmonie et de
bonheur.
Je te l'ai dit : le problème actuel du monde est
d'ordre spirituel. On ne peut le résoudre par des
moyens politiques, économiques ou militaires. On
ne peut le résoudre que par un changement de
croyances.
Les croyances que tu es maintenant invité à
explorer, et que tu voudras peut-être adopter, sont
toutes exprimées dans les Nouvelles Révélations
qui te sont données ici.
Examine-les attentivement. Considère-les avec
sérieux. Elles ne t'ont pas été données sans raison.
Tu m'as demandé de l'aide. Quelles étaient les
nouvelles idees que la race humaine peut envisager ? Quel est le point d'ouverture de notre
discussion ? Quelles sont les nouvelles pensées
susceptibles de nous inspirer et par lesquelles
nous pouvons espérer inspirer les autres ?
Ces Nouvelles Révélations te sont données en
réponse à ton appel à l'aide.

Mais tu nous demandes de retourner toutes nos croyances actuelles sens dessus dessous!

Vos croyances actuelles sont en train de retourner votre *monde* sens dessus dessous. De le faire basculer. Vous êtes en train de vous entre-déchirer, de vous faire sauter, de vous déchi-queter, de vous écarteler, de vous empoisonner. Vos croyances actuelles ne vous soutiennent pas, mais vous tuent. Vous pouvez faire cesser tout cela en entre-prenant les Cinq Étapes de la Paix.

D'accord, j'entreprends tout de suite l'étape 3. Je déclare vouloir susciter une nouvelle idée de Dieu et de la Vie.

Bien. Maintenant, te rappelles-tu l'étape 4?

Elle consiste à choisir le courage d'explorer et d'exa-miner de nouvelles idées et, si elles s'alignent avec notre vérité et notre connaissance intérieures, d'élargir notre système de croyances de façon à les inclure.

C'est tout à fait juste. Et c'est exactement ce que ce dialogue est censé te donner une chance de faire. Es-tu prêt à entreprendre une exploration?

D'accord, mais je suis mal à l'aise. Cela m'effraie encore un peu. Comme si tu allais ébranler les fondements des vérités universellement admises.

Mais c'est précisément ce dont votre planète a besoin. Très peu de gens explorent ces idées. Très peu sont même prêts à les examiner. Tu dois avoir ce courage, car les nouvelles idées peuvent présenter des défis. As-tu ce courage?

Eh bien, si je n'ai pas à être d'accord avec toi... si nous devons seulement parler...

Dans certaines sociétés, c'est très important. On n'encourage pas les gens à cela. À certains endroits, ils n'en ont même pas le *droit*. Il ne fait aucun doute que ce livre sera banni dans quelques cercles.

Alors, j'imagine que je fais partie des courageux.

Non seulement toi, mais tous tes lecteurs. S'ils n'ont pas refermé ton livre jusqu'ici, c'est qu'ils font preuve de courage.

Eh bien, puisque nous y sommes, explorons. Nous allons examiner des croyances, n'est-ce pas?

Oui. Ce sont les fondements de toute expérience humaine. Bien qu'un nombre d'entre elles semblent n'appartenir qu'à Dieu et, par conséquent, donner l'impression de n'affecter que les croyants, voyons les répercussions profondes que ces idées sur Dieu ont eues sur la vie séculière.

Oui, tu en as déjà parlé.

Il n'est pas nécessaire de croire en Dieu pour être affecté par les conventions sociales des croyants. Ces conventions imposent à tout le monde des impératifs culturels, des façons de vivre parce que c'est «comme ça», tout simplement.

Donc, la religion affecte souvent les gens qui ne sont pas religieux.

Exactement. La religion organisée n'est, en somme, qu'un système de croyances. Tous les comportements humains sont fondés sur des croyances humaines, et un ensemble de celles-ci en nourrit un autre, créant ce que vous pourriez appeler des supercroyances qui transcendent les philosophies religieuses ou séculières.

En ce qui concerne les croyances, comme pour toute chose, l'ensemble est plus grand que la somme des parties. Il est donc pertinent d'explorer des croyances religieuses fondamentales, que l'on soit religieux ou non.

J'ai brièvement soulevé ce point par respect pour les athées et les agnostiques sincères. Je voulais leur donner une raison de suivre la discussion.

Il suffit de regarder autour de soi. Cela devrait être une raison suffisante.

Nous sommes dans une situation fort précaire, c'est sûr.

Et ce sont vos croyances qui vous ont amenés là.

Bien sûr, de nombreuses croyances à propos de Dieu ont été promulguées par les centaines de religions maintenant établies sur terre, mais cinq d'entre elles sont fondamentales. Elles sont partagées par la majorité des religions organisées, et c'est sur elles que ces dernières ont basé leurs dogmes fondamentaux, quoique divers.

La croyance la plus marquée à propos de Dieu, c'est que Dieu a besoin de quelque chose.

Cette idée a une importance fondamentale par rapport à l'image que la plupart des gens se font de Dieu. Selon cette formulation, Dieu a besoin de quelque chose afin d'être heureux.

Bien que Dieu soit décrit comme l'Être suprême, il reste vrai, selon cette formulation, que dans certaines conditions et expériences, Dieu devient frustré. Cette frustration finit par se changer en colère qui, elle, finit par engendrer la punition. Bref, Dieu veut que vous soyez, fassiez et ayez certaines choses, et d'autres non. Ce sont ses attentes et exigences, et si elles ne sont pas satisfaites, malheur à vous.

C'est exactement ce que les sœurs de la Miséricorde me disaient à l'école élémentaire catholique! « Si tu n'obéis pas aux Lois de Dieu, alors *malheur à toi.* »

Ces exigences de Dieu ont été articulées et résumées différemment selon les canons de vos diverses religions, mais elles traduisent à peu près la même chose. Le résumé sans doute le plus familier s'appelle le Décalogue, ou les « dix commandements ».

La croyance selon laquelle Dieu a besoin de quelque chose afin d'être heureux est une illusion. C'est la première des Cinq Illusions à propos de Dieu.

Dieu est tout ce qu'il y a, tout ce qui a jamais été, et tout ce qui sera jamais. Il n'y a rien qui ne soit Dieu. Par conséquent, Dieu n'a besoin de rien.

Voici donc une **QUATRIÈME NOUVELLE RÉVÉLATION**:

Dieu n'a besoin de rien. Il n'a besoin de rien pour être heureux. Il est le bonheur même. Par conséquent, Dieu n'exige rien de quiconque ni de quoi que ce soit dans l'univers.

Ça ne peut être vrai.

Ce l'est pourtant.

C'est *impossible*. Presque chaque texte sacré de toutes les religions du monde présente une longue liste d'exigences que Dieu a imposées à la race humaine. Elles impliquent des comportements, des rituels, des observances et même des questions ayant trait à l'alimentation et aux vêtements. Selon sa divine grâce A. C. Bhaktivedanta Swami, fondateur de la Société internationale pour la conscience de Krishna, qui a produit le livre *Bhagavad-Gita As It Is*, l'élément central de la Bhagavad-Gita est celui-ci : *Au lieu de satisfaire ses propres sens matériels, l'homme doit satisfaire les sens du Seigneur. C'est la perfection suprême de la vie. Le Seigneur le veut et l'exige.*

Ce n'est pas vrai.

Sa divine grâce avait tort ?

Sa divine grâce était dans l'erreur lorsqu'il a écrit ce texte. C'est une affirmation inexacte.

D'accord... Alors prenons la Torah. Elle renferme une longue liste de choses permises et interdites que l'on nous présente comme étant la Loi de Dieu. Tout comme le Coran, pour ne nommer que deux autres textes sacrés de l'humanité.

Oui, en effet. C'est exact. Alors, examinons un peu ces textes. Voyons si c'est le genre d'affirmations que tu attribuerais à Dieu.

Dans le livre du Deutéronome, il est dit que si un homme épouse une femme et découvre qu'elle n'est pas vierge, et que si sa famille à elle ne peut prouver qu'elle l'était avant son mariage, «on la fera sortir à la porte de la maison de son père et ses concitoyens la lapideront jusqu'à ce que mort s'ensuive».

Minute. C'est la Loi de Dieu?

Telle que Moïse l'aurait transmise, oui. La *Torah* dit également que, s'ils se trouvent dans une relation adultère, l'homme et la femme doivent être amenés aux portes de la ville et également lapidés à mort.

Euh, est-ce qu'on peut s'arrêter ici?

Et Dieu se préoccupe également des autres questions de la vraie vie. L'habillement, par exemple. «Une femme ne portera pas un costume masculin [...] Quiconque agit ainsi est en abomination à Yahvé ton Dieu», dit la Bible.

Eh bien, finis les pantalons et les tailleurs.

Aussi: «Tu ne porteras pas de vêtement tissé mi-laine mi-lin.»

Attends...

Ensuite, seules certaines personnes sont bienvenues dans les lieux de culte de Dieu. Si tu es un enfant né hors des liens du mariage, tu ne peux y entrer.

Ah non?

Non. «Aucun de ses descendants n'entrera point dans l'assemblée du Seigneur, jusqu'à la dixième génération», ni aucun enfant illégitime. Également, si une certaine partie de ton corps est blessée dans un accident ou pendant une guerre, tu ne peux te joindre aux autres fervents de Dieu non plus.

Pardon?

La Bible dit: «Celui dont les testicules ont été écrasés ou l'urètre coupé n'entrera point dans l'assemblée de l'Éternel.»

Bon, bon, ça va, arrêtons-nous là.

Mais ce sont des extraits de la Bible. Est-ce qu'ils te mettent mal à l'aise?

Ces paroles viennent de la Bible?

Vois le Deutéronome, chapitre 23, versets 1 et 2.

Ah, encore une bible *moderne*

Oui. La version traditionnelle dit ceci: «l'homme aux testicules écrasés, ou à la verge coupée, ne sera pas admis à l'assemblée de Yahvé», mais le sens est le même.

Bon sang!

Et j'ai une nouvelle renversante pour les femmes qui suivent des cours d'autodéfense ces temps-ci.

Vraiment?

Oui. Elles peuvent se retrouver dans de beaux

draps avec ce qu'elles apprennent dans ces cours.

Qu'entends-tu par là?

La Bible dit ceci: «Si deux hommes se battent et que la femme de l'un d'eux saisit les testicules de l'autre, sa main lui sera coupée.»

Eh bien, mon vieux, les rédacteurs de la Bible étaient vraiment obsédés par les organes mâles, non?

Qui, d'après toi, étaient ces rédacteurs?

Je vois.

Ils avaient également des pensées pour les enfants qui n'obéissaient pas à leurs parents. Ce n'est probablement pas le genre de pensées qu'auraient bien des mères.

Bon… qu'est-ce que cette Écriture nous incite à faire des enfants désobéissants?

Tuez-les.

Quoi?

Selon la Torah, Dieu ordonne de les tuer.

Je ne le crois pas.

Eh bien, c'est écrit ici, et clair comme de l'eau de roche:
«Si un homme a un fils indocile et rebelle, n'écoutant ni la voix de son père, ni la voix de sa mère, et ne leur obéissant pas même après qu'ils

l'ont châtié, le père et la mère le prendront et le mèneront vers les anciens de sa ville et à la porte du lieu qu'il habite.

« Ils diront aux anciens de sa ville : Voici notre fils qui est indocile et rebelle, qui n'écoute pas notre voix, et qui se livre à des excès et à l'ivrognerie. Et tous les hommes de sa ville le lapideront, et il mourra.

« Tu ôteras ainsi le mal du milieu de toi, afin que tout Israël entende et craigne. »

J'imagine que cela réglerait la question...

Mais Dieu n'a pas toujours recours à ses sujets pour exécuter ses punitions. Très souvent, selon vos divers « textes sacrés », Dieu punit directement.

Minute. Tu veux dire que tu n'attends pas le Jugement dernier ? Que tu punis les gens alors qu'ils sont sur terre ?

Certainement ! Surtout s'ils ne croient pas en moi et en ma bonté ! Que ferais-tu à ma place ? Si tu étais toute-puissance, toute sagesse, toute bonté et douceur et tout amour, ne punirais-tu pas ceux qui ne croient pas en toi ? Écoute, est-ce que ça ne te rendrait pas vraiment furieux ?

Tu plaisantes, non ? Tu blagues ?

Laisses-tu sous-entendre que vos « textes sacrés » sont faux ? Fais attention ! Tu pourrais écoper d'une punition.

Allons.

Le Coran affirme clairement ceci : « Quant à

ceux qui ont mécru, leurs actions sont comme un mirage dans une plaine désertique que l'assoiffé prend pour de l'eau. Puis quand il y arrive, il s'aperçoit que ce n'était rien; mais y trouve Allah qui lui règle son compte en entier, car Allah est prompt à compter.» (Sourate 24, verset 39) Les musulmans savent quelle action de Dieu attend ceux qui croient en ma bonté et les autres.

Sourate 9, verset 26: «Puis, Allah fit descendre Sa quiétude sur Son messager et sur les croyants. Il fit descendre des troupes (Anges) que vous ne voyiez pas, et châtia ceux qui ont mécru. Telle est la rétribution des mécréants.»

Nous *devons* donc avoir la foi, sinon…

C'est exact.

Je ne sais rien de tout cela. Il ne me paraît pas raisonnable que la Source de toute bonté, douceur et sagesse punisse des gens qui, pour une raison ou pour une autre, ne croient tout simplement pas en lui.

Mais je donne toujours une chance aux gens! N'est-ce pas raisonnable? Je ne punis jamais quiconque sans d'abord lui adresser un avertissement afin qu'il se corrige et croie en moi. Si, alors, il ne croit toujours pas en moi, je le détruis absolument, c'est vrai, mais jamais, jamais sans avertissement.

Je ne connais pas ce Dieu dont tu parles! Je crois que tu inventes tout cela!

Vraiment? Ou bien… est-ce *vous*?

Qu'est-ce que tu veux dire?

Lis vos propres textes sacrés, les écrits des humains.

Lisons une fois de plus le Coran, sourate 17, versets 15 et 16 :

« Et Nous n'avons jamais puni [un peuple] avant de [lui] avoir envoyé un Messager. »

« Et quand Nous voulons détruire une cité, Nous ordonnons à ses gens opulents [d'obéir à Nos prescriptions], [mais au contraire] ils se livrent à la perversité. Alors la Parole prononcée contre elle se réalise, et Nous la détruisons entièrement. »

Le cœur du sujet, c'est que le monde est rempli de pécheurs : des gens qui ne croient pas que je suis Dieu et que je suis bon, et qui font des choses que j'ai interdites. En fait, les humains sont si mauvais qu'avant le dernier jour je devrai détruire la plus grande part de l'humanité, la punir au complet.

Quoi? Qu'est-ce que tu me dis là?

Je t'indique à quel point je suis en colère! Je l'ai répété dans un grand nombre de vos textes sacrés, comme dans le Coran à la sourate 17, verset 58 :

« Il n'est point de cité [injuste] que Nous ne fassions périr avant le Jour de la Résurrection, ou que Nous ne punissons d'un dur châtiment. Cela est bien tracé dans le Livre [des décrets immuables]. »

Mais je croyais que tu étais un Dieu d'amour et de pardon.

J'en suis un, si vous ne me mettez pas en colère.

Tu te moques de nous! Tu viens de citer un tas de passages archaïques pour te moquer des humains.

En citant vos propos sur *moi*, je me moque de *vous*?

Mon bon et merveilleux ami, Dieu ne se moque pas des humains; *ce sont les humains qui se moquent de Dieu.* Vous dites que Dieu *veut* ce genre de choses, et vous le prouvez en utilisant des textes que vous qualifiez de *sacrés.* En les brandissant, vous avez justifié les comportements les plus barbares.

Ce n'est pas juste. Les passages que tu as cités sont *dépassés.* Ils ne sont plus destinés à être appliqués à la lettre.

Je croyais que vos textes sacrés n'étaient *jamais* «dépassés». N'est-ce pas ce qui les rend sacrés? Es-tu certain que ces paroles ne sont pas censées être appliquées à la lettre aujourd'hui?

Bien sûr que non. Ils ne pourraient pas l'être.

Tu peux en parler à certains fondamentalistes de votre monde. Ils disent quelque chose de fort différent.

Certains parmi vous sont des «littéralistes». Ils affirment que leurs textes sacrés (la Bible, le Coran, peu importe) doivent être lus et appliqués à la lettre.

Eh bien, oui. Je sais cela. Mais ces fondamentalistes sont minoritaires. Ils n'ont aucun impact réel sur la vie quotidienne.

Ah, vraiment?

D'accord. J'avoue qu'à des endroits précis dans le monde, des gouvernements ont élaboré des lois à partir d'affirmations tirées de leurs textes sacrés. Et des autorités de ces pays ont coupé les mains de voleurs, lapidé des personnes adultères, exécuté des apostats et souvent administré ces punitions dans des stades sportifs, comme des événements publics…

Oui, des choses primitives se produisent à des époques primitives.

Eh bien, je ne référais même pas à une époque primitive. Je parlais du XXIe siècle, de notre époque.

Moi aussi.

Ah. Eh bien, pour la plupart des humains, ce n'est pas une époque primitive.

Alors, ils ne regardent pas très attentivement le monde qui les entoure.

Et pourtant, le point que je soulignais, c'est que ces fondamentalistes radicaux n'ont pas grand impact sur la vie quotidienne de la plupart des gens.

Peut-être pas la plupart des gens de la culture dans laquelle *tu* vis, ou dans les cercles que tu fréquentes, mais il y a d'autres cultures et d'autres cercles dans ta propre culture où les visions fondamentalistes strictes ont des répercussions immenses sur la vie quotidienne.

J'imagine que je suis d'accord avec toi lorsque j'entends des récits, par exemple, sur l'Afghanistan où, pendant cinq ans, les autorités en place suivaient une interprétation selon elles véritable et convenable des textes sacrés de l'islam, lorsqu'elles tranchaient les mains des voleurs et tuaient les incroyants.

Plus d'un pays a fait montre de comportements primitifs.

Oui, mais dans ce pays en particulier, les choses avaient pris une tournure fort étrange, presque surréaliste. Le gouvernement a interdit de jouer de la musique autre que les hymnes et les chants sacrés. Il a interdit la télévision. Il a interdit, sous peine de punition, d'exposer une image ou une photographie de tout être humain ou animal, alléguant que c'était déroger à la loi sacrée que de créer ou de montrer des «idoles». Et j'ai déjà souligné ses interdictions à l'endroit des femmes.

Les lois de certains autres pays sont presque aussi strictes.

Le monde a été horrifié, en avril 2002, lorsqu'on a rapporté qu'en Arabie saoudite, plus d'une douzaine d'adolescentes étaient mortes dans l'incendie de leur école parce qu'on leur avait interdit de s'enfuir de l'édifice en feu sans les vêtements islamiques appropriés. En Arabie saoudite, une «police religieuse» peut, d'autorité, poursuivre des gens pour infractions à la loi religieuse telle qu'elle l'interprète. Les femmes peuvent être punies sur-le-champ si l'on juge qu'elles sont habillées de façon inconvenante en public. Une femme ne peut aller déjeuner avec son fiancé dans un restaurant. Lorsque des couples sortent ensemble, la femme ne peut s'asseoir auprès d'un autre homme que son mari.

Et lorsque de telles pratiques sont mises en question, on dit de celui qui les souligne qu'il est «insensible» aux normes culturelles, aux coutumes religieuses et aux traditions ancestrales de la population locale. Faut-il toutefois abandonner des valeurs humaines fondamentales pour honorer la diversité religieuse et culturelle ? Est-il insensible d'être sensible à des lois insensibles ?

On pourrait répliquer, je suppose, qu'il est *vraiment* insensible de critiquer ce que les gens de la place assurent vouloir, mais dans la plupart des cas, ces gens n'ont pas le choix. Ces lois « sacrées » n'ont rien à voir avec les protections civiles et tout à voir avec des croyances et préjugés religieux qui leur sont *imposés*.

Lorsque les talibans ont quitté Kaboul, la capitale de l'Afghanistan, il n'a fallu qu'une demi-journée aux femmes pour sortir de leurs maisons sans être vêtues de la tête aux pieds, aux hommes pour raser leur barbe obligatoire et aux marchands pour recommencer à jouer de la musique.

Alors, allons-nous examiner les croyances culturelles primitives et les comportements surréalistes de certains autres pays ?

Oh, tu parles de croyances du genre : les gens d'une certaine couleur de peau doivent être amenés, vendus et utilisés comme esclaves ? Ou de l'idée que ces mêmes gens doivent encore essuyer des préjugés et qu'on leur accorde moins de respect, moins d'éducation, moins d'ouvertures et, en général, une moindre part de toutes choses ?

Ou de l'idée que les femmes, comme les gens d'une orientation sexuelle différente, tombent dans la même catégorie ?

Parles-tu de pays qui croient à la raison du plus fort ? Qui rendent leur morale conforme à leurs fins ? Des gouvernements qui déforment la vérité pour l'adapter à leurs propres programmes ? Des gens qui conquièrent, détruisent, bombardent, tuent, pillent, dominent économiquement et nient systématiquement aux autres le dixième de ce qu'ils ont *afin de pouvoir en avoir davantage*?

C'est ta liste, pas la mienne.

Mais aide-moi à comprendre. Bien des gens et des pays justifient leurs gestes, leurs paroles et leurs croyances à partir de ce que, selon eux, Dieu a proclamé.

Je ne fais pas de proclamations.

Tu veux dire que ce n'est pas toi, Dieu, qui a invité les gens à se conduire ainsi? Que ce n'est *pas* toi qui a désigné un «peuple élu», qui a placé un pays «sous le règne de Dieu», qui a déclaré, comme l'énonce clairement le Nouveau Testament, qu'il ne faut pas se marier entre membres de races différentes, que l'homosexualité est une abomination, ou que, comme le déclare la Bible, «celui dont les testicules ont été écrasés ou l'urètre coupé n'entrera point dans l'assemblée de l'Éternel»?

D'après toi?

Je ne sais pas.

Si, tu sais. Tu sais exactement. Tu connais la vérité. Tu la connais, grâce au système de guidage interne dont je t'ai parlé.

Tu *sais très bien* que Dieu ne pourrait avoir tenu ces propos, ni la moitié des autres qui me sont attribués. Tu le sais, tout comme moi et tous les autres.

La question n'est pas de le savoir, mais de l'avouer, de le reconnaître tout haut, de contredire l'idée reçue qu'il ne faut pas fouler aux pieds les croyances sacrées et les traditions anciennes.

Vous vous permettez de vous fouler aux pieds *mutuellement*, mais pas de fouler aux pieds des croyances.

En fait, vous entretenez maintenant une tradition : celle de vous fouler aux pieds les uns les autres *à cause de* vos croyances. Ainsi se boucle la boucle de l'absurdité.

II

J'avoue avoir toujours eu de la difficulté à croire que Dieu condamnait les mariages mixtes, interdisait aux femmes de dévoiler partiellement leur corps en public et aux couples d'utiliser la contraception, et obligeait les hommes à porter la barbe.

Je n'ai jamais compris pourquoi Dieu donnerait autant *d'ordres* aux humains.

Je n'en donne pas. Je n'ai pas d'ordres à donner à qui que ce soit, et je ne l'ai jamais fait.

Jamais?

Non. Et je ne le ferai jamais.

Tu ne le feras jamais? Tu veux dire que nous ne connaîtrons jamais les véritables volontés de Dieu?

Non.

Pourquoi? *Pourquoi nous ferais-tu cela?*

Quoi donc?

Pourquoi nous ordonnerais-tu de suivre ta Loi, d'obéir à tes volontés, sans nous indiquer ce que tu veux vraiment?

Je répète encore une fois ce que j'ai affirmé à ce propos:
Parce que je ne veux rien. Vous n'arrivez ni à le comprendre ni à le prendre.
Dieu n'a ni désirs ni besoins.
Dieu ne demande rien, ne commande rien, n'exige rien, ne vous oblige à rien. Enseignez donc cela dans vos séminaires et vos madrasas. Dieu ne donne ni ordres ni requêtes, n'entretient ni insistance ni attentes, rien. Apprenez donc *cela* à vos jeunes.
Je suis l'Auteur de Tout. Je suis le Créateur et la Créature. Il n'est rien que je ne sois pas. Je n'ai besoin de donner d'ordres à personne.
À qui en donnerais-je? Il n'y a personne d'autre que moi. Je suis la Somme de Tout. Je suis l'Alpha et l'Oméga, le commencement et la fin. Et qui punirais-je si mes ordres n'étaient pas suivis? Utiliserais-je ma main droite pour frapper ma main gauche? Me mordrais-je le nez pour meurtrir mon visage?
Vos enseignants et vos docteurs de la loi, vos prêtres et vos *oulémas* vous enjoignent de craindre Dieu et sa vengeance. De vivre dans la peur de la colère de Dieu. De trembler en sa présence. De redouter, toute votre vie, le terrible

jugement du Seigneur. Car Dieu est «juste», vous disent-ils. Et Dieu sait que vous aurez des problèmes lorsque vous affronterez la terrible justice du Seigneur. Ils vous ordonnent donc d'obéir aux ordres de Dieu. Sinon...

Par conséquent, la plupart d'entre vous passent une large part de leur vie d'adulte à chercher la «bonne façon» de vénérer Dieu, de lui obéir et de le servir. *Ironiquement, je ne veux pas de votre vénération, de votre obéissance ni de votre service.*

Au cours de l'histoire, des monarques ont exigé ces comportements de leurs sujets; et encore, c'étaient des monarques égocentriques, mal assurés, tyranniques. Ces exigences ne viennent aucunement de Dieu, et il semble remarquable que le monde n'ait pas encore réalisé leur fausseté, car elles n'ont rien à voir avec les besoins de la Déité.

La Déité n'a aucun besoin. Tout Ce Qui Est, c'est exactement cela: tout ce qui est. *Par conséquent, elle ne veut rien, ne manque de rien, n'a besoin de rien* – par définition.

Si vous croyez en un Dieu qui, je ne sais trop comment, a besoin de quelque chose (et se sente si offusqué, lorsqu'il ne l'obtient pas, qu'il punit ceux dont il s'attendait à le recevoir), alors vous croyez en un Dieu beaucoup plus petit que moi. Vous *êtes* véritablement des enfants d'un Dieu inférieur.

Non, mes enfants, s'il vous plaît, laissez-moi vous assurer encore, par ces écrits, que je suis dépourvu de besoins. Je n'ai besoin de rien. (*CAD*, tome 1)

Alors, tu ne nous a pas donné d'«ordres»?

Non. Ce sont les humains qui ont cru devoir en donner à d'autres, afin de *maintenir* l'ordre. Et la meilleure façon pour eux d'amener les gens à *obéir* à ces ordres, c'était de proclamer que ces derniers venaient de Dieu.

De plus, certains croyaient sincèrement que Dieu leur disait comment vivre, et propageaient en toute bonne foi ces prétendues directives. Mais cela ne signifie pas que la transmission était toujours exacte, ni que le soi-disant récepteur de ces révélations était infaillible.

Pas plus que ce livre-ci.

C'est exact. C'est tout à fait vrai. Toute prétention à l'infaillibilité concernant ce livre serait inexacte.

Il serait inexact d'affirmer que ce livre est exact.

Oui.

Alors, ce livre est exact lorsqu'il reconnaît être inexact.

C'est habile, et encore oui.

Alors, s'il est inexact, pourquoi devrais-je y croire ?

N'y crois pas. Applique-le et vois ce qui fonctionne.

D'ailleurs, tu peux mettre à l'épreuve toute autre écriture présentée comme une communication de Dieu.

Nous l'avons déjà fait. Nous avons testé pendant des siècles le contenu de ces autres livres, et la vie sur notre planète nous montre si leurs enseignements fonctionnent ou pas.

Alors, il ne s'agit plus de savoir s'il y *a* des preuves, mais combien il vous en *faut.*

Apparemment, oui. Il est tout de même impossible de croire tes propos tels qu'ils sont rapportés dans ce livre. Ils ne peuvent être vrais. Ils transgressent tout ce qu'on m'a enseigné. Dieu *doit vouloir quelque chose.*

Pourquoi?

Je ne sais pas, mais il le *doit.* Sinon, quelle raison aurions-nous de faire ou non quoi que ce soit?

Alors, il faut que *Dieu* vous ordonne de faire ce qui vous convient le mieux, et vous interdise ce qui est nettement mauvais pour vous?

Non, non, il faut que Dieu *détermine* ce qu'il y a de «meilleur» ou de «mauvais». Le sachant, nous pouvons décider de le faire ou non. Le plus difficile, c'est de déterminer ce qui *est* «meilleur».

Mais cela devrait être facile. Déterminez tout simplement ce que vous essayez de faire. Voyez tout simplement ce que vous voulez vivre.

Qui? Nous en tant qu'individus, ou nous tous en tant que collectivité? Et quand? Maintenant, ou à l'avenir? Car, vois-tu, le problème, c'est que la plupart d'entre nous décidons de ce que nous voulons vivre maintenant (*sur-le-champ*), sans *penser* à l'avenir. Pas même à demain, encore moins au mois prochain ou à l'année suivante.

Pourquoi êtes-vous si myopes?

Parce que nous sommes égoïstes.

Pourquoi êtes-vous si égoïstes?

Parce que nous avons l'habitude de penser d'abord, et parfois seulement, à nous-mêmes.

Vous savez cela de vous?

Oui. Nous sommes capables de nous l'avouer.

Alors, le problème est facile à résoudre. La réponse est évidente.

Vraiment? Qu'est-ce que c'est?

Il vous suffit d'élargir votre définition du Soi. Votre problème n'est pas d'être égocentriques, mais d'avoir mal défini le Soi autour duquel vous êtes *véritablement* centrés.

Lorsque vous vous centrez autour d'un « soi » beaucoup plus petit que le Soi, que vous définissez le « soi » comme moindre que le Soi, *voilà* pourquoi vous avez des problèmes.

D'ailleurs, votre définition du « soi » est trop étroite. Lorsque vous avez atteint la « conscience de soi », c'est-à-dire lorsque l'*Homo sapiens* est devenu *conscient* de lui-même, vous aviez l'impression que « vous » étiez « ici » et que tout le reste était « là ». Ainsi, vous avez donné au « soi » une définition beaucoup plus limitée.

Plus avant dans ce dialogue, lorsque nous explorerons la Huitième Nouvelle Révélation, vous verrez en termes fort édifiants à quel point votre définition du « soi » est encore limitée. Mais ne vous blâmez pas. Vous ne pouviez aucunement le savoir. Vous ne compreniez pas. *Et c'est là que la plupart des religions organisées vous ont trompés. Elles vous ont enseigné à croire en un Soi limité, minuscule.*

Je croyais que le christianisme m'enseignait que je suis le gardien de mon frère.

Oui, mais tu es «ici», et ton frère est «là». Vous vous considérez comme étant séparés l'un de l'autre.

Je croyais que pour l'islam, l'élément le plus important de la vie était la *Oumma*, la communauté. La communauté est tout. L'honneur de la communauté, sa sainteté, sa sécurité, son caractère et sa piété : toutes ces choses sont ce qui compte, ce qui détermine si Dieu vit en tant qu'expérience dans la vie des gens.

Oui, mais encore une fois, la communauté ne comprend que «vos gens». «Ces gens-là» n'en font pas partie. Vous vous considérez vraiment comme étant séparés les uns des autres.

Ce qui nous amène à la nature de vos croyances les plus fondamentales. Vous définissez le Soi individuel comme étant la part de vous qui se termine au bout de vos doigts et de vos orteils. Oui, un certain nombre d'entre vous ont le sentiment d'un «soi collectif» qui s'étend vers leur famille ou leur communauté – et dans certains cas, celle-ci peut être assez grande, mais elle n'inclut pas tout. Elle comprend ceux qui pensent comme eux, leur ressemblent, font comme eux, s'entendent avec eux, mais pas les autres. En fait, elle peut systématiquement *exclure* les autres.

Un si grand nombre de vos religions organisées vous ont enseigné l'exclusion. Ainsi, elles ont engendré tout le contraire de ce qu'elles étaient censées créer. Au lieu de l'unité, elles ont produit la division.

Mais nous *sommes* différents les uns des autres. C'est indéniable.

Je ne parle pas de différences, mais bien de divisions. Ce n'est pas la même chose.

Mais nous *sommes* divisés les uns par rapport aux autres.

Non, vous ne l'êtes pas. Vous croyez l'être, c'est tout. Vous faites comme si vous l'étiez, c'est tout. En réalité, vous ne l'êtes pas.

C'est ce que laissent entendre la plupart de vos religions : que vous êtes séparés les uns des autres, et de Dieu.

Nous ne sommes pas séparés de Dieu ?

Non.

Bien sûr que oui. Dieu est bon. Dieu est grand. Nous sommes mauvais. Nous sommes des pécheurs. Nous ne sommes que des grains de poussière indignes d'être piétinés par le Seigneur. Nous devons nous prosterner humblement devant Dieu en nous rappelant notre relative insignifiance devant notre créateur.

Dans certaines religions, nous devons tomber à genoux en guise d'humbles supplications au cours de nos prières. Dans d'autres, nous devons nous prosterner, visage au sol, cinq fois par jour, en priant Allah. Dans d'autres traditions encore, nous devons nous incliner bien bas. Nous devons nous frapper la poitrine. Nous devons nous fouetter. Nous devons...

Ça va, j'ai compris.

Et tu allègues maintenant que tout est faux ?

Je te dis simplement qu'il y a eu malentendu. Je vous ai transmis mes révélations de bien des façons et par l'entremise de bien des messagers, mais je ne suis pas venu vous humilier. Je désire plutôt vous exalter.

Mais nous ne méritons pas de l'être. Nous ne méritons que de ramper devant le Seigneur.

Pourquoi ? Pourquoi croyez-vous cela ?

Parce que nous t'avons trahi !

Ah, oui. C'est là la Deuxième Erreur à propos de Dieu.

12

Tu veux dire que nous n'avons *pas* trahi Dieu ?

Comment pouvez-vous le trahir s'il n'a ni désirs ni besoins ?

Alors, ça, bien sûr, je n'y crois pas.

C'est vrai. Tu crois en la Première Erreur.

Et c'est là que je me suis trompé ?

Exact. C'est sur cette erreur que sont fondées toutes les autres croyances. La première erreur à propos de Dieu consiste à croire qu'il a des besoins. La deuxième, c'est de penser que ses besoins puissent ne pas être satisfaits.

Mais c'est possible! D'ailleurs, c'est *déjà* arrivé.

Quand?

Au commencement. Dans le jardin d'Éden. Dieu a demandé aux humains de ne pas manger du fruit de l'Arbre de la connaissance du bien et du mal, mais nous l'avons fait. Alors, il nous a chassés du jardin. Il nous a évincés du paradis. Tout cela n'est qu'une histoire, bien sûr. C'est une parabole. Elle est censée exprimer notre séparation de Dieu par le péché.

Ah oui, la Troisième Erreur à propos de Dieu. D'abord, vous croyez que Dieu *a besoin* de quelque chose. Ensuite, vous croyez que ses besoins *peuvent ne pas* être satisfaits. Puis, vous croyez que Dieu vous a *séparés* de lui parce que c'est votre faute si ses besoins ne sont pas satisfaits.

Mais c'est *vrai*. Tu nous as interdit de pécher, mais nous l'avons fait. Alors, comme punition, nous avons été chassés du paradis. Nous sommes séparés de Dieu. À présent, nous devons retrouver notre chemin. Nous devons retrouver les bonnes grâces de Dieu.

Mes merveilleux enfants, vous ne vous êtes jamais *écartés* de mes bonnes grâces. Vous avez imaginé un Dieu capable de s'offusquer. Je ne m'offusque pas. Mon amour-propre n'est pas offensé. Vous ne pouvez me contrarier ni me mettre en colère. La contrariété et la colère sont l'antithèse même de Qui et de Ce Que Je Suis. Vous m'imaginez semblable à vous, seulement plus grand et plus puissant, habitant quelque part dans l'univers, une sorte de figure parentale dont les besoins égoïstes et l'agitation émotionnelle correspondent aux vôtres. Mais je vous l'assure, ce n'est pas qui et ce que je suis.

Voici la **CINQUIÈME NOUVELLE RÉVÉLATION**: *Dieu n'est pas un Super Être singulier habitant quelque part dans l'univers ni en dehors de celui-ci, nanti des mêmes besoins émotionnels et sujet au même tourment émotionnel que les humains. Comme on ne peut aucunement blesser ni porter atteinte à Ce Qui Est Dieu, ce dernier n'a nul besoin de chercher vengeance ni d'imposer une punition.*

Alors, je sais et je comprends que cela vous déconcerte. Cela jette le chaos. Car tout votre système basé sur le bon et le mauvais, le bien et le mal, la justice et l'injustice est au départ fondé sur une pensée contraire à la réalité. Il tire son pouvoir de l'idée que Dieu *cherche* vengeance et impose une punition.

La plupart des gens ne veulent pas abandonner l'idée d'un Dieu qui punit parce qu'ils veulent sentir qu'il y a une *certaine* justice dans l'univers. Si les «méchants» ne sont pas punis sur la Terre, au moins, nous pouvons nous dire qu'«ils vont payer» en mourant, car «Dieu nous a promis justice».

Mon royaume ne comporte ni récompense ni punition. Mais l'absence de «punition» n'est pas l'absence de conséquence.

Lorsque vous faites ce qu'on appelle «mourir» (c'est-à-dire après la fin de votre période d'incarnation ici sur terre), on vous donne l'occasion d'une révision de vie. En fait, vous la demanderez. Vous en voudrez. Ce sera une part importante du processus de connaissance de soi et de la vie au moyen duquel vous évoluez.

Au cours de ce processus de révision de vie, vous aurez l'occasion de vivre chaque instant de votre vie, tout ce que vous avez jamais pensé, dit ou fait. Cette expérience sera intégrale. Vous la ferez non seulement de votre point de vue, mais aussi du point de vue de *chaque personne dont vous avez touché l'existence.* Vous pourrez faire l'expérience de ce qu'*elle* a vécu par suite de ce que vous avez pensé, dit ou fait.

Voyons si je comprends cela. Je vais revivre toutes les interactions de ma vie, une à la fois, *du point de vue de l'autre?*

Exactement.

Mon Dieu, c'est *ça*, l'enfer.

Non. C'est le rappel. Vous allez vous rappeler Qui Vous Êtes Vraiment et qui vous pouvez devenir en sachant ce que les autres ont vécu à votre contact. Mais même si ce fut pénible pour eux, vous ne souffrirez pas.

Comment est-ce possible?

La souffrance est un point de vue. Rappelle-toi cela. La douleur est une expérience; la souffrance est un point de vue *à propos* de cette expérience. Vous allez ressentir la douleur (comme une mère ressent la douleur de l'enfantement), mais vous ne la percevrez pas comme une souffrance. Pour

compléter l'analogie, vous allez la vivre comme le plaisir de l'enfantement – dans ce cas, celui d'un Nouveau Vous. À un Vous qui comprend mieux, intègre davantage, est plus conscient, en sait plus – et, par conséquent, est prêt à faire une nouvelle expérience du Soi.
Ce processus s'appelle l'évolution. Il ne comporte pas les concepts primitifs de «récompense et punition».
Ce peut être difficile à saisir pour bien des humains. Retirez la récompense et la punition, et tout semble s'écrouler.
Sauf dans le cas contraire.
Sauf si les humains se donnent le pouvoir de créer toutes les conceptions qu'ils veulent mettre en place autour du «bon» et du «mauvais», du «bien» et du «mal», de la «justice» et de l'«injustice», *sans utiliser Dieu pour les justifier.*

Tu parles d'un code laïque. Selon bien des religions organisées, c'est le Mal qui est en train de s'emparer du monde. Elles l'appellent le *laïcisme* ou *l'humanisme* ou, pire encore, *l'humanisme laïque*, le qualifiant de grand ennemi de Dieu.

Bien sûr que oui, parce que c'est une grande menace pour *elles*. Dieu n'*a* pas d'«ennemis», car on ne peut lui porter atteinte, le blesser ni le détruire.

Mais selon nos dictionnaires, le «laïcisme» est le «rejet ou l'exclusion de la religion et des considérations religieuses». C'est ce que j'entends ici.

Cela ne dit rien du rejet ou de l'exclusion de la *spiritualité* ou des considérations *spirituelles*.

Quelle est la différence entre religion et spiritualité?

L'une est une institution et l'autre une expérience. Les religions sont des institutions construites autour d'une idée particulière de la nature des choses. Lorsque ces idées se solidifient et se cristallisent, on les appelle des dogmes et des doctrines. Puis, il devient largement impossible de les mettre en question. Les religions organisées vous obligent à croire en leurs enseignements. La spiritualité ne vous oblige pas à croire en quoi que ce soit. Elle vous invite plutôt, continuellement, à remarquer votre expérience. C'est votre *expérience* personnelle qui devient votre autorité, plutôt que les paroles d'un autre.

Si vous deviez appartenir à une religion en particulier pour trouver Dieu, cela signifierait que Dieu recourt à un moyen exclusif pour vous demander de venir vers lui. Mais pourquoi donc exigerais-je cela?

Je ne sais pas. Pourquoi?

La réponse, c'est: je ne sais pas. L'idée que Dieu n'accepte qu'une façon de l'approcher, ou qu'un moyen particulier, de retourner vers Lui/Elle, est une retombée de l'erreur de la conditionnalité.

L'erreur de la conditionnalité?

C'est une autre des erreurs des humains, une autre de ces fausses croyances dont nous avons parlé. Elle n'a rien à voir avec la réalité ultime.

Comme je n'ai besoin de rien, je n'ai nul besoin de vous demander quoi que ce soit. Et con-

trairement à ce que vous croyez, je n'ai absolument pas besoin de vous demander de venir
vers moi d'une certaine façon.
   Le *chapelet* est-il meilleur que le *savitu*? La
pratique appelée *bhakti* est-elle plus sacrée que
celle appelée *seder*?
   Une église est-elle plus sacrée qu'une
mosquée? Une mosquée est-elle plus sacrée
qu'une synagogue? Me trouvera-t-on dans un
endroit plutôt que dans un autre?

La réponse est non. Mais alors, pourquoi les religions
déclarent-elles avec insistance que *leur* voie est la bonne
(non, non, la SEULE) pour toi?

   Il est utile aux religions organisées de l'imaginer, car cela leur permet de chercher, d'acquérir
et de retenir des membres – et ainsi, de perpétuer
leur existence.
   La première fonction de toutes les organisations est de se perpétuer. Dès que l'une d'entre
elles atteint le but de sa création, elle n'est plus
nécessaire. Voilà pourquoi toutes complètent
rarement leur tâche.
   En règle générale, les organisations n'ont pas
intérêt à devenir obsolètes.
   C'est tout aussi vrai des religions que de toute
autre entreprise organisée. Peut-être même
davantage.
   Le fait qu'une religion organisée existe depuis
très longtemps n'est pas une indication de son
efficacité, *bien au contraire.*

Mais sans la religion, qui nous expliquerait comment
retourner à Dieu?

Tout d'abord, vous ne pouvez pas *ne pas*
«retourner à Dieu». Car vous n'avez *jamais quitté*
Dieu, et Dieu *ne vous a jamais quittés.*
La Troisième Erreur à propos de Dieu, c'est
que vous et moi sommes séparés. Parce que
vous nous croyez séparés, vous persistez à
vouloir revenir vers moi.

Attends! J'ai une histoire merveilleuse à raconter! Elle
est vraiment bien!

D'accord! Écoutons-la!

C'est un garçon qui, quotidiennement, se glisse à tout
bout de champ dans la forêt pour quelques moments. Son
père s'inquiète. Que peut bien faire là ce garçon chaque jour?
Un matin, le père lui demande: «Pourquoi passes-tu
tellement de temps dans le bois?» Et celui-ci répond: «Pour
être plus près de Dieu.»

«Eh bien, fait le père, soulagé, tu n'as pas à aller dans le
bois pour ça. Dieu est partout. Dieu n'est pas différent dans
la forêt que dans le reste du monde.»

«Oui, papa, dit le garçon en souriant, mais dans le bois,
moi, je suis différent.»

Ah, c'est une histoire *vraiment* magnifique.
Le père et le fils ont énoncé chacun une grande
vérité. Le fils a compris que Dieu est partout mais
que, pour ralentir suffisamment afin de percevoir
cette omniprésence, il doit se rendre en forêt.
C'est très sage. Cette histoire te dit qu'il suffit
de t'arrêter un instant chaque jour pour sentir la
présence de Dieu.
Le père aussi est sage: il a compris qu'il n'est

pas nécessaire de se rendre en forêt. L'anecdote nous rappelle que c'est lorsqu'on transporte partout la forêt avec soi qu'on commence à maîtriser sa vie.

Voici la Quatrième Erreur à propos de Dieu : l'idée de *devoir* faire quelque chose pour me retrouver. De devoir répondre à certaines conditions afin d'être réunis à Dieu dans ce que vous appelez le « ciel ».

Alors, voici la bonne nouvelle. *Il n'y a nulle part où aller.* Le défi n'est pas d'« aller » au ciel, mais de savoir que vous y êtes déjà. Car le ciel est le royaume de Dieu, et *il n'y en a pas d'autre.*

Même s'il y avait un autre endroit que le ciel et que vous cherchiez comment vous y rendre, la plupart des religions organisées fourniraient des points de départ très peu clairs.

Il y a sur la Terre un millier de religions différentes, chacune possédant son propre ensemble de « directives » reflétant une certaine idée de la volonté de Dieu.

Bien sûr, comme on l'a souvent répété ici, Dieu n'a aucune préférence quant à votre façon de le vénérer. En fait, il n'a aucun besoin d'être vénéré.

L'ego de Dieu n'est pas fragile au point qu'il vous demanderait de vous prosterner devant Lui/Elle dans une vénération craintive, ou de ramper dans une supplication sincère, pour être dignes de recevoir des bénédictions.

Quel genre d'Être suprême aurait besoin de cela ? Quel genre de Dieu serait-ce ?

Voilà la question que vous devez honnêtement vous poser.

On vous a dit que Dieu avait créé les humains à son image et à sa ressemblance, mais je vous demande ceci : Est-il possible que les religions aient façonné Dieu *à l'image et à la ressemblance des humains?*

Tu as déjà fait ce commentaire.

En effet. C'est une question que je t'invite à explorer en profondeur.

Car lorsque les *humains* n'obtiennent pas ce qu'ils leur demandent, ils se mettent en colère. Puis, s'ils croient vraiment *avoir besoin* de cela mais qu'ils ne peuvent tout de même pas l'obtenir, ils *condamnent et détruisent* ceux qui ne le leur donnent pas.

C'est exactement ce comportement que vous attribuez à Dieu.

C'est la Cinquième Illusion à propos de Dieu. Vous croyez que celui-ci *va vous détruire* si vous ne satisfaites pas ses exigences.

C'est tout le contraire de la réalité. Pourquoi vous détruirais-je? Dans quel but?

La justice.

La justice?

Dieu est juste. Si nous désobéissons à sa Loi, nous serons punis.

Et qu'est-ce au juste que la «Loi de Dieu»?

Tout est là, dans LE Livre.

Quel livre?

Nous y revoilà. Tu sais lequel.

Ah, oui, le livre auquel *vous* croyez.

Tout à fait.

Vois-tu le cercle dans lequel nous sommes ? C'est un cercle vicieux. Il va se poursuivre indéfiniment, produisant un enchaînement de désastres humains, jusqu'à ce que vous vous entendiez sur un ensemble de lois qui ne sont fondées sur aucune religion en particulier.

Tu parles de la création d'une société laïque ?

Je parle de la création d'une communauté spirituelle, par opposition à une communauté religieuse. Une communauté fondée sur des principes spirituels, et non sur les doctrines des grandes religions organisées, dont la plupart s'appuient sur des conceptions incomplètes et des théologies exclusivistes.

La communauté que je vous invite à créer serait profondément enracinée dans toutes les Nouvelles Révélations, y compris la **SIXIÈME NOUVELLE RÉVÉLATION**, qui met fin à jamais aux Cinq Erreurs à propos de Dieu :

Toutes choses ne font qu'Une. Il n'y a qu'Une chose, et toutes choses font partie de l'Unique Chose Qui Existe.

13

L'affirmation «toutes choses ne font qu'Une» veut-elle dire que, parce que tout fait partie du même cosmos, nous sommes tous interreliés, ou bien que nous sommes tous, littéralement, *la même chose*?

Elle signifie que vous êtes tous la même chose. Tout, dans l'univers, est de la même étoffe, appelez-la comme vous voulez: Dieu, la Vie, l'Énergie, mais vous pouvez aussi lui donner d'autres noms, selon sa manifestation. Cela ne lui enlève pas sa similitude.

Par conséquent, vous ne pouvez aucunement être séparés de moi.

Ni de tout ce qui vit.

Ni de *quoi que ce soit*. Tout est vivant. Rien n'est mort.

Les pierres? La poussière? Les autres objets inertes?

Comment définis-tu un «objet inerte»?

Bon, retournons au dictionnaire. «Inerte» veut dire «sans mouvement».

Il n'est rien de tel dans l'univers.

Les pierres sont en mouvement?

Les pierres sont le mouvement même: elles bougent d'une façon particulière, à une vitesse particulière, avec une vibration tout aussi particulière.

Tout est en mouvement. Tout. Le mouvement est la nature de l'univers et de tout ce qui le compose. Il n'est rien qui ne bouge. Rien.

Si tu places une pierre sous un microscope, que vois-tu?

Des molécules. Des atomes.

Oui. Et qui font quoi?

Qui bougent.

Bien. Alors, si tu la mets sous un microscope très *puissant*, que vois-tu?

Des particules subatomiques. Des protons, des neutrons, des électrons, des hadrons, des baryons, des mésons, des quarks, des antiquarks.

Bien. Et que font toutes ces choses?

Euh... elles bougent?

Exactement. Est-ce que *l'une ou l'autre* d'entre elles se tiendra immobile?

Non.

Autrement dit, toutes choses sont faites de Choses Qui Bougent. Est-ce exact?

J'imagine.

Alors, voici la question élémentaire.

D'accord...

Qu'est-ce qui les fait bouger?

Je ne suis pas certain de connaître la réponse.

Essaie de deviner.

Une force invisible. La gravitation?

En fait, à l'échelle des atomes, l'effet de la gravitation est quasi inexistant lorsqu'on compare celle-ci aux autres forces à l'œuvre.

D'autres forces?

Votre science a déjà découvert trois autres forces fondamentales, plus puissantes que la gravitation. Avec cette dernière, on les appelle les quatre forces fondamentales. Par ordre d'intensité, ce sont: la force nucléaire forte, la force électromagnétique, la force nucléaire faible et la gravitation.

Ouah! Merci pour la leçon de physique.

Nous n'avons pas même commencé, mon fils. Nous pourrions parler ici des leptons et des neutrinos, des muons et des tauons... et de bien d'autres choses. Nous pourrions parler du champ unifié, et encore, nous ne toucherions qu'à la surface de la Vérité sur la Vie. Il y a plus de choses au ciel et sur la Terre que n'en ont rêvé tes philosophes.

Alors, qu'est-ce qui fait *vraiment* bouger les choses? Qui tient tout en mouvement?

En termes simples que vous pourrez comprendre?

S'il te plaît.

C'est moi.

Toi?

Je suis la Cause première. Je suis le mouvement. Tu pourrais dire: «Dieu est cool. Dieu est tout ce qui bouge.»
Je suis l'Alpha et l'Oméga, le Commencement et la Fin, l'Ici et le Là, l'Avant et l'Après, le Haut et le Bas, la Gauche et la Droite, et l'Espace entre les deux.
Je suis le Tout et le Non-Tout, l'Être et le Non-Être. Je suis Ce Qui Est, et Ce Qui n'Est Pas. Ce qui veut dire, en effet, qu'il n'y a rien Qui Soit, car

faute de Ce Qui N'Est Pas, ce Qui Est... n'est pas.
Et cela, à son tour, signifie qu'il n'y a rien Qui Ne
Soit Pas.
Tout Est, et N'Est Pas.
Comprends-tu?

Oui, bien sûr. Eh! c'est justement ce que je disais aux copains, hier, au bar. On bavardait, tu vois, et on s'est mis à parler de Dieu, et j'étais sur le point d'aborder tout ça quand, tout à coup, j'ai vu l'heure qu'il était et j'ai eu envie de partir.

Je vois.

Alors, que conclure de tout cela?

Comme je l'ai précisé, nous sommes tous faits
de la Même Chose. Nous sommes tous Ce Qui
Bouge. Il n'existe rien qui ne bouge pas. *Tout* est
en mouvement. Rien n'est immobile. Rien du tout.
Tout est en Mouvement. Cela comprend toi, et les
pierres. Vous êtes tous cette Même Chose. Cette
« chose » s'appelle la Vie.
Tout DANS la Vie EST la Vie.
Peux-tu te faire à cette idée?

Je ne pense pas l'avoir jamais entendue exprimé ainsi.

Peux-tu embrasser le concept? Il n'est rien
dans la Vie qui ne fasse pas partie de la Vie.
Peux-tu accepter cela?

Eh bien oui, je pense...

Bien. Alors, tu n'es qu'à un pas de comprendre
une plus grande vérité.

Quelle est-elle ?

Que tu ne fais qu'Un avec Dieu.

J'ai toujours de la difficulté à faire ce pas. Comment cela peut-il être vrai ?

En pensant que la « Vie » et « Dieu » sont synonymes – et c'est le cas.

Il n'y a qu'Une Seule Chose, que tu peux appeler Dieu, la Vie, ou Tout Ce Qui Est, comme tu voudras. Vous êtes tous des manifestations de cette unique Chose, comme tout ce que vous observez par vos cinq sens et par votre sixième sens.

En fait, vos cinq sens sont des récepteurs plutôt primitifs. Ils perçoivent de l'information qui ne se rapporte qu'au dixième du monde qui vous entoure. Votre sixième sens en perçoit bien davantage.

Mon sixième sens ?

Oui.

Qu'est-ce que c'est ? L'intuition ?

Vous l'appelez ainsi. Vous l'appelez aussi votre perception extrasensorielle. C'est sur ce plan perceptuel qu'un grand nombre des mystères de l'univers peuvent être dévoilés et qu'on s'aperçoit qu'ils ne sont aucunement mystérieux.

Eh bien, tout cela est très fascinant, mais qu'est-ce que cela a à voir avec la paix mondiale et la crise actuelle ?

Tout.

Tout?

Tout.

De quelle façon?

Parce que vous n'utilisez que vos cinq sens pour comprendre le monde qui vous entoure. Et pour le construire. Mais pour créer le genre de communauté dont je parle, et le monde de vos rêves, *vous devez recourir à votre sixième sens.*

Pourquoi? Comment?

Tout ce que vous croyez à propos de Dieu et de votre monde vous est parvenu par vos cinq sens. C'est vrai pour la majorité des gens sur votre planète. Il a toujours été interdit de connaître Dieu par le sixième sens. *Tout humain l'ayant fait et proclamé publiquement a été humilié et persécuté.*

Ainsi, on vous a demandé de connaître Dieu, qui vit *hors* de vos cinq sens, en vous servant *uniquement* de vos cinq sens.

En fait, vous n'en employez que *deux.* Ce que la plupart des gens connaissent de Dieu leur vient largement de ce qu'ils ont lu ou entendu. S'ils *sentent* Dieu autrement que ce qu'ils ont lu ou entendu, on les incite à cesser. Ces sentiments, leur reproche-t-on, sont «l'œuvre du diable».

Votre connaissance de Dieu est *empruntée.* Quelqu'un l'a donnée à quelqu'un, qui l'a transmise à un autre qui l'a communiquée à un autre encore, qui en a fait part à telle personne qui l'a redite à telle autre, qui vous l'a répétée.

Alors, autrement, comment allons-nous connaître Dieu ? Quelqu'un doit nous le dire, car en soi, Dieu est l'Inconnaissable.

Alors, comment ceux qui, les premiers, ont parlé de Dieu aux humains sont-ils parvenus à connaître Dieu ?

Ils ont écouté les Maîtres et les prophètes.

Et comment les Maîtres et les prophètes, qu'ils citent, en sont-ils venus à connaître Dieu ?

Par la révélation directe.

Alors, la révélation directe est un moyen valide d'arriver à connaître Dieu ?

Oui, mais seulement si l'on vivait aux temps anciens. Je sais où tu veux en venir, et je n'irai pas.

Tu peux envisager la possibilité que ce qui pourrait fonctionner pour le monde actuel (compte tenu de ce que ce monde dit vouloir vivre, c'est-à-dire la paix et l'harmonie) est une Nouvelle Spiritualité fondée sur de Nouvelles Révélations.

De quel genre de Nouvelle Spiritualité est-il question ici ?

D'une spiritualité qui va au-delà de la religion organisée actuelle. Car un grand nombre de vos vieilles religions, avec leurs limites inhérentes, vous empêchent de faire l'expérience de Dieu tel qu'il est vraiment.

Elles vous empêchent également de faire l'expérience de la paix, de la joie et de la liberté, qui sont des synonymes de Dieu tel qu'il est vraiment.

Oui... eh bien, comme je l'ai déjà dit, cette supposée «nouvelle spiritualité» ressemble énormément à *l'humanisme*, qui n'a rien à voir avec Dieu.

Et comment ton dictionnaire définit-il l'«humanisme»?

Comme «un mode de vie centré sur les intérêts ou les valeurs de l'homme».

Qu'y a-t-il de mal à cela? Où est la difficulté?

Dans le fait que la vie doit être centrée sur les intérêts et les valeurs de *Dieu*, et non sur les nôtres.

T'imagines-tu qu'ils sont différents?

Bien sûr que oui. Dieu veut une chose et nous en désirons une autre. *Tout le problème* est là.

Vos problèmes ne viennent pas du fait que des humains font autre chose que leur idée de la volonté de Dieu, mais du fait que c'est *exactement* ce que font les gens.
As-tu déjà remarqué?

Euh, oui, dans certains cas, mais...

Dans *certains* cas? Dans presque *tous* les cas. Un plus grand nombre de vos guerres ont été livrées pour défendre la cause de vos religions organisées que pour toute autre cause. Des millions d'entre vous ont été tués au nom de Dieu.

N'est-ce pas cela, le blasphème?
Tout pourrait changer sur votre planète, si seulement vous cessiez de répéter que vous accomplissez la volonté de Dieu lorsque vous vous blessez mutuellement.

Eh bien, je ne crois pas que nous l'énoncions ainsi...

Vous l'énoncez exactement ainsi. Et vous insistez en affirmant que Dieu l'énonce ainsi. Vous vous dites même que c'est le souhait de Dieu que vous alliez vous battre pour lui, tuer en son nom.

Ce n'est pas vrai. Personne ne dit cela. Et personne ne prétend que ce sont là les paroles de Dieu.

Vraiment? Dois-je recommencer à citer vos textes sacrés? Dans le Coran, Dieu déclare non seulement qu'il faut se battre, mais que ceux qui ne le font pas iront en enfer.

Non, non, non... Ces textes encouragent la paix, et non le combat.

Eh bien, Dieu ne parle pas de combattre n'importe qui, dans ce livre. Il sous-entend de combattre ceux qui ne croient pas comme il vous a commandé de croire.

Dieu ne ferait pas cela. C'est le plus grand pacificateur de l'univers. C'est la Paix même. Il n'ordonnerait pas à ses fidèles de combattre des gens parce qu'ils entretiennent une croyance religieuse différente.

Mais les humains allèguent que c'est exacte-

ment ce que Dieu fait. Le Coran, à la sourate 9, verset 123, déclare ceci:
«Ô vous qui croyez! Combattez ceux des mécréants qui sont près de vous; et qu'ils trouvent de la dureté en vous. Et sachez qu'Allah est avec les pieux.»
Et la Bhagavad-Gita, au chapitre 2, verset 31, dit ceci:
«Ayant égard à ton propre devoir en tant que guerrier, tu ne devrais pas être indécis. Car, il n'y a rien de plus heureux pour un guerrier qu'une guerre juste.»

D'accord, cela suggère peut-être que les vrais croyants peuvent aller se battre au nom de leurs croyances, mais cela ne dit pas qu'ils *doivent* le faire, sinon Dieu les punira. Quelqu'un exagère, c'est tout. Ce n'est pas la parole de Dieu.

Vraiment? Lis la sourate 9, versets 38 et 39:
«Ô vous qui croyez! Qu'avez-vous? Lorsque l'on vous a dit: "Élancez-vous dans le sentier d'Allah"; vous vous êtes appesantis sur la terre. La vie présente vous agrée-t-elle plus que l'au-delà? – Or, la jouissance de la vie présente ne sera que peu de chose, comparée à l'au-delà!»
«Si vous ne vous lancez pas au combat, Il vous châtiera d'un châtiment douloureux...»
Ou la Gita, chapitre 2, versets 32 et 33. Bienheureux ceux qui «reçoivent l'opportunité d'une telle guerre non préméditée, qui est comme une porte ouverte vers le ciel».
«Si tu ne veux pas combattre cette guerre juste, alors tu manqueras à ton devoir, tu perdras ta réputation, et tu t'infligeras le péché.»
Alors, si tu te demandes d'où vient cet «esprit guerrier», d'où proviennent ces tendances cultu-

relles à mener des luttes religieuses et à devenir des kamikazes, jette seulement un coup d'œil à vos nombreux textes sacrés et enseignements religieux. Depuis des générations, ils conseillent votre race. Et presque tous promettent que, victorieux ou non, vous serez récompensés.

Comme l'énonce la Bhagavad-Gita, d'une manière assez concise :

« Tu iras au ciel si tué au combat (répondant au devoir), ou victorieux tu jouiras du royaume terrestre. Par conséquent, debout donc, décidé à combattre. » (chap. 2, verset 37)

Eh bien voilà. Rien à perdre ! On dit même aux musulmans que, s'ils meurent en tuant dans un acte de *djihad*, comme dans les attentats-suicides, ils seront récompensés au ciel en jouissant sans limites avec 72 vierges.

Oui, on a fait cette promesse. Dieu ordonne également, dans le Coran, sourate 8, verset 67, de combattre jusqu'à ce que tous, au pays de vos ennemis, soient soumis, et d'ici là, de faire un massacre.

Dieu ordonne un massacre ?

C'est exactement ce qui est dans ce passage. Pas avant que l'ennemi ne soit complètement vaincu. Et alors, Dieu dit qu'il sera juste d'instaurer un système de corruption par lequel les mécréants qui restent devront vous payer pour ne pas être tués. On pourrait appeler cela le racket de protection de Dieu.

C'est ridicule. Aucun texte sacré ne suggérerait une telle chose.

Vraiment? Lis la sourate 9, verset 29.

Il est dit ceci : «Combattez ceux qui ne croient ni en Allah ni au Jour dernier, qui n'interdisent pas ce qu'Allah et Son messager ont interdit et qui ne professent pas la religion de la vérité…»

Et combien de temps doivent-ils les combattre?

Voyons : «… jusqu'à ce qu'ils versent la *capitation* par leurs propres mains, après s'être humiliés.» Ah oui, j'en ai entendu parler. J'ai lu qu'afin d'arrêter le massacre de tous les non-musulmans lorsqu'un village ou une région était vaincue par des musulmans, il fallait payer un tribut. C'est habituellement sous la forme d'une *jizya*, un impôt local perçu chez les non-musulmans pour leur protection et autres services, de même qu'un *kharaj*, une taxe foncière. Mais je croyais que ce n'était qu'une coutume barbare ; j'ignorais que le versement d'une *jizya* contre de la protection était un commandement religieux donné dans le Coran.

Maintenant, tu sais.

D'accord, mais vraiment, personne, à notre époque, ne croit cela ou ne vit ainsi. Écoute, ces paroles ont été écrites à une époque ancienne. C'était un monde différent. Plus personne, aujourd'hui, ne croit que l'islam commande à ses adeptes d'aller écraser des gens ou des pays, ni de tuer des incroyants. Personne dans des lieux d'importance, en tout cas. Quelques intégristes, peut-être, mais personne de vraiment crédible.

Accorderais-tu de la crédibilité au chef politique ou religieux de tout un pays?

Certainement. Mais les chefs religieux et politiques ne disent pas cela.

Le pape l'a fait au temps des croisades.

D'accord, oui, mais ça aussi, c'était il y a très longtemps. Je parle d'*aujourd'hui*. Des temps modernes. L'espèce humaine a acquis de la maturité. Elle a évolué. Ces attitudes ne seraient jamais exprimées par un chef religieux ou politique des temps modernes.

Bien sûr, il y a une déclaration de l'ayatollah Khomeini d'Iran, citée dans *Holy Terror: Inside the World of Islamic Terrorism (La terreur sacrée : Le monde secret du terrorisme islamique), d'Amir Taheri*, publié à Londres en 1987.

Oui, c'est vrai. Peux-tu nous entretenir à ce sujet ?

Eh bien, dans ce livre, on cite ainsi l'ayatollah, le chef religieux suprême de l'Iran et son chef politique *ipso facto* :

« L'islam oblige tous les adultes de sexe masculin, pourvu qu'ils ne soient ni infirmes ni invalides, à se préparer à la conquête de pays afin que l'assignation de l'islam soit respectée dans chaque pays du monde.

« Mais ceux qui étudient comprendront pourquoi l'islam veut conquérir le monde entier... Ceux qui ne connaissent rien de l'islam prétendent que cette religion déconseille la guerre. Ce (ceux qui disent cela) sont des imbéciles. L'islam dit : Tuez tous les incroyants, tout comme ils vous tueraient tous ! Cela veut-il dire que les musulmans doivent rester à ne rien faire jusqu'à ce qu'ils soient détruits ? L'islam dit : Tuez-les, passez-les au fil de l'épée... Tuez au nom d'Allah ceux qui pourraient vouloir vous tuer !... Tout le bien n'existe que grâce à l'épée et à son ombre ! On ne peut faire obéir les gens que par l'épée! L'épée est la clé du paradis, qui ne peut s'ouvrir qu'aux guerriers saints! Il y a des centaines d'autres psaumes et hadiths pressant les musulmans d'apprécier la guerre et de combattre. Tout cela sous-entend-il que l'islam empêche les hommes de faire la guerre? Je crache sur ces âmes imbéciles qui le prétendent.»

Je te dis ceci: les humains ont utilisé la volonté de Dieu comme une excuse pour rationaliser et justifier les comportements les plus barbares et les plus injustes imaginables, les attitudes les plus irréligieuses que l'on ait imposées à des gens innocents et sans méfiance.

Vous avez choisi ces comportements pour faire avancer *votre* cause, et non celle de Dieu.

Je vous dis ceci: si vous voulez un jour voir la paix sur terre, vous devez vous écarter de vos Vieilles Idées à propos de «la cause de Dieu» et passer à une Nouvelle Expérience de la Divinité.

Vous avez déclaré que vos intérêts et ceux de Dieu ne sont pas les mêmes, que c'est évident. Mais maintenant, je suis venu vous dire que les intérêts de Dieu et ceux des hommes ne sont pas divergents, mais identiques. La cause des problèmes, c'est que vous ne *voyez* pas cette similitude.

Tant que vous prétendrez servir les intérêts de *Dieu* plutôt que ceux des hommes, vous vous permettrez de les définir comme bon vous semble. Et c'est ce que vous *faites*, en fonction de *vos croyances* à propos de Dieu, de sa volonté et de ses attentes.

On ne peut si aisément détourner les intérêts de l'humanité, car *ils sont apparents.*

Le plus grand intérêt de toute l'humanité est la

Vie. C'est le plus grand intérêt de Dieu aussi, *mais vous prétendez le contraire.*

Vous imaginez que Dieu a un *plus grand* intérêt que la vie humaine, et c'est ce qui vous permet de *la gaspiller impunément.*

L'humanisme pur ne doit jamais vous amener à détruire la vie avec un air de supériorité vertueuse. Seule la religion organisée pouvait justifier un tel travestissement.

14

C'est toute une accusation.

L'accusation est logée dans ton esprit. Elle fait partie de votre mentalité de «coupable/non coupable», «raison/tort». Ce que j'ai fait, c'est une observation.

L'observation n'est pas un jugement, et l'affirmation n'est pas une accusation. L'énoncé d'un fait n'est rien de plus qu'une constatation.

L'observation est le «alors» de toute situation; le jugement, c'est le «et alors?».

C'est vous qui ajoutez le «et alors?» à tout ensemble de faits. *Aucun fait n'a d'autre signification que celle que vous lui donnez.*

C'est vous qui décidez si le «alors» est «bon» ou «mauvais», «bien» ou «mal», «correct» ou «incorrect», et vous fondez cette décision sur votre évaluation de l'efficacité du «alors», selon ce que vous choisissez d'être, de faire ou d'avoir. Le processus qui consiste à observer, à évaluer et à choisir a toujours fonctionné ainsi, et il est circulaire.

Vous observez, évaluez et choisissez, puis vous observez les résultats de votre choix, les évaluez et les choisissez à nouveau, puis vous observez encore, évaluez encore et choisissez une fois de plus, dans un cycle continu.

C'est au fil de ce processus que vous décidez Qui Vous Êtes Vraiment.

Le fait de prendre cette décision et de la revoir ensuite, voilà ce que vous appelez l'évolution.

Si l'âme est venue au corps, c'est pour évoluer. C'est-à-dire développer une version de plus en plus grandiose d'elle-même.

C'est le but de votre vie sur la Terre, et de la vie partout. L'application de ce processus à cet aspect de votre vie appelé la religion a été difficile pour vous à cause de votre profond attachement émotionnel à vos croyances.

Vous avez un profond attachement émotionnel à toutes vos croyances, mais celles qui concernent la religion ont été particulièrement difficiles à abandonner. Par conséquent, vos religions ont pris du retard sur vos sciences, vos technologies, vos psychologies – en fait, sur votre compréhension de tous les autres aspects de la vie.

Si vous avez agi ainsi mutuellement au nom de la religion, c'est tout simplement parce qu'un grand nombre de vos actuelles religions organisées (toutes bien intentionnées et, la plupart, enracinées dans de solides principes spirituels) entretiennent des concepts incomplets. La religion n'a pas pu évoluer. En effet, vous ne la *laissez* pas évoluer. Selon vous, toute nouvelle observation qui contredit ou modifie l'ancienne est blasphème et hérésie. Les Nouvelles Révélations vous paraissent impossibles. Vous affirmez que tout ce qu'il y a à dire a déjà été dit, que tout ce qu'il y a à connaître est déjà connu, que tout ce qu'il y a à comprendre est déjà compris.

Votre lutte désespérée pour garder votre espèce vivante (en empêchant ses membres de s'entretuer et de détruire toute vie) sera sans fin et peut finir par *vous* détruire, si vous êtes incapables de faire cette simple affirmation :

Il y a des aspects qui m'échappent de Dieu et de la Vie, et dont la compréhension changera tout.

Nous devons entreprendre l'étape 2 des Cinq Étapes de la Paix.

Oui. Elle est essentielle et irremplaçable, car il faudra que les humains se fassent une nouvelle idée de la Vie et de Dieu pour élaborer un code de conduite efficace et uniforme.

Cette création serait très difficile dans l'état actuel, car pour un trop grand nombre d'entre vous, ce code de conduite, même si c'est *le vôtre*, provient de Dieu et, par conséquent, reste le seul qui doive être suivi.

Que la plupart des religions exclusivistes du monde le disent, et que les lois sacrées du monde soient toutes différentes, cela vous laisse indifférents. Vous croyez tous que *votre* code de conduite est le *bon*.

Cette *rectitude*, voilà ce qui vous perd. Votre communauté planétaire ne peut fonctionner ainsi. À l'époque où votre planète n'hébergeait que des communautés peu nombreuses, pour la plupart isolées et dissociées, les humains pouvaient agir ainsi. Cette manière de faire n'était pas très souple, ni souvent très heureuse, mais au moins, la race survivait.

À présent, vous êtes une communauté mondiale, interreliée et interdépendante. Vous ne faites vraiment qu'Un, que vous soyez prêts ou non à accepter cette croyance.

À présent, un bouleversement dans une partie de la communauté ébranle aussi le reste. Pour survivre, vous devrez donc apprendre à *agir dans l'unité.*

Voilà une forme d'action dont vous avez très peu l'habitude. En fait, nombre d'entre vous se sentent *menacés* par l'«unité». Vous maintenez donc vos comportements passés, laissant vos différences produire des divisions, ignorant le fait qu'une maison divisée ne peut tenir. *Vous ne croyez pas habiter la même maison.* Pourquoi vous soucier des divisions?

Mais pour guérir, faut-il cesser d'avoir des religions différentes, ou des différences de vues sur la façon de faire l'expérience de Dieu?

Bien sûr que non. Il vous suffit de remarquer votre Unité.

L'unité n'est pas la similarité. L'unité et l'individualité ne s'excluent pas mutuellement. Les différences n'entraînent pas nécessairement des divisions, et le contraste ne mène pas obligatoirement au conflit.

Tes doigts ne sont pas tous pareils. Ils paraissent différents et ont des fonctions différentes, mais ils font tous partie d'une même main, et les deux mains font partie du même corps.

Ton nez ne ressemble pas du tout à tes yeux, et ta bouche n'offre aucune ressemblance avec ton front. Ils ont des fonctions différentes. Et pourtant, ils font partie du même visage, celui que tu montres au monde.

Te mordrais-tu le nez pour porter atteinte à ton visage?

Pourquoi laisser vos religions déformer le visage de l'humanité?

Je pense encore à cet article à propos de ces luthériens récalcitrants. Ils étaient non seulement furieux qu'un ministre du culte prie avec des non-*chrétiens*, mais fâchés du fait qu'il priait avec d'autres *luthériens* appartenant tout simplement à une confession luthérienne différente! Selon eux, cela constituait «une offense flagrante envers l'amour du Christ».

Et qu'en penses-tu?

Je ne peux imaginer que Dieu croit cela. Je ne veux rien savoir d'un Dieu qui penserait ainsi. Je veux courir acheter l'un de ces autocollants qui proclament: DIEU, SAUVE-MOI DES TIENS.

Mais il est important de se rappeler que ces comportements ne sont ni «bons» ni «mauvais», qu'ils ne fonctionnent tout simplement plus. Ils ne *fonctionnent* pas efficacement, compte tenu de ce que vous dites vouloir: vivre dans la paix et l'harmonie.

Un comportement fonctionnel, voilà ce qu'il faut désespérément si l'on veut que la vie telle qu'on la connaît sur terre continue.

À présent, nos comportements sont déplorablement dysfonctionnels. Nous avons créé une société complètement dysfonctionnelle.

Cette observation, cette évaluation et ce choix t'appartiennent.

Non, ce n'est pas mon choix. C'est ce que j'observe, mais pas ce que je choisis.

Bien sûr que si. Tu le choisis chaque jour, en ne faisant rien pour le changer.

Ce n'est pas juste. Que puis-je faire? Je ne peux être responsable de changer toute la planète à l'instant même!

Je te le redemande : Si ce n'est pas maintenant, quand cela sera-t-il? Si ce n'est pas toi, qui le fera?

15

Comment persuader quelqu'un d'entreprendre de changer le monde ?

S'il ne faut qu'une personne pour lancer l'autodestruction, est-ce qu'une seule ne peut pas aussi inspirer le renouveau ? L'espèce humaine aspire désormais à se renouveler. Cela se sent partout. C'est dans l'air. Tout ce que les gens attendent, c'est que quelqu'un se lève pour montrer le chemin. Pour démarrer. Pour renverser le premier domino.

Mais permets-moi de mettre une chose au clair. L'ère du Sauveur unique est révolue. Ce qui est maintenant nécessaire, c'est une action commune, un effort combiné, une cocréation collective. Ce qu'il faut, ce n'est pas *une seule* personne, mais un grand nombre d'humains désireux d'être «la» personne de leur famille, de leur communauté, de leur cercle d'influence qui entreprendra de susciter le changement sur-le-champ.

Dans ce contexte, une seule personne peut faire une différence énorme, car c'est toujours un membre, dans un groupe ou une grappe d'individus, qui suscite la vision la plus élevée, modèle la vérité la plus grandiose, inspire, cajole, agite et éveille, et finit par produire un champ contextuel au sein duquel l'action collective est possible et devient inévitable.

Es-tu cet être? Choisis-tu d'inspirer tout ceux dont tu touches l'existence?

C'est la question que te pose ton âme, à présent. C'est pour cela qu'elle t'a amené à écrire ce bouquin.

Cette personne, c'est peut-être l'un des lecteurs de ce livre. Ou plusieurs. Peut-être un grand nombre. Cependant, même si beaucoup d'entre nous peuvent répondre à l'appel, nous aurons tout de même besoin de ton aide, de l'aide de Dieu.

Je comprends. C'est aussi pour cela que vous avez été attirés par ce livre. En fait, c'est ainsi que vous avez commencé ce dialogue: en demandant mon aide. C'était un bon départ, mais nous ne pouvons pas aller plus loin si vous croyez que je suis un Dieu confus.

Qui croit cela?

La plus grande partie de la race humaine, à en juger par ses actes. Comme je l'ai spécifié, ses

codes de conduite sont remarquablement différents d'une culture à l'autre, mais tous sont
prétendument fondés sur la Parole et la Loi de
Dieu. Si c'est vrai, Dieu doit être terriblement
confus.

Bien sûr, nous n'affirmerions pas que c'est Dieu qui est
confus. Nous dirions plutôt que ce sont les humains.

Oui, et que s'ils voulaient bien examiner *votre*
code de conduite, ils ne seraient plus confus.

Exactement! C'est juste.

Mais si Dieu est tout-puissant, pourquoi ne
précise-t-il tout simplement pas quel code de
conduite est le bon? Pourquoi ne résout-il tout
simplement pas la question?

C'est exactement ce qu'il fait.

Vraiment?

Ne sais-tu pas que les Derniers Jours sont proches? Ne
vois-tu pas que la victoire finale est à portée de la main?
N'observes-tu pas les fruits de la lutte, le glorieux résultat du
djihad?

Tu parles du fait d'estropier et de tuer des
milliers de gens au nom de Dieu?

Je veux dire l'élimination des traîtres *infidèles*. Le
nettoyage de la société humaine.
« Vous devez purger le mal parmi vous », lit-on dans la
Bible. « Combattez-les jusqu'à ce qu'il n'y ait plus de conflit
et que tous mettent leur foi en Dieu », proclame le Coran.

«Je m'incarne d'ère en ère pour protéger les vertueux et pour détruire ceux qui se complaisent dans le mal, pour donner à la moralité une assise stable», nous informe la Bhagavad-Gita. Alors, tu vois, c'est le travail juste et convenable des fidèles.

Crois-tu vraiment cela?

Non.

Alors, pourquoi en parles-tu?

Je veux être juste et donner une voix à ceux qui le croient.

C'est ce genre de croyance qui a provoqué le chaos des guerres religieuses dans le monde. Le vois-tu?

Bien sûr que oui. La plupart des gens le voient, sauf ceux qui y sont profondément engagés. L'ennui, c'est que nous ne savons pas qu'en faire. Nous ne savons pas comment aider ceux qui sont englués dans ces croyances, comment rompre le sortilège.

Vous pouvez les aider en les assurant de comprendre qu'ils se sentent ainsi, de reconnaître leurs croyances et de souhaiter engager un dialogue avec eux à propos de ces croyances, pour voir si vous n'auriez pas, vous et eux, quelque chose à apprendre de celles-ci – et de presque toutes les autres croyances dans le monde.

Et si leurs actions (leur façon d'agir) nous causent du tort? Et si leurs croyances les amènent à des choses horribles?

Même les gens qui font des choses horribles s'arrêtent, ne serait-ce qu'un moment, si vous leur demandez pourquoi ils les font.

L'horreur n'est pas dans la nature fondamentale des humains. L'amour, si. Lorsque des humains sont horribles, c'est à cause d'une croyance. Donc, même au milieu de l'horreur, demandez-leur ceci :

Qu'est-ce qui te fait si mal que tu crois devoir me blesser pour le guérir ?

Alors, *ça*, c'est une demande pénétrante.

C'est une question merveilleuse à poser au milieu de tout désaccord qui conduit quelqu'un à te lancer de l'énergie négative. Elle est aussi efficace dans les foyers que dans les affaires internationales.

Cependant, après avoir posé la question, tu dois être prêt à écouter la réponse. Tu ne peux balayer la réponse en l'assimilant à de la propagande. Tu ne peux l'ignorer, la minimiser ni la dévaluer par simple désaccord. Et bien sûr, tu *seras* en désaccord avec elle, sinon personne ne se battrait contre toi.

Lorsqu'une personne se bat contre toi, c'est habituellement *pour avoir ton attention.*

Si elle pouvait t'amener à l'écouter et à l'aider à guérir sa blessure sans t'affronter, elle renoncerait à la lutte, ne serait-ce que pour éviter le danger.

Mais alors, pourquoi va-t-elle *vraiment* à la guerre, ou se lance-t-elle dans la lutte ? Ne sait-elle pas que cela va la mettre en danger ?

Parce qu'elle sent que des choses dangereuses lui arrivent *déjà*, ou sont sur le point de lui arriver – et c'est ce qu'elle essaie d'*arrêter*.

Rappelle-toi ce que je t'ai dit : En attaquant, aucun pays ni groupe d'individus ne se perçoit comme un agresseur. Il se considère toujours en état de défense.

Par conséquent, il peut être utile de demander : « *Qu'est-ce qui te fait si mal que tu crois devoir me blesser pour le guérir ?* »

Et si je ne peux rien changer à la blessure ? Et si son point de vue est biaisé, et ses demandes déraisonnables ?

Tout le monde a un point de vue biaisé. Commençons par cela. Tu dois le savoir au départ.

Pour être un guérisseur, tu dois comprendre que *personne ne fait rien d'inconvenant, compte tenu de son modèle du monde.*

Est-ce que cela signifie que je dois accepter la validité du point de vue de chacun ?

Cela veut dire que tu dois comprendre qu'il est *valide pour lui.* Tu dois être prêt à prononcer sept mots qui pourraient guérir le monde :

« *Je comprends que tu te sentes ainsi.* »

C'est là une phrase très forte. Elle n'indique pas que tu partages les sentiments d'un autre, ou que tu t'accordes avec ses gestes, mais que *tu peux comprendre qu'il en soit venu à ce sentiment.*

À elle seule, cette affirmation peut éteindre des feux gigantesques.

Vraiment ? Elle a autant de puissance ?

Oui, car son message est : « Tu n'es pas seul. »

Tu n'es pas fou, tu n'es pas le seul qui, compte tenu de tes croyances, de tes pensées et de tes expériences, pourrait aboutir à tes conclusions.»

Si tu veux être un guérisseur, tu dois comprendre que la plus grande difficulté qu'affrontent les gens aux prises avec un problème, c'est rarement le problème en soi, *mais la peur que personne d'autre ne le comprenne.* En effet, si personne d'autre ne le comprend, la perspective de trouver une solution peut sembler très faible.

Voilà pourquoi le sentiment d'être incompris mène au désespoir. Et inversement, le sentiment *d'être compris par quelqu'un d'autre* éloigne les gens du bord du précipice et ouvre la porte à la discussion.

C'est tout de même beaucoup demander. Si quelqu'un te lance des bombes ou empoisonne ton eau, ou mène une guerre biologique contre ton pays ou même te crie au visage dans la cuisine, il est assez difficile de dire : «Je comprends que tu puisses te sentir ainsi.»

Si tu ne le dis *pas*, ou du moins ne *demandes pas* «*Qu'est-ce qui te fait si mal que tu aies à me blesser pour le guérir?*», tu ne mettras jamais fin à la violence. Tu pourras l'interrompre, la retarder, mais tu n'y mettras jamais un terme.

Voilà pourquoi je répète que *toute attaque est considérée par l'agresseur comme une défense.* Comprendre cela est à la base de toute guérison.

16

Ces dernières affirmations m'ont beaucoup fait réfléchir. Pourrions-nous les explorer davantage?

Certainement. Il le faut.

Qu'entends-tu par: «Personne ne fait rien d'inconcevable, compte tenu de son modèle du monde?»

Je veux dire que personne ne considère jamais ses actions comme «mauvaises».

Mais les gestes de certaines personnes *sont* mauvais, peu importent les apparences.

C'est peut-être le bon moment d'aborder la **SEPTIÈME NOUVELLE RÉVÉLATION.**

Le Bien et le Mal n'existent pas. Il n'y a que Ce Qui Fonctionne et Ce Qui Ne Fonctionne Pas, selon ce que tu cherches à être, faire ou avoir.

Comment peux-tu affirmer cela ? Comment peux-tu dire que le bien et le mal n'existent pas ?

Parce que c'est vrai. Ce sont des produits de votre imagination. Ce sont des jugements, des étiquettes que vous créez au fur et à mesure. Ce sont des valeurs que vous *établissez*, en fonction de vos buts individuels et collectifs. Lorsque ces buts changent, ce que vous appelez le « bien » et le « mal » change aussi. Votre histoire le prouve.

C'est absurde. Les choses fondamentales ne changent pas.

Ah non ?

Non.

Donne-moi un exemple de valeur « fondamentale » inchangeable.

Bon, l'interdiction de tuer. « Tu ne tueras point », ça ne change pas. C'est une valeur humaine fondamentale.

Sauf si tu veux gagner une guerre.

Ce n'est pas juste. C'est de l'autodéfense. Nous avons le droit de nous défendre.

Écoute, les guerres ne sont pas toutes défensives. Votre planète a connu des guerres d'agression.

Oui, mais n'en parlons pas. Cela ne fait que compliquer les choses.

Je vois.

Notre pays n'*agresse* jamais personne. Les seules guerres que *nous* déclarons sont *défensives*.

Votre pays ne mène que des guerres défensives ?

C'est vrai.

Bien sûr que oui.

Et qu'est-ce que cela veut dire ?

Que tu viens de démontrer mes dires. Il n'y a pas sur terre un seul pays ou groupe qui se voit en agresseur. Tous ceux qui déclarent la guerre prétendent qu'*ils sont en train de défendre quelque chose.*

Le vois-tu, maintenant ? Je le répète parce que vous devez tous examiner cela de très près.

Sur votre planète, il n'y a pas d'« agresseurs » ; il n'y a que des « défenseurs ». Pour atteindre cet intéressant paradoxe, il vous suffit de qualifier une attaque de « défense ». Ainsi, à tout moment, vous pouvez changer vos valeurs fondamentales comme il vous convient, sans du tout paraître les changer.

Pour tuer impunément afin d'arriver à vos fins, vous dites tout simplement ne pas avoir le choix et devoir vous *défendre*.

Tous les agresseurs considèrent leurs gestes ainsi. En effet, c'est *exactement de cette façon que vos propres* attaques vous apparaissent. Non seulement à la guerre, mais dans chaque situation conflictuelle de votre vie, des champs de bataille aux chambres à coucher, des centres de commandement aux salles de conseil. Personne n'attaque ; tout le monde se défend. Le fait d'envisager ainsi une agression menée contre *vous* peut produire des miracles. Mais vous ne le pourrez jamais tant que vous vous imaginerez qu'il existe un «bien» et un «mal».

C'est très difficile à avaler, j'espère que tu le sais. L'idée d'un tel monde est très dure à accepter. Il me semble que nous avons vraiment des valeurs fondamentales ici sur cette planète. Des valeurs partagées par tous les gens... ou certainement par la plupart d'entre eux.

Alors, ne te gêne pas. Donne-moi un autre exemple.

D'accord, l'interdiction du suicide. Pour la plupart des gens, il est mal de s'enlever la vie. C'est immoral.

Oui, à propos, en ce qui concerne le fait de mettre fin à sa propre vie, la majorité des gens de votre planète s'imaginent actuellement que ce n'est pas «bien».

De même, beaucoup d'entre vous insistent encore sur le fait qu'il n'est pas bien d'aider quelqu'un qui veut mettre fin à ses jours.

Dans les deux cas, vous dites que cela doit être «contre la loi». Vous êtes sans doute parvenus à cette conclusion parce que la fin de la vie en question advient d'une manière relativement rapide. Les gestes qui mettent fin à une vie sur une période de temps un peu plus longue ne vont pas à l'encontre de la loi, même s'ils aboutissent au même résultat.

Ainsi, dans votre société, si une personne se tue avec une arme à feu, sa famille n'a pas droit à ses assurances. Mais si elle meurt des suites du tabagisme, sa famille y a droit.

Si ton médecin t'aide à te suicider, c'est un homicide, mais s'il s'agit d'une compagnie de tabac, c'est du commerce.

Avec vous, tout cela semble réduit à une question de temps. La légalité de l'autodestruction (son caractère de « bien » et de « mal ») semble avoir beaucoup à voir avec *la rapidité* du geste, et avec la personne qui le pose. Plus la mort est rapide, plus elle a l'apparence du « mal ». Plus elle est lente, plus elle glisse dans le « convenable ».

D'ailleurs, c'est tout le contraire de ce qu'une société véritablement humaine conclurait. Selon toutes vos définitions raisonnables de l'« humanitaire », il vaut toujours mieux que la mort soit brève. Mais votre société punit ceux qui cherchent à agir avec humanisme et récompense ceux qui préfèrent agir d'une façon insensée.

Il est absurde de penser que Dieu exige une souffrance sans fin et qu'il est « mal » de mettre une fin rapide et humaine à la souffrance.

« Punir le geste humanitaire, récompenser le geste insensé. »

Voilà un principe que n'accepterait qu'une société à l'intelligence limitée.

Alors, vous empoisonnez votre système en aspirant des substances cancérigènes, en mangeant des aliments traités avec des produits chimiques qui vous tuent à long terme, et en respirant de l'air continuellement pollué. Vous empoisonnez votre système de mille façons et à mille moments, *tout en sachant que ces sub-*

stances ne sont pas bonnes pour vous. Mais parce qu'elles vous tuent à petit feu, *vous commettez un suicide avec impunité.* (Extrait de *CAD*, tome 3.)

Et le vol? C'est une valeur humaine fondamentale que de ne pas dérober ce qui ne nous appartient pas.

Sauf si vous croyez qu'un autre n'y a pas droit, et vous, si.

Ce n'est pas juste. Si un autre n'a pas droit à quelque chose et nous si, alors, précisément *parce que ce n'est pas à lui mais à nous,* nous avons le droit de le lui enlever.

Bien sûr. Selon vos valeurs, c'est vrai. Particulièrement celle qui est appelée «propriété» (dont nous discuterons plus tard). Mais c'est précisément ce que je préconise. Tu ne fais que démontrer mon assertion.

Je dis que vos valeurs changent selon vos perceptions. Elles changent aussi selon vos désirs, selon ce que vous *voulez* changer.

Si vous voulez une chose qu'une autre personne estime être à elle, et que vous la voulez ou imaginez la vouloir suffisamment, vous allez justifier le fait de la prendre. Crois-moi. Vous l'avez déjà fait. C'est exactement ce que vous avez fait.

Les valeurs changent. On ne peut penser à une seule «valeur humaine fondamentale» qui n'ait été temporairement écartée, modifiée ou complètement abandonnée à un moment donné par des humains qui ont tout simplement modifié ce qu'ils voulaient être, faire ou avoir.

Par conséquent, si vous croyez qu'on peut

avoir absolument «raison» et absolument «tort»,
vous vous illusionnez.

Tu veux dire que nous avons «tort»?

C'est très habile, et cela souligne un problème
majeur concernant votre mot «tort». Depuis des
siècles, on l'emploie dans au moins deux sens,
soit pour désigner ce qui est «erroné» et ce qui
est «immoral».
Une action que l'on qualifie d'«erronée» ne
produit pas le résultat désiré ou prédit.
Une action qualifiée d'«immorale» enfreint un
certain code de vie ou une loi plus générale
qu'une société a mise en place – ou imagine que
sa Déité a mise en place.
La difficulté, en ce qui a trait à la morale, c'est,
comme je viens de le souligner, qu'elle change en
fonction des époques et des lieux, des objectifs
d'une société ou de ses membres. Par conséquent, la moralité est une chose extrêmement
subjective.
La difficulté, en ce qui a trait aux «erreurs»,
c'est que dans les sociétés religieuses, ou
contextes religieux, elles sont souvent assimilées
à un échec moral plutôt qu'à un échec tout
simplement *opérationnel*. Par conséquent, il est
non seulement gênant ou malheureux de commettre une erreur, mais c'est aussi un *péché*.
Dans certaines cultures religieuses ou fondées
sur la moralité, l'erreur humaine normale peut être
considérée comme une *offense envers Dieu* –
punissable par des sanctions ou des souffrances
sévères ou disproportionnées.
Nous en avons déjà examiné quelques exemples. En voici d'autres :

1. Celui qui maudit son père ou sa mère sera mis à mort.
2. Un blasphémateur sera lapidé à mort.
3. Une femme qui ne se couvre pas de la tête aux pieds sera flagellée et battue.
4. Une personne qui vole aura la main coupée.

Ceux qui ne se plient pas à des normes aussi sévères et inflexibles, sans parler des réponses disproportionnées qui en découlent, sont vus comme des apostats passibles de mort.

Cette situation engendre toutes les conditions d'un conflit et d'une guerre à grande échelle, car à présent une attaque peut être justifiée comme une *défense de la foi*, un acte autorisé (et bien sûr, *exigé par*) Dieu.

C'est *exactement ce qui se passe* sur notre planète. Tu viens d'enfoncer le clou. C'est ce qui se déroule dans le monde actuel.

Cela a cours depuis des siècles. En fait, depuis des millénaires. C'est pourquoi la Septième Nouvelle Révélation est si importante, car elle crée un contexte qui sépare l'«erreur» de la «moralité», en enlevant Dieu du tableau.

Crois-tu vraiment que je m'intéresse à ce que vous mangiez ou non de la viande le vendredi, ou au fait que vous ayez le corps couvert de la tête aux pieds parce que vous êtes une femme, ou que vous vous teniez du bon côté du mur des Lamentations?

Il n'y a pas si longtemps, j'ai entendu dire que certaines femmes avaient tenté de se tenir du «côté des hommes» du mur des Lamentations, l'un des sites les plus sacrés de tout le judaïsme. Elles voulaient affirmer qu'il était temps de mettre fin à cette séparation infantile des femmes et des hommes fondée sur l'idée que celles-ci sont indignes, ou «malpropres» à cause de leurs menstruations. Les hommes (dont des rabbins) se sont mis à leur crier après, à les maudire, à cracher sur elles, et certains ont même commencé à s'en prendre à elles.

Vous imaginez-vous vraiment que Dieu se préoccupe de ces choses?

Cela paraît plutôt mesquin, même au nom d'une tradition sacrée.

Peut-être surtout au nom d'une tradition sacrée.

Mais tu ne te soucies pas du tout de la vie sur terre et de ce qui s'y passe?

Dieu se préoccupe suffisamment de la vie sur terre pour accorder aux humains toute l'aide, tout le soutien et tous les outils dont ils auront jamais besoin pour en faire une expérience merveilleuse et joyeuse. Et il les aime assez pour leur avoir accordé le plus grand de tous les cadeaux: le libre arbitre.

Il est intéressant de constater le défi que vous vous êtes donné: vous croyez que Dieu vous accorde ce libre arbitre, pour ensuite vous l'enlever en vous donnant des ordres précis. Même par rapport à vos pensées et à vos gestes, et dans certains cas, à votre habillement et à votre alimentation.

Certains d'entre vous trouvent même irrespec- tueux d'écrire le nom de Dieu et utilisent des tirets à la place des voyelles (ignorant que cette façon d'écrire provient tout simplement du fait que la langue originelle dans laquelle était écrit le nom de Dieu ne *comportait* pas de voyelles). D'autres interdisent par la loi de posséder, d'exposer ou même de *dessiner toute* image de Dieu, d'humains ou d'animaux, croyant à un interdit sur les «idoles».

Vous vous êtes privés d'un grand nombre des plaisirs les plus simples (la musique et la danse, par exemple), en prétendant que votre Dieu vous les interdisait. Selon quelques-uns parmi vous, ce sont des péchés, des gestes immoraux.

En effet, dans les pays où la loi civile est fondée sur la loi religieuse, vous avez fait des moindres erreurs humaines des questions de dépravation morale.

Mais la véritable moralité en tant que critère fixe et objectif n'existe pas. Elle *ne peut pas être* dans toute société en évolution, la nature même de l'évolution étant le changement. Et bien sûr, c'est exactement ce que visent à enrayer la plupart des gouvernements fondés sur la religion. Ils cherchent à arrêter le *changement. Mais le changement est la nature de la vie.* Ainsi, ils tendent à améliorer la vie en niant la Vie même.

Mais la Vie ne sera pas niée, et son processus ne sera pas corrompu. Ainsi, une grande difficulté peut surgir lorsque des sociétés changent mais que la morale ne change pas. Il s'est créé une faille profonde entre les règles inflexibles et les expériences sur le terrain. À mesure que cette faille s'élargit, de nouvelles normes de comportement, plus pratiques, émergent spontanément au sein d'une culture. Mais à mesure qu'apparaissent ces nouvelles normes, les anciennes sont défendues par ceux qui ont peur de s'ajuster.

Ainsi, à nouveau, on justifie l'agression au nom de la défense.
C'est exactement ce qui se passe dans nombre de vos cultures.

Ironiquement, sur votre planète, la liberté, qui est *l'essence même de Dieu,* et le libre arbitre, qui est *le plus grand cadeau de Dieu,* sont presque toujours sévèrement restreints par les gouvernements contrôlés par des religions.

Certains avancent que le gouvernement ne devrait pas *être* contrôlé par la religion, qu'il devrait y avoir une stricte séparation entre l'Église et l'État. Mais c'est là une vision très occidentale. Dans d'autres cultures, on croit que Dieu seul a le droit et le pouvoir de gouverner les affaires humaines, et que la Loi de Dieu, telle qu'elle est exposée dans les textes sacrés et interprétée par les érudits religieux et les juristes, doit être celle du pays.

C'est le choc idéologique dont j'ai parlé plus tôt dans notre conversation. C'est essentiellement un choc entre la liberté individuelle et la restriction personnelle, entre les droits humains et ce que des personnes déclarent être la Loi de Dieu.

En vérité, ce choc n'existe pas, car la liberté est l'essence de Dieu, et les droits humains (liberté personnelle, égalité sous la loi, égalité devant les tribunaux) en sont des expressions.

Mais il y a eu des religions (et il en reste) qui ne reconnaissent pas à chaque personne les libertés et égalités fondamentales. Selon quelques-unes, comme on l'a déjà souligné ici, les femmes ne sont pas les égales des hommes, ou les athées n'ont pas le droit de vivre. Une personne qui n'est pas membre de l'Église ne peut témoigner contre une autre qui l'est. Et l'esclavage est permis.

Non, non… Aucun texte sacré ne manque de condamner l'esclavage.

Tu ferais mieux de lire plus attentivement la Bible et le Coran.

Alors, lorsque de tels enseignements religieux deviennent la loi du pays, ou les croyances les plus profondes la «morale» d'une culture, un choc est inévitable. Surtout lorsque ces religions cherchent à faire de leurs croyances les principes éclaireurs des *autres*.

Il y a toujours eu des différences idéologiques sur votre planète, mais le présent élargissement de la *faille idéologique* par le *progrès techno-logique* simultané a créé les conditions propices à une autodestruction rapide.

Eh bien, nous voilà revenus au point de départ. Que faire pour mettre un terme à cela?

Il faudra un acte de courage sans précédent et à grande échelle. Vous aurez peut-être besoin de faire une chose quasi inconnue dans les annales de l'histoire humaine.

Quoi?

Vous devrez peut-être abandonner certaines de vos croyances les plus sacrées.

«Je ne peux pas. Je ne peux *pas*. Plutôt mourir.» C'est ce que diront quelques personnes en lisant cela.

Alors, c'est ce qu'elles vont faire. Bien des gens

vont mourir afin d'«avoir raison».

Ce n'est que lorsqu'un nombre suffisant d'êtres humains mourront pour ces idéologies que vous déciderez que *c'étaient peut-être les idéologies mêmes qui étaient erronées.*

Votre vie et votre expérience vous amèneront à changer d'avis, du moins à propos de ce qui est «bien» et «mal», et de «ce qui fonctionne» et «ce qui ne fonctionne pas».

Alors, nous y revoilà! C'est le genre même de *relativisme* qui, selon les fondamentalistes, crée tous nos problèmes au départ. N'est-ce pas ce qui accroît le relativisme?

Oui. Comme elles craignent de perdre un mode de vie et qu'elles sont incapables d'affronter un changement rapide et infini, comme on ne leur a offert, depuis des siècles, ni nouvelles pensées ni nouvelles idées théologiques, ni modèles spirituels, certaines personnes ne croient pouvoir avancer qu'en reculant.

Ces gens insistent pour revenir à une interprétation étroite et littérale de leurs textes sacrés, et à une adhésion aux «principes fondamentaux» de leurs traditions religieuses, même si certains de ces enseignements fondamentaux et exigences n'ont plus aucun sens dans les circonstances actuelles.

Cela provoque un affrontement avec ceux qui voient clairement que les situations actuelles ne peuvent être abordées ni résolues par ces interprétations anciennes. Mais les gens qui veulent rester fidèles à leurs croyances les plus profondes ont le sentiment que ce sont elles que l'on attaque. Ils vont les défendre jusqu'à la mort.

Quelle est donc la solution?

Le monde doit créer une Nouvelle Spiritualité. Non pas quelque chose qui remplacera complètement l'ancien, mais qui le rafraîchira. Non pas quelque chose qui réduira l'ancien, mais qui l'élargira.

Non pas quelque chose qui renversera l'ancien, mais qui en soutiendra le meilleur.

La spiritualité humaine a besoin d'être rafraîchie.

Il est temps, à présent, d'offrir au monde de nouvelles pensées et idées théologiques, un autre modèle spirituel.

Le monde doit pouvoir s'accrocher à quelque chose de nouveau pour relâcher son attachement à l'ancien. Si tu te trouvais au milieu d'un torrent, lâcherais-tu un tronc d'arbre?

Non.

Par conséquent, bâtis un pont.

Deviens ce pont.

Vis les croyances d'une Nouvelle Spiritualité.

Parcours le chemin d'une Nouvelle Révélation.

Ne te contente pas d'en parler, mais démontres-en la vérité dans ton existence, telle que tu la vis.

Montre la voie.

Sois un messager de la lumière.

Il faut que je te repose la question: que peut faire une personne?

Vous êtes la lumière du monde. Ne le savez-vous pas?

Chacun l'est, lorsqu'il choisit de l'être.

On ne peut cacher une ville construite au sommet d'une montagne. On n'allume pas une lampe pour la mettre sous le boisseau. On la place plutôt sur son piédestal, et elle éclaire toute la maisonnée.

De même, laissez luire vos lampes à tel point que les hommes verront peut-être vos bonnes œuvres et loueront peut-être les croyances sur lesquelles elles sont fondées.

Cela signifie que vous pouvez aider les autres à combler la faille entre hier et demain, et à refermer l'écart entre le confort de la tradition et la nécessité de l'innovation.

Car le monde doit maintenant se réinventer à neuf. Mais en envisageant le futur, honorez le passé. Ne rejetez pas complètement les vieilles croyances et n'exigez pas des autres qu'ils le fassent. Augmentez-les, modifiez-les au besoin, et invitez tous et chacun à faire de même.

Que votre Nouvelle Spiritualité ne soit pas le rejet, mais *l'accomplissement* de tout ce que vous ont promis vos vieilles lois religieuses et vos prophètes anciens. Et lorsque les autres vous demanderont ce que vous faites, répondez : Ne croyez pas que je sois venu abolir la Loi et les prophètes ; je ne suis pas venu les abolir, mais les accomplir.

17

Tu as dit quelque chose de fascinant : «Personne ne fait rien d'inapproprié, compte tenu de son modèle du monde.» Je vois comment cela s'applique. C'est ainsi que les talibans de l'Afghanistan ont interdit toute musique, sauf les chants religieux islamiques.

Exactement. C'était leur modèle du monde. Pour eux, cela semblait parfaitement raisonnable.

Alors, si nous trouvons inacceptable le comportement d'une individu ou d'un groupe, nous devons, pour engendrer un changement durable, *affecter le modèle du monde qui crée son comportement.*

Maintenant, tu comprends. Tu comprends l'idée centrale de ce dialogue. C'est ce que je dis ici. Tu peux chercher à modifier le comportement, mais cela n'entraînera, au mieux, qu'un changement à court terme. Mais si tu modifies les *croyances*, tu auras un effet sur le comportement à sa source.

Voilà pourquoi j'ai déclaré qu'il serait bénéfique pour les humains, s'ils souhaitent vivre ensemble dans la paix et l'harmonie, d'avoir une *nouvelle spiritualité*, un nouveau « modèle du monde » établi sur des croyances élargies et changées.

Comment allons-nous produire cela? Tu as déjà dit que, pour que les autres se sentent en « sécurité » avec ces nouvelles croyances, nous devons démontrer qu'elles fonctionnent, en prenant notre propre vie comme modèle. Mais au départ, comment allons-nous instaurer de nouvelles croyances?

Vous n'en produirez pas, à moins de décider que certaines de vos vieilles croyances ne fonctionnent pas.

Il est difficile pour les humains d'abandonner leurs croyances. Lorsqu'on croit en quelque chose, on s'y raccroche jusqu'à preuve du contraire. Même dans ce cas, nombre d'entre vous continuent d'y croire, refusant d'abandonner de vieilles idées longtemps après qu'on eut fait la preuve de leur inexactitude, de leur inefficacité ou de leur impraticabilité. Au moins, ici, dans ce dialogue, tu es prêt à examiner la question. Et c'est la première étape du changement. On ne peut pas changer ce qu'on n'est pas prêt à examiner. Alors, tu dois d'abord décider lesquelles de tes vieilles croyances ne fonctionnent pas.

Au cours de cette conversation, nous avons exploré Cinq Erreurs à propos de Dieu. Ce sont des croyances qui, sans contredit, ne fonctionnent plus pour la communauté humaine. Et ce fait est observable et démontrable. L'état continuel de conflit qui règne sur votre planète en est la preuve.

Si vos croyances actuelles sur Dieu étaient exactes, les conflits auraient été éliminés de votre planète il y a longtemps. Au contraire, vos croyances sont à la source de ces conflits. Je l'ai souligné à maintes reprises, afin que vous ne puissiez manquer ou ignorer ce point.

Tu as déjà précisé que les humains croyaient à dix erreurs. Dix en tout.

Oui. En plus des Cinq Erreurs à propos de Dieu, les Cinq Erreurs sur la Vie rendent fort difficile votre expérience sur la Terre.

Ces erreurs sur la vie sont-elles importantes, ont-elles autant d'impact que les Cinq Erreurs à propos de Dieu?

Tout autant. Elles aussi engendrent la crise, la violence, le meurtre et la guerre.

Alors, passons-les en revue. Nous n'en avons pas encore discuté.

Les Cinq Erreurs à propos de la Vie sont:

1. Les humains sont séparés les uns des autres.
2. Ce qu'il leur faut pour être heureux n'est pas disponible en quantité suffisante.
3. Pour l'obtenir, ils doivent se faire concurrence.
4. Certains humains sont meilleurs que d'autres.
5. Les humains peuvent résoudre, en s'entretuant, les graves différences créées par toutes les autres erreurs.

D'accord, revenons en haut de la liste et examinons-les.

Bien. La Première Erreur à propos de la Vie, c'est de croire que les humains sont séparés les uns des autres. Comme cette idée provient de la Troisième Erreur à propos de Dieu, nous voyons comment les erreurs à propos de *Dieu* finissent par déborder.

Les erreurs qu'entretient votre race à propos de Dieu sont très fortes. Elles ont un effet dans chaque domaine de votre expérience collective, même chez ceux qui ne croient pas en Dieu. Parce qu'elles sont si profondément reliées à la cause première de toute expérience, comme vous le comprenez maintenant, vos idées à propos de Dieu affectent et produisent véritablement vos croyances à propos de la Vie, produisant également des erreurs dans le domaine séculier.

Vous croyez que Dieu vous a séparés de lui parce que vous ne lui avez pas donné ce dont Il/Elle avait besoin. Cette idée, en retour, provient de votre croyance selon laquelle Dieu a des besoins, et que ceux-ci peuvent *ne pas être satisfaits*.

Ces deux idées sont presque ridicules en apparence, mais l'absurdité des idées n'a jamais empêché les humains de les adopter.

Comme tu l'as souligné, Dieu est, selon notre propre définition, le Tout-Puissant et le Très-Haut. On croirait «comprendre» que Dieu n'a besoin de rien pour être heureux. L'idée persiste néanmoins qu'il nous faut l'apaiser (afin de recevoir sa bénédiction et non sa malédiction, et pour nous garantir une place au ciel).

Et ce que les humains ont *fait* pour «apaiser Dieu» est inhumain. Afin de lui plaire, vous avez persécuté les autres, leur avez causé d'incroyables souffrances et avez tué des millions de gens. Aux premiers temps du culte païen, les humains sacrifiaient même des bébés (de petits enfants, l'incarnation de la pure innocence), les plaçaient sur des bûchers et les brûlaient vifs dans l'espoir de tirer un sourire des dieux. Ce besoin de «faire le bonheur de Dieu» provient d'une idée fausse, à savoir que Dieu peut ne *pas* être heureux. C'est là une idée stupide, car Dieu est le Bonheur même. Mais vous vous accrochez à votre image d'une Déité sombre et mécontente.

Cette idée que Dieu n'est pas heureux (*à cause des humains*) a donné à des religions insensées un argument insensé pour inspirer des gens à agir d'une manière tout aussi insensée.

Je ne l'ai jamais entendu dire d'une façon aussi directe.

Il en était temps.

C'est vraiment une idée tordue, non?

Elle est plus que tordue. Elle est meurtrière.

C'est également le summum de l'arrogance que de vous imaginer que, d'une certaine façon, un geste des humains puisse inciter le Créateur de l'univers à renoncer à la Paix et à l'Amour... c'est-à-dire à l'Essence même du Créateur.

Autrement dit, vous m'imaginez prêt à *renoncer à moi-même* en réaction à l'un de vos gestes. Si vous vous l'imaginez, c'est que *vous le faites*.

Et nous n'établissons même pas le rapport.

Non, en effet.

Nous disons avoir été créés «à l'image et à la ressemblance de Dieu», mais tu as raison: nous avons créé Dieu à l'image et à la ressemblance des humains.

Ainsi, vous avez imaginé un Dieu qui rejette les humains parce qu'*il* est mécontent d'eux. C'est ce que se font mutuellement les humains lorsqu'ils sont mécontents, et vous en avez conclu que Dieu agissait de même. Cette idée de Grande Séparation a également engendré en vous l'expérience d'une séparation mutuelle. Je t'ai déjà expliqué comment. Les humains savaient (ils le comprenaient intuitivement; ils en avaient une mémoire cellulaire) qu'ils étaient en union avec la vie entière. Avec la Terre et ses créatures. Avec le ciel et tout ce qui le peuple. Avec le divin et ce qui est divin. Puis, les récits de séparation ont commencé. Comme je l'ai déjà expliqué, ils proviennent de l'expérience ancienne des humains. Les religions ont codifié cette expérience, transformant le mythe en dogme. L'illusion de votre séparation était complète. Vous vous considériez comme séparés de Dieu et de toute la vie.

La religion moderne a eu l'occasion de rompre cette illusion, de vous mener à la vérité. Mais elle a choisi de s'en tenir aux enseignements prémodernes, de retenir un dogme remontant à des centaines et des milliers d'années. Ainsi, la religion moderne a laissé tomber l'homme moderne.

Si vous êtes courageux, si vous êtes très braves, vous permettrez à une Nouvelle Spiritualité d'améliorer votre expérience religieuse. Cette spiritualité ne rejettera pas d'emblée vos enseignements religieux traditionnels, mais les élargira et modifiera une partie des enseignements qui, selon vous, ne s'appliquent plus ou ne fonctionnent plus.

Tu as déjà fait cette affirmation à plusieurs reprises. Tu dis cela continuellement.

Je veux que vous le gardiez fermement à la conscience en refermant ce livre, car en fait, c'est votre seul espoir d'un lendemain vraiment différent. Un lendemain rempli non pas de peur, de luttes, de rancœur, de conflits, de guerre ouverte et de mort violente, mais de paix, de joie et d'amour.

Je prends tout ce que je t'ai dit au fil des ans et je le rassemble ici, au même endroit, en le répétant sans cesse, en reformulant et en réitérant des commentaires et des observations que j'ai déjà faits ici et ailleurs, puis en ajoutant de nouvelles informations très importantes sur la crise actuelle.

Et la race humaine affronte une crise majeure, ne vous y trompez pas. C'est une crise conflictuelle entre idéologies, une crise ayant trait aux croyances.

Comme je l'ai expliqué, vous avez pris votre rupture avec Dieu (qui est en soi une fausse croyance) pour une rupture avec la vie. C'est fort naturel, puisque sur un plan profond, *vous saviez et compreniez que Dieu EST toute la Vie. Même si vous ne l'avez pas articulé ainsi, vous saviez sur un plan cellulaire que c'était vrai.*

Par conséquent, dès que vous avez accepté

d'être séparés de Dieu, toute la Vie vous a paru séparée de vous. Et inversement, dès que vous acceptez d'être Un avec Dieu, toute la Vie vous paraît unie à vous. Tous les maîtres l'enseignent et tous les mystiques l'ont rapporté. Vous avez accepté d'être séparés de Dieu non pas parce que vous en avez *fait l'expérience*, mais parce que la religion organisée vous l'a *dit*. La religion que vous adoptez est fonction de votre lieu de naissance et de l'enseignement que vous recevez au départ. C'est un produit non pas de la vérité éternelle, mais de l'environnement culturel. Les gens croient ce qu'on leur a enseigné à croire. Ils ne le remettent pas en question, car ils ne veulent pas remettre sa source en question.

Je vous invite à vous poser cette question : *À qui donneriez-vous tort si vous changiez une partie de vos croyances les plus fondamentales ?* Tout est là.

Aussi longtemps que vous croirez qu'on peut avoir raison et tort, vous serez prêts à tout risquer pour avoir « raison ». Vous ne changerez pas vos croyances si vous croyez qu'en le faisant vous aurez tort ou que l'un de vos proches aura tort. Mais dès que vous remplacez cet axe Raison-Tort pour Ce Qui Fonctionne-Ce Qui Ne Fonctionne Pas, cela allège la difficulté d'une analyse critique des croyances fondamentales (et celle de les changer, il va sans dire).

Aujourd'hui, le monde vit dans un paradigme Raison-Tort et, par conséquent, entretient la Troisième Erreur à propos de Dieu et la Première Erreur à propos de la Vie : l'illusion de la désunion.

Si vous osez affirmer avoir fait l'expérience *contraire*, avoir connu la béatitude joyeuse de l'*union* complète avec d'autres et avec le Divin, on vous rappellera sans doute de vous méfier de ces expériences et, certainement, de prendre garde d'en *parler*.

J'ai déjà vécu cela.

J'en suis sûr.

Et c'est cette erreur de la séparation qui nous permet d'agir les uns envers les autres comme nous n'agirions jamais envers nous-mêmes.

Oui.
Cela crée également l'illusion qu'il vous « manque » ce dont vous avez besoin pour être heureux.

C'est la Deuxième Erreur à propos de la Vie.

Oui.
Si vous croyiez plutôt n'être qu'Un, si vous vous considériez comme Un Seul Corps, et c'est ce que vous êtes...

... ou une même communauté...

... ou une même communauté... vous sauriez que vous en avez toujours suffisamment, car vous *en créeriez l'expérience*. Avec une telle croyance, vous partageriez ; vous assureriez réciproquement votre bonheur.

C'est la tradition suprême de l'islam, qui considère tous les musulmans comme des membres d'Une Seule Communauté. L'enseignement islamique demande aux musulmans de donner aux pauvres et de toujours soutenir la communauté. Les membres de l'Église de Jésus-Christ des Saints des Derniers Jours (les mormons) ont également formé une communauté mondiale, soutenue par l'un des plus vastes systèmes internes d'aide non gouvernementale aux pauvres et aux nécessiteux d'entre ses membres. Les organismes de charité catholiques et les groupes lancés par des sectes chrétiennes, et de semblables œuvres caritatives juives, cherchent aussi à partager l'abondance du monde avec les moins fortunés et les nécessiteux.

Ce sont toutes des expressions valables d'un début de compréhension. La difficulté, c'est qu'un grand nombre d'organisations religieuses forment un cercle fermé autour de leurs membres, démontrant ainsi les limites de leur compréhension. Les États et les nations font de même. Tout comme les groupes culturels, ethniques, raciaux et sociaux de toutes sortes, chacun créant consciemment ou inconsciemment un *cordon sanitaire*.

Une telle quarantaine ne promeut en rien l'unité de l'humanité et, en fait, donne l'impression qu'il faut un bouclier protecteur pour séparer les gens en fonction de leurs vues les plus étroites.

Avec un regard aussi étroit, on ne peut voir la réalité. Car si la perspective est limitée, ainsi en est-il de la conscience.

Ce que vous ressentez comme la sécurité du ventre maternel devient le lieu de naissance de votre rectitude.

Mais l'élévation de votre conscience vous sortira de votre ségrégation maternelle. Vous découvrirez alors que la quarantaine était inutile, que le cordon ne vous séparait de rien d'autre que de votre Soi.

Voilà la plus grande surprise. Ce sera le plus

grand étonnement. Vous ne vous êtes séparés que de *vous-mêmes.* En brisant le cercle de votre enfermement, vous verrez que tout le monde est comme vous. Non seulement chaque personne, mais aussi chaque chose. Un examen attentif vous révélera que vous, les pierres, les arbres, les planètes, le soleil et la lune *êtes tous faits de la même matière.* Comme de merveilleux flocons de neige, vous *paraissez* tous différents, mais votre substance est identique.

En découvrant votre Unité, vous vous demanderez avec étonnement comment vous avez pu vous imaginer séparés de quiconque ou de quoi que ce soit. Vous verrez que, lorsque vous avez traité une personne ou une chose comme si ce n'était *pas vous,* vous n'avez nui qu'à vous-même.

Comment tout cela est-il arrivé? Comment sommes-nous devenus tellement séparés de notre Soi?

Lorsque vous avez décidé que vous n'étiez pas parfaits. En cours de route, lors de la transmission des mythes et des récits, vous vous êtes faits à l'idée que vous étiez moindres que le monde et la vie qui vous entouraient.

Comme je l'ai déjà expliqué, vous avez constaté l'effet qu'avaient sur vous les vents, la pluie, les orages et la Vie même, et vous avez déterminé que les «dieux» étaient plus puissants que vous. Que malgré tous vos efforts, vous ne pourriez jamais être aussi puissants. Ainsi, vous vous êtes crus imparfaits, «moindres que» les dieux. Dans votre colère et votre frustration, vous vous êtes retournés contre vous-mêmes, vous jugeant et vous con-

damnant pour ne pas être «à la hauteur».
La première expérience humaine d'insuffisance
ne s'est pas produite dans votre monde extérieur,
nettement débordant, mais en vous, un espace qui
s'avérait très chétif comparé à l'abondance et à la
magnificence extérieures du monde. Un seul regard
vers le ciel nocturne suffisait à vous convaincre de
la majesté de ce que vous appeliez Non-Vous et du
caractère chétif de ce que vous appeliez Vous.
De cette idée de vous, vous ne vous êtes
jamais rétablis. Mais à présent peut survenir votre
guérison. Ce peut être le moment du rappel. Car
je suis venu vous livrer un grand secret:
Vous êtes comme les étoiles.
Non pas au figuré, comme dans un poème ou
une chanson, *mais littéralement*. Votre compo-
sition chimique est la même. On retrouve en vous
les mêmes oligoéléments que dans tous les corps
célestes – et en fait, dans *tout ce qui existe.*
Cela vous surprend-il? Êtes-vous étonnés
d'apprendre que rien n'est composé d'autre chose
que de différentes combinaisons et concentrations de la *Seule Substance Qui Soit*? Vous ne
devriez pas. Je vous le répète depuis longtemps.

Oui, tu nous l'as dit, mais je crois que la plupart des
humains pensaient que c'était au figuré, et non à prendre à la
lettre.

C'est une vérité littérale, mon enfant.
VOUS NE FAITES TOUS QU'UN.
Aux premiers stades de son développement,
votre race ne pouvait pas le comprendre. À
présent, aux premières années de son adolescence, elle le peut.

Notre espèce est dans son adolescence?

Aux *premières années* de son adolescence.
Mais dans l'état actuel des choses, elle pourrait
bien ne jamais atteindre la maturité. Vous vous
querellez les uns avec les autres comme des
enfants qui ne veulent pas partager leurs jouets.

18

Crois-tu que nous apprendrons un jour ? Que nous trouverons moyen de nous entendre, de vivre ensemble dans la paix, l'harmonie et le bonheur ?

Pour ce faire, vous devrez abandonner vos fausses croyances et les interprétations humaines que vous avez élevées autour d'elles. Je suis venu vous aider. J'ai toujours été là. Je ne me suis jamais absenté. Ce Que Vous Êtes ne peut pas vous quitter, mais demeure à jamais avec vous. Ainsi, avant même que vous posiez la question, j'aurai répondu.

Mais vous ne le savez pas, car vous ne me connaissez pas. Vous m'imaginez séparé de vous. Vous vous imaginez séparés les uns des autres. Aucun de ces fantasmes n'est vrai. Aucun ne vous sert.

En soi, les trois premières des Cinq Erreurs à propos de la Vie – «Les humains sont séparés les uns des autres», «Ce qu'il faut aux humains pour être heureux n'est pas disponible en quantité suffisante» et «Pour obtenir cela, les humains doivent se concurrencer» – suffisent à engendrer la crise, la violence, le meurtre et la guerre.

Comment avons-nous abouti à cette Troisième Erreur à propos de la Vie, celle qui concerne la concurrence?

En acceptant qu'il n'y ait «pas assez» de ce qui compose la vie, vous avez cru devoir faire le nécessaire pour que *vous et les vôtres* ne manquiez de rien. Au début, il vous suffisait de tendre la main pour prendre. Selon ce scénario, la main la plus musclée l'emportait.

Plus tard, lorsque votre race est passée à l'adolescence, vous avez évolué à un point tel qu'il ne vous semblait pas juste que le plus grand et le plus fort gagnent. Mais vous n'aviez pas encore évolué au point de voir que *tout le monde* gagne. (Vous n'y êtes toujours pas.) Vous avez donc imaginé d'autres «raisons» pour qu'une personne ou un groupe, plutôt qu'un autre, reçoive la part du lion ou ce dont vous croyiez avoir besoin pour être heureux.

Vous avez développé des *compétitions*, au cours desquelles la force brute était un facteur déterminant pour départager les gagnants et les perdants de la vie, les nantis et les démunis.

C'était déjà suffisamment nuisible (les êtres éclairés ne se font pas concurrence pour le droit de s'emparer du bien commun), mais vous n'avez même pas conçu les compétitions d'une manière juste, car *vous avez proclamé les gagnants à l'avance.*

Qu'entends-tu par là ?

Je veux dire que, dans votre culture en particulier, vous avez décidé que les individus riches, de race blanche, chrétiens, américains et de sexe masculin faisaient *à l'avance* partie des gagnants.

Chaque culture, chaque sous-groupe de l'humanité a sa propre liste, sa propre idée de qui sont les «gagnants» dans la compétition de la vie pour Ce Qui Est En Pénurie, et si je m'étais référé à d'autres cultures, j'aurais dit, tout aussi facilement, que le fait d'être un Noir, un Russe ou un musulman vous plaçait parmi les gagnants.

Mais le fait d'être de sexe féminin ne donne aucune chance à personne, dans presque aucune des cultures de l'humanité.

C'est vrai, car afin de créer des compétitions dans lesquelles vous déclariez les gagnants à l'avance, vous deviez *revenir* à l'usage de la force pour calmer les perdants. Ainsi, la force brute, musculaire, primitive était l'ultime facteur déterminant.

Parce que vous continuez de permettre à la force physique primitive ou à la force économique brute de régler la plupart des questions et tous les conflits majeurs de l'expérience humaine, dans presque chaque culture humaine actuelle, les catégories «riches» et «de sexe masculin» sont les premières qui vous permettent de vous élever. Si vous appartenez aux deux, vous voilà en position dominante, car vous avez la force et le pouvoir, et vous êtes déclaré à l'avance «gagnant» de vos compétitions humaines pour les choses de la vie.

Aux premiers temps, la prédominance des individus de sexe masculin se démontrait au moyen d'une massue. Aujourd'hui, on s'y prend avec l'argent, l'influence et le pouvoir – et vous vous assurez que ces trois facteurs se trouvent surtout aux mains d'individus de sexe masculin. Alors, les hommes continuent d'obtenir ce qu'ils veulent par la force. Et puisque vous avez imaginé un Dieu qui recourt à la force pour avoir ce qu'il veut, vous avez décidé que Dieu était de sexe masculin.

Alors, bien sûr que Dieu est de sexe masculin. *Non? Tu ne l'es pas?*

Non.

Mais c'est ce qu'on m'a *enseigné*.

Qui te l'a enseigné?

Ma religion.

La plupart de vos religions sont dominées par des hommes et ont été créées par des sociétés dominées par des hommes. Certaines vont même jusqu'à *enseigner* (c'est-à-dire qu'elles en font une *doctrine*) que les femmes doivent être les servantes des hommes.

Oui, nous avons parlé un certain nombre de fois de cette tendance malheureuse des musulmans de traiter les femmes comme des citoyens de seconde zone.

Comme dans ce mandat?
«Tout homme qui prie ou prophétise le chef
couvert fait affront à son chef. Toute *femme* qui
prie ou prophétise le chef *découvert* fait affront à
son chef; c'est exactement comme si elle était
tondue.
«Si donc une femme ne met pas de voile, alors,
qu'elle se coupe les cheveux! Mais si c'est une
honte pour une femme d'avoir les cheveux
coupés ou tondus, qu'elle mette un voile.
«L'homme, lui, ne doit pas *se* couvrir la tête,
parce qu'il est l'image et la gloire de Dieu; quant
à la femme, elle est la gloire de l'homme.
«Ce n'est pas l'homme en effet qui a été tiré de
la femme, mais la femme de l'homme; et ce n'est
pas l'homme, bien sûr, qui a été créé pour la
femme, mais la femme pour l'homme.»

Oui. On voit à quel point de tels édits islamiques
infériorisent vraiment les femmes.

Mais ce n'est pas un édit islamique. Il provient
du Nouveau Testament.

Non, non, attends, non. C'est l'*islam* qui a, à maintes
reprises, placé les femmes dans de telles positions
d'infériorité, et non le *christianisme*!

Tu ferais mieux de lire les épîtres aux Corin-
thiens, chap. 11, versets 4 à 9, ou aux Éphésiens,
chap. 5, versets 22 à 24, qui clarifient les choses:
«Que les femmes le soient à leurs maris comme
au Seigneur: en effet, le mari est chef de sa
femme, comme le Christ est chef de l'Église [...]
«Les femmes doivent donc, et de la même
manière, se soumettre *en tout* à leurs maris.»

Ouf. Arrête. Minute. D'accord, j'avais peut-être mal compris. Ce ne sont pas seulement les musulmans qui réduisent le statut des femmes dans leur société. Les chrétiens le font aussi.

En fait, presque toutes les cultures religieuses anciennes.

Tu as raison. Maintenant que je reviens à l'introduction de *Bhagavad-Gita As It Is*, écrit par sa divine grâce A. C. Bhaktivedanta Swami, je vois ces mots :

« Qu'est-ce que la nature matérielle ? Selon la Gita, c'est un prakriti inférieur, de nature inférieure. Le prakriti est toujours dominé. Le prakriti est de nature femelle, contrôlé par le Seigneur, tout comme les activités d'une épouse sont contrôlées par le mari. »

Dis donc, c'est vraiment imprégné dans *toutes les cultures de cette planète*, cette histoire d'infériorité de la femme, non ?

Oui, en effet.
Selon la loi islamique, le témoignage d'une femme devant un tribunal équivaut à la moitié de celui d'un homme.

Tu plaisantes !

J'aimerais bien.

Écoute, peut-être que, puisque ce genre de chose se présente dans *tant* de religions, Dieu voulait *vraiment* dire que les femmes sont les subordonnées des hommes.

Ce n'est pas le cas.

En es-tu certain ?

J'en suis certain.

Mais elles doivent être *protégées*, rester à la maison, on ne doit pas leur permettre de travailler, de s'éduquer. Il faut qu'on mutile leurs organes sexuels pour qu'elles ne puissent avoir aucune jouissance sensuelle.

Et même si elles ne doivent pas *avoir* de plaisir sexuel, elles doivent *en fournir* aux hommes, habituellement sur demande, et c'est souvent une exigence et une condition non verbales de leur contrat de mariage.

Elles peuvent également être achetées et vendues, encore là pour fournir des plaisirs sexuels aux hommes.

Les femmes ne peuvent marcher en public si elles ne sont pas accompagnées par un parent de sexe masculin, et leur corps doit être complètement couvert, pour qu'on ne le voie pas. Elles ne peuvent voter ni détenir de postes d'autorité.

Elles ne peuvent être admises dans des salles de conseil d'entreprises ni dans des lieux de pouvoir politique. Elles ne peuvent être ni ministres ni prêtres, ni évêques ni papes, ni rabbins ni *oulémas*, ni même s'asseoir dans la même section du temple que les hommes. Si elles détiennent des emplois, elles ne sont pas rémunérées au même taux que les hommes, même si elles accomplissent les mêmes tâches. De toute façon, il leur serait très difficile de détenir des emplois, car on leur a assigné des devoirs précis, en plus de celui de fournir des plaisirs sexuels, pour le bonheur des hommes. Elles doivent cuisiner, nettoyer, voir aux provisions, faire la lessive, élever les enfants et les amener aux leçons de piano, à l'exercice de soccer, et partout où ils doivent se rendre.

Voyons... est-ce que j'ai oublié quelque chose ?

Pas vraiment.

J'ai essayé de penser à certaines de nos façons de traiter les femmes dans les diverses sociétés de notre monde, et à nos justifications.

Ce sont *vraiment* nos religions organisées qui nous inculquent un grand nombre de ces choses et qui créent un terreau pour d'autres, non?

J'en ai bien peur.

Et beaucoup de gens y ont cru. Beaucoup de gens y croient encore. En gros, l'idée, c'est que les femmes sont tout simplement inférieures aux hommes. Mais comment nos religions bien intentionnées ont-elles pu en venir à une telle conclusion si ce n'est par un enseignement direct de Dieu?

Mon ami, ce n'est pas seulement la discrimination envers les femmes que vos textes sacrés ont attribuée à l'enseignement direct de Dieu. Vos religions organisées ont également enseigné, à un certain moment, que les Lois de Dieu interdisaient les mariages mixtes, l'amour entre gens du même sexe, et bannissaient même les Noirs de la prêtrise.

Oui. L'Église de Jésus-Christ des Saints des Derniers Jours (celle des mormons) a toujours considéré tous les hommes de cette religion comme des prêtres. Mais pendant longtemps, l'Église mormone a refusé ce statut aux Noirs. Jugés inférieurs aux Blancs, ils étaient donc incapables d'assumer cette tâche. Ce n'est qu'à une époque relativement récente que les Pères de l'Église ont cédé et admis que les Noirs n'étaient *pas* inférieurs aux Blancs et pouvaient, après tout, devenir prêtres.

Alors, si seulement ils pouvaient prendre cette

décision à propos des femmes...

Ce n'est pas demain la veille. Mais comment une telle chose est-elle possible? Comment des *religions*, censées être le modèle même de l'amour et de l'acceptation, peuvent-elles parrainer une telle discrimination?

Leur justification provient de la Quatrième Erreur à propos de la Vie, selon laquelle certains humains sont meilleurs que d'autres. C'est cette erreur qui permet à vos sociétés de suivre les traces des religions organisées en pratiquant la discrimination dans bien des domaines.

Vous utilisez même la discrimination dans votre langage usuel. Tu as peut-être remarqué qu'au cours de cette conversation, j'emploie les pronoms «il» et «elle» de manière interchangeable en parlant de Dieu. Cela, vous ne le faites pas.

Je l'ai remarqué et je me suis posé la question.

Je le fais parce que je sais que le langage constitue une part très importante de la création du récit culturel des humains.

Parce que votre race, au cours des derniers millénaires, a exclusivement retenu le pronom «il» en parlant de Dieu, il n'a pas fallu longtemps pour que les jeunes parmi vous (les jeunes des deux sexes, bien entendu) comprennent l'idée suivante: Dieu est un homme, et on en déduit que les hommes sont supérieurs aux femmes.

Alors, lorsque la Nouvelle Spiritualité englobera la planète, ces déductions seront choses du passé.

Une large part de la Nouvelle Spiritualité aura trait à la création d'une véritable égalité pour les femmes, ce qui mettra fin à la dévalorisation et à l'abus manifestes d'une moitié de la race humaine. Pour cette raison et de nombreuses autres, vous pouvez vous attendre à ce que les gens au pouvoir s'opposent à la Nouvelle Spiritualité. La plupart sont maintenant des hommes.

Et les hommes croient en cette erreur qu'ils appellent leur supériorité, bien que nombre d'entre eux soient convaincus que ce n'est pas vraiment leur supériorité qu'ils déclarent par leurs actions et décisions concernant les femmes, mais leur *préoccupation* envers elles et leur conscience de la différence entre les rôles des hommes et des femmes dans la société.

Ce groupe, que nous appellerons le Groupe préoccupé, soutient qu'en proclamant des lois et des coutumes qui restreignent les femmes, il ne fait que *protéger* ces dernières contre l'exploitation et les mauvais traitements. Mais cette protection engendre de l'exploitation et des mauvais traitements à grande échelle.

Le Groupe de la différence des rôles affirme chercher, tout simplement, à garder distincts les principaux rôles des hommes et des femmes dans les affaires humaines. Lui aussi, sous ce prétexte, exploite et maltraite énormément les femmes. Il proclame que Dieu a *assigné* des rôles précis aux hommes et aux femmes et que la raison même pour laquelle la race humaine lutte actuellement pour sa survie, c'est que ces rôles ont été abolis. Les femmes peuvent occuper des «postes d'hommes», porter des «vêtements d'hommes» et vouloir «l'autorité des hommes», et selon ce groupe, c'est ce qui provoque le désordre dans notre société.

Eh bien, cela crée *vraiment* le désordre, mais ce dernier est nécessaire si vous voulez produire

une société de Nouveaux Humains qui comprendra que ni la race, ni le sexe, ni la nationalité,
ni la confession religieuse, ni l'orientation
sexuelle, ni aucun autre aspect de l'individualité
d'une personne ne devraient empêcher celle-ci de
participer pleinement à l'expérience humaine sur
le plan le plus élevé et dans tout ce qu'elle choisit,
pourvu que ce choix n'empiète pas sur les droits
ou la sécurité des autres.

Alors, *cette* affirmation-là pourrait être un préambule à
une Constitution terrestre pour les Nouveaux Humains.

*« Rien, dans la race, le sexe, la nationalité, l'orientation
religieuse ou sexuelle ni aucun autre aspect de l'individualité, ne disqualifiera personne d'une participation
pleine et égale à l'expérience humaine sur le plan le plus
élevé.»*
Ouf.

Oui, ce serait une idée révolutionnaire.
«Révolution» veut dire «tourner» ou «se
retourner», et une telle idée retournerait en effet
une grande part de votre réalité. Elle corrigerait la
Quatrième Erreur à propos de la Vie.

19

Je suis fasciné par la Quatrième Erreur à propos de la Vie… «Certains humains sont meilleurs que d'autres.» Il me semble que lorsque nous ajoutons celle-ci aux trois premières erreurs, nous quadruplons les risques de désastre.

Ton estimation est juste. L'idée humaine de supériorité est la plus nuisible jamais conçue par quelque esprit que ce soit. C'est celle qui vous a permis de justifier vos comportements les plus primitifs.

Certains d'entre vous croient que les chrétiens sont «meilleurs» que les juifs, ou les juifs «meilleurs» que les chrétiens. Que les Blancs sont «meilleurs» que les Noirs, ou les Noirs «meilleurs» que les Blancs. Que les Américains sont «meilleurs» que les Arabes, ou les Arabes

« meilleurs » que les Américains.

Et les Français, meilleurs que tout le monde !
(C'était une blague.)

(Je sais.)
Vous croyez que les catholiques sont « meilleurs » que les protestants, les protestants
« meilleurs » que les catholiques ; que les Républicains sont « meilleurs » que les Démocrates, les
Démocrates « meilleurs » que les Républicains ;
que les luthériens du synode du Missouri sont
« meilleurs » que les luthériens de l'Église luthérienne évangélique, et que les luthériens de
l'Église luthérienne évangélique sont « meilleurs »
que les luthériens du synode du Missouri.

Vous croyez que les hétéros sont « meilleurs »
que les gays, que les capitalistes sont « meilleurs » que les communistes, que les écologistes
sont « meilleurs » que les industriels et, finalement, que ceux qui croient en Dieu (*n'importe
quel* Dieu) sont « meilleurs » que les athées.

Je crois avoir raison d'affirmer que les enseignants
religieux musulmans divisent les péchés en deux catégories,
les grands et les petits, tout comme les catholiques parlent de
péchés mortels et véniels. Mais pour les musulmans,
l'*incroyance* est le plus grand des dix-sept grands péchés.
Elle est considérée comme un plus grand péché que le vol,
que l'adultère, et même que le meurtre. Les croyants sont
tellement « meilleurs » que les autres que l'incroyance est
passible de mort, et que finir votre vie en « tuant les infidèles » vous mène droit au ciel !

Dans la société humaine, cette idée de supériorité se poursuit à l'infini.

Mais tu ne veux sûrement pas dire qu'il n'est pas bien de préférer une chose à une autre. Si tout était « du pareil au même », nous nous ennuierions à mourir. Les différences sont valables. La variété est l'épice de la vie.

Entendu. Mais les différences ne doivent pas entraîner des divisions et, dans votre monde, c'est souvent le cas. Vous avez laissé vos différences vous affaiblir plutôt que vous renforcer.

Certains d'entre vous ont prétendu que vous étiez plus que « différents », que vous étiez « *meilleurs* ». Améliorés. Supérieurs. Avancés. Augmentés. Plus grands. Plus merveilleux. Les préférés. Les élus. Les sélects. Les éminents.

Si vous croyez cela, c'est parce que vous êtes « ceci » plutôt que « cela », que vous êtes *davantage*. Plus appropriés, plus désirables, plus adéquats, plus convenables, plus utiles, plus valables, plus attirants, plus compétents, plus préférables.

Dans certains cas, vous avez ajouté à ces descriptions l'expression « aux yeux de Dieu », pensant que vous étiez « préférables » *aux yeux de Dieu*, ou plus convenables ou plus adéquats *à ses yeux*, pour la prêtrise, la sainteté ou le ciel.

Certaines religions prétendent qu'il faut un pénis pour être prêtre ou membre du clergé. Qu'autrement, c'est impossible. Que pour aller au ciel, il faut croire en Jésus. Qu'autrement, c'est impossible. D'autres déclarent qu'il faut suivre les enseignements de Mahomet pour connaître Dieu. Qu'autrement, c'est impossible.

Ces concepts, parmi d'autres, ont créé un système de castes dans votre expérience – le dernier endroit où un tel système aurait une place.

Que faire? Cette idée que nous sommes «meilleurs» que l'autre est plutôt incrustée. Je ne sais pas comment nous pouvons nous en débarrasser.

En fait, l'illusion de la supériorité est facile à abandonner. Un simple examen de la façon dont vous vous comportez lorsque vous vous croyez supérieurs révélera que vous agissez en inférieurs. Plus vous vous croyez grands, plus vous rapetissez. Meilleurs vous vous croyez, pires sont vos actions. Vos yeux vous en donneront la preuve.

Mais vous devez les ouvrir. Vous ne pouvez rester dans la brume, comme des somnambules. Et c'est ce que font la plupart des humains : du somnambulisme. Ils vivent dans un rêve et le regardent tourner au cauchemar.

Ce cauchemar mène logiquement à la Cinquième Erreur à propos de la Vie : il est approprié que les humains résolvent par le meurtre réciproque les différences importantes créées par les quatre premières erreurs.

Et comme tu l'as souligné ici à maintes reprises, un grand nombre de religions organisées ne font qu'aider à promouvoir et à perpétuer cette idée.

Ah oui. D'une manière fort évidente et fort certaine.

Ce sont vos religions organisées qui ont souligné, dans leurs textes les plus sacrés, que la cruauté et le meurtre constituent une réaction acceptable à la fragilité et aux différences.

Cela va à l'encontre de tout instinct humain,

mais la religion organisée a réorganisé les pensées humaines.

Certains humains ont même été détournés de leur propre instinct de survie. Ainsi, des gens s'estropient et s'entretuent parce qu'on leur a dit assez directement que c'est ce que *Dieu* leur fait à *eux* – et ce que Dieu veut qu'ils se fassent les uns aux autres.

Cela semble aller un peu loin. Aucune religion n'enseigne cela.

En es-tu certain ? As-tu lu le Coran récemment ? Ou la Bhagavad-Gita ? Ou le Livre de Mormon ? Ou la Bible ?

Te souviens-tu du sort des Israélites qui adoraient le veau d'or ? Trois mille d'entre eux n'ont-ils pas été massacrés par les lévites, sur mon ordre ? Ne vous ai-je pas enseigné ainsi dans l'Exode, chap. 32, verset 27 : « Ceignez chacun votre épée sur votre hanche, allez et venez dans le camp, de porte en porte, et tuez qui son frère, qui son ami, qui son proche » ?

Et les 24 000 Israélites qui adoraient Baal ? N'ai-je pas dit à Moïse, tel qu'il est écrit dans les Nombres, chap. 25, versets 4 à 9 : « Prends tous les chefs du peuple. Empale-les à la face du soleil, pour Yahvé... » ?

Tu sais, je dirais que tu choisis quelques exemples isolés et que tu n'es pas très juste, mais on a écrit tellement de livres sur les histoires de massacres et de boucheries au saint nom de Dieu telles qu'elles sont rapportées dans maints passages de la Bible. Ainsi, la Bible relate que 12 000 hommes, femmes et enfants de Aï furent tués dans une embuscade que

Dieu même inspira et supervisa (Josué, chap. 8, versets 1 à 30), et que les armées des Amorites furent détruites lorsque «le Seigneur [...] leur infligea une rude défaite» (Josué, chap. 10, versets 10 et 11).

Ces critiques de la Bible nous disent qu'une lecture des livres de l'Exode, du Lévitique, du Deutéronome, de Josué, des Juges, de Samuel, des Nombres, d'Amos, des rois, des Chroniques, d'Esther, et de Job, entre autres, produiront, dans la seule histoire de l'Ancien Testament, *un million de victimes* châtiées par la main de Dieu, y compris tous ceux qui sont morts durant une famine de sept ans en Samarie, envoyée par le Seigneur (livre II des Rois, chap. 8, verset 1), ou les 185 000 Assyriens massacrés en une nuit par un seul ange (livre II des Rois, chap. 19, verset 35) – ou par des gens travaillant pour le compte de Dieu –, tels que les 100 000 fantassins syriens, tués le même jour par les enfants d'Israël (livre I des Rois, chap. 20, versets 28 à 30), ou les prophètes de Baal, au nombre de 450, tués par Élie (livre I des Rois, chap. 18, versets 40 et 46), ou le *demi-million* d'hommes d'Israël massacrés par l'armée du roi Abiyya de Judée, que, nous dit-on, «Dieu frappa» (livre II des Chroniques, chap. 13, versets 16, 17 et 20).

Tu trouveras tout aussi intéressante la lecture du Livre de Mormon. Il donne aux humains des images très curieuses de Dieu. Par exemple, il dit ceci:
«Gémissez, car le jour du Seigneur est proche: il vient comme un ravage du Tout-Puissant... Voici, le jour du Seigneur arrive, jour cruel, jour de colère et d'ardente fureur, qui réduira la terre en solitude, et en exterminera les pécheurs... Je punirai le monde à cause de la méchanceté, et les méchants pour leurs iniquités... tous ceux qui sont orgueilleux seront percés, et tous ceux qui se sont joints aux méchants tomberont par l'épée...»

Ouah! Quand tu es vexé, tu deviens méchant, à ce que je constate.

Attends, ce n'est pas tout. Non content de punir les malfaiteurs, le Seigneur Dieu tout-puissant, Créateur du ciel et de la Terre s'en prend également à leurs enfants innocents et à leurs conjointes.

«Leurs enfants seront écrasés sous leurs yeux, leurs maisons seront pillées et leurs femmes violées.»

Le Livre de Mormon dit ça?

Vérifie: livre II de Nephi, chap. 23, versets 6 à 16.

Écoute, c'est incroyable.

En effet. Vous devez maintenant avouer et reconnaître que vous vous êtes dit, dans un grand nombre de vos textes sacrés, que Dieu lui-même tuait ceux qui l'offensaient et qu'il vous ordonnait également de tuer en son nom.

Il est peut-être temps (puisque nous avons *encore* du temps) de nous poser à tous des questions très importantes.

Est-il possible que la Parole de Dieu, telle qu'elle est relatée par des humains dans leurs textes sacrés, *comporte des erreurs?* Est-il possible qu'il y ait quelque chose que nous ne connaissions pas à propos de Dieu et de la Vie, et *dont la connaissance pourrait tout changer?*

Si seulement il pouvait y avoir un Nouvel Évangile.

C'est possible. Il a déjà été proposé dans le livre *L'amitié avec Dieu*. Une vingtaine de mots qui pourraient changer le monde. Un évangile de deux phrases qui retournerait votre planète.

Oui, je me rappelle, à présent. Deux phrases qui changeraient tout.

Ce sont deux phrases que nombre de chefs religieux ou politiques ne pourraient pas prononcer du haut d'une chaire ou d'un podium. Tu peux oser les dire, mais eux, non. Tu peux les supplier de les répéter, mais ils ne doivent pas. Tu peux réclamer à cor et à cri qu'ils les déclarent, mais ils ne le peuvent pas.

Pourquoi? Pourquoi ne peuvent-ils les dire?

Parce que prononcer ce Nouvel Évangile, ce serait invalider tout leur enseignement, tous leurs arguments, tous les fondements de leurs gestes.

Tu as raison. C'est un Nouvel Évangile qui pourrait sauver le monde, mais le monde ne peut prêcher ces deux phrases. Le monde ne peut les proclamer. Elles sont trop puissantes. Elles sont trop dérangeantes.

Mais j'ai peut-être tort. Il y a peut-être des chefs religieux et politiques assez braves pour entreprendre ce Nouvel Évangile et le répéter. Proclamons-le ici!

«Nous ne faisons tous qu'Un.»
«Notre voie n'est pas la meilleure, elle n'en est qu'une parmi d'autres.»

Quel message ce serait s'il provenait des chaires du monde! Quelle déclaration ce serait si elle provenait des podiums de tous les peuples!

Comme ces mots seraient puissants s'ils étaient prononcés par le pape ou l'archevêque de Canterbury, ou le chef ecclésiastique de l'Église baptiste, ou les voix islamiques du monde, ou le président de l'Église des Mormons, ou le chef de l'Église luthérienne – le synode du Missouri !

Je les invite à présent (dès maintenant) à les prononcer, à en faire leur vérité, à l'inclure dans leur prochain sermon public.

Imaginez le pape disant : « Dieu aime tous ses enfants, et nous ne faisons qu'Un. Il y a bien des voies qui mènent à Dieu, et Dieu ne refuse aucun de ceux qui empruntent une voie avec humilité et sincérité. Notre voie n'est pas la meilleure, elle n'en est qu'une parmi d'autres. »

Le monde tremblerait. Les fondements de toutes les grandes religions du monde (séparation et amertume) s'écrouleraient !

Je mets au défi tous les politiciens et chaque chef d'état d'inclure mes propos dans leur prochain discours et d'en faire la promotion.

Imaginez l'un des candidats à la prochaine élection présidentielle dire : « C'est une époque complexe et nous affrontons des défis qui commandent bien des approches. J'ai mes idées et mon adversaire a les siennes. Mon adversaire n'est pas un voyou. Ce n'est pas une mauvaise personne. Il a tout simplement des idées différentes des miennes. Écoutez attentivement nos idées, puis décidez avec lequel de nous deux vous vous accordez le mieux. Mais à la fin, je veux que vous sachiez tous ceci : nous sommes aux États-*Unis*, et nous ne faisons tous qu'Un. Notre voie n'est pas la meilleure, elle n'en est qu'une parmi d'autres. »

Le processus politique ne serait plus jamais le même. Finie la diabolisation. Finis le dénigrement et les procès d'intention, les calomnies et la dépréciation. Chaque élection verrait toujours deux candidats, présumément de bonnes personnes dont les aspirations seraient de servir l'intérêt public, avouant chercher le pouvoir pour faire avancer les choses mais étant tout simplement en désaccord quant aux moyens à prendre.

Tu dépeins un tableau merveilleux. C'est l'image d'un monde transformé.

Mais aucun leader politique ne dira jamais cela. Aucun chef religieux non plus. Leur message entier, leur *crédibilité* même, est fondé sur tout le contraire. *Toute la structure de l'humanité est basée sur l'idée de séparation et de supériorité.*

Voilà précisément l'état de votre monde et le sujet de cette conversation.

Bien des humains ne peuvent supporter la pensée de vivre avec de telles idées nouvelles, et préféreraient mourir en s'accrochant à la Cinquième Erreur à propos de la Vie. Ils déclarent:

Il est approprié que des humains résolvent en s'entretuant leurs différends sérieux créés par toutes leurs autres erreurs.

20

Mon Dieu, *pourquoi sommes-nous si entêtés*? Que faudra-t-il pour changer nos croyances, nous amender, changer notre mentalité? Combien de morts et de destructions devrons-nous endurer avant de dire «*ça suffit*»?

Vous dites «*ça suffit*» depuis longtemps; seulement, vous ne savez pas comment mettre fin à vos gestes alors même que vous en avez assez.

Y a-t-il un *moyen* d'y arriver? Il ne semble pas.

Oh, il y a un moyen. Il y en a sûrement un. Et je te l'ai révélé.

Redis-le-moi.

Vous pouvez mettre fin à la mort et à la destruction : *il vous suffit d'abandonner vos fausses croyances* et les constructions que vous avez édifiées autour d'elles.

Bien, nous avons examiné de très près nos fausses croyances, celles que tu appelles les Cinq Erreurs à propos de Dieu et les Cinq Erreurs à propos de la vie, non ?

Oui. Ce sont les principales fausses croyances des humains.

D'accord, nous les avons examinées de très près. Alors, qu'entends-tu par les « constructions » que nous avons « édifiées autour d'elles » ?

Vous avez assemblé dans votre monde un enchevêtrement complexe de concepts spirituels, philosophiques, politiques et économiques qui gouvernent une grande part de votre expérience collective. Ces concepts proviennent de constructions mentales que vous avez formées à partir de vos fausses croyances, et ces constructions mentales (des idées sur « la nature des choses » que vous avez littéralement incrustées dans votre esprit) produisent dans votre expérience extérieure certaines conventions sociales humaines. Ces conventions sont des façons de faire, des ensembles de comportements, qui créent un cadre dans lequel vous épanchez votre vie.

Pour nombre d'entre vous, les constructions mentales qui ont produit ces conventions sociales sont les plus importantes et les plus valables de tout votre système de valeurs – tandis qu'en fait, elles comptent parmi les plus nuisibles.

Elles constituent souvent ce qui vous *empêche*

de faire une chose aussi simple que vivre ensemble dans la paix, l'harmonie et le bonheur.

Quelles *sont* donc ces constructions mentales ? Peux-tu les nommer ?

Elles sont nombreuses, et toutes temporaires. Elles s'évaporent dès que vous modifiez vos croyances, car elles sont *fondées* sur elles. Et pourtant, vous devez garder à l'esprit qu'en termes cosmiques, ce qui est « temporaire » va de cinq minutes à des centaines ou des milliers d'années. Si une chose ne dure « que » 2 000 ans, c'est à peine une tache sur l'écran de radar de la Vie éternelle. Mais en termes humains, ce peut vraiment *être* une éternité.

Même si c'est long (et pour certains humains, il faut *beaucoup* de temps), dès que vos croyances changent, les constructions mentales qui soutiennent votre vie changent aussi.

Vous croyiez jadis que le monde était plat. Puis, vous avez compris qu'il était circulaire, et toutes les constructions mentales qui appuyaient votre vie s'en sont trouvées changées.

Vous croyiez jadis que le soleil et tout le système solaire tournaient autour de la Terre. Vous disiez que votre planète était le centre de l'univers. Des théologies entières sont nées de cette croyance.

Lorsque Copernic démontra que cette assertion était fausse, il fut dénoncé comme un blasphémateur par les créateurs et les propagateurs de ces théologies. Et lorsque Galilée confirma plus tard les découvertes de Copernic, il fut, lui aussi, traité d'hérétique par l'Église et obligé de se rétracter, renonçant ainsi à ses propres découvertes.

Il a fallu attendre la fin du XXe siècle (*300 ans plus tard*) pour que la très sainte Église catholique romaine revienne sur sa position et accorde à Galilée un pardon officiel.

Ainsi, nous voyons pourquoi le plus difficile reste le changement de vos croyances les plus fondamentales : les humains s'accrochent à leurs croyances, même devant la preuve claire et irréfutable de leur fausseté.

Ainsi, on a dit : « Toute grande vérité commence comme un blasphème. »

Le « blasphème » dont on parle ici, dans ce dialogue, est multiple. Cette conversation est un multiple blasphème.

Le premier blasphème est que Dieu s'adresse aux humains à cette époque-ci.

Le deuxième est que Dieu n'exige rien des humains.

Le troisième est que Dieu et les humains ne font qu'Un.

Le quatrième et plus grand blasphème (l'affirmation la plus difficile à accepter pour les humains) est qu'un grand nombre des croyances les plus sacrées des humains sont erronées. Qu'elles sont tout simplement fausses.

Les fausses croyances créent des constructions mentales qui ne vous servent pas.

Telles que ?

Telles que cette convention humaine dont il était question plus tôt, appelée « moralité ».

Voici l'une de vos constructions mentales les plus importantes. C'est une vue de l'esprit. On ne peut la sentir, y goûter, y toucher, la humer ni l'entendre. C'est un concept, et rien d'autre. Et il est élaboré autour de fausses croyances.

Qu'est-ce que tu dis? Qu'il ne devrait y avoir aucune morale?

Je ne dis pas qu'il «devrait» y en avoir ou non. À vous de décider. Je dis seulement que ces constructions mentales, et bien d'autres, sont fondées sur de fausses croyances sur la Vie et sa nature, et que les conventions sociales que vous en avez tirées vous ont presque empêchés de vivre ensemble dans la paix, l'harmonie et la joie.

Le philosophe et commentateur social Bertrand Russell a déjà dit: «Ce n'est pas que du point de vue intellectuel, mais aussi du point de vue moral, que la religion est pernicieuse. J'entends par là qu'elle enseigne des codes d'éthique qui ne sont pas propices au bonheur humain.»
Mais la «construction mentale» que nous appelons «moralité» est le fondement de tout notre mode de vie.

C'est juste. C'est ce que j'essaie de formuler. Et c'est pourquoi je l'ai à nouveau soulevée ici. C'est pourquoi je l'ai choisie comme exemple.

Mais si nos «constructions mentales» sont fondées sur de «fausses croyances», et si la «moralité» fait partie de ces «constructions», qu'est-ce que tu sous-entends, au juste? *Que tout notre mode de vie est faux?*

Je sais qu'une grande part de votre mode de vie *ne fonctionne pas*. Si vous dites vouloir vivre ensemble dans la paix, l'harmonie et le bonheur, cela ne fonctionne pas.

Beaucoup affirment que cela *fonctionnerait* si seulement

les gens voulaient *adhérer à* cette «construction mentale»
appelée «moralité»! Ils disent que ce qui nous *empêche* de
vivre ensemble paisiblement, c'est le fait que les gens et les
peuples n'*honorent* pas cette construction. Que ce n'est pas la
construction philosophique qui est en cause, mais le *comportement* des gens.

Et pourtant, une grande part de leurs comportements les plus nuisibles est fondée sur cette
construction.
Selon les mesures et les normes humaines, on
pourrait dire que bien des gens agissent de la pire
des manières lorsqu'ils croient agir de leur mieux.

Ouille! C'est difficile à entendre.

Je ne porte aucun jugement sur ces comportements (ni sur aucune autre action humaine),
mais si les humains disent chercher à vivre dans
la paix et l'harmonie, ils peuvent remarquer que
souvent, lorsqu'ils déclarent agir de leur mieux,
cela ne mène pas à la paix et à l'harmonie.

Peux-tu me donner un exemple?

Je peux t'en donner des centaines.
Par exemple, le père qui met à la porte sa fille
enceinte et célibataire. Ou qui réprimande son fils
qui a épousé quelqu'un d'une autre confession ou
d'une autre race. Ou la famille qui renie son enfant parce qu'il est gay.
Par exemple, la femme de 23 ans qui sangle
une bombe à son corps et marche parmi une foule
à Jérusalem pour la déclencher.
Par exemple, le pays qui occupe le territoire
d'un autre depuis des décennies et qui tient ces

gens sous domination économique, politique et militaire, refusant de leur accorder même les droits humains les plus fondamentaux, puis qui se met en colère lorsqu'ils se mettent en colère, fait des choses désespérées lorsqu'ils font des choses désespérées, et est complètement inconscient de son propre rôle dans la création d'une tragédie humaine continue?

Si des gens font de pareilles choses, c'est parce qu'ils posent des jugements moraux.

Oui, maintenant, je vois.

Cette déformation de ce qui vous semble «juste» vient du fait que votre construction de la «moralité» est erronée, comme nous l'avons vu.

Les gens croient «bien» faire à partir de ce que, selon eux, «Dieu veut» ou «la Vie exige», mais leur information à cet égard est inexacte.

Et c'est pourquoi, souvent, ce n'est pas lorsque les gens *ignorent* la moralité que les difficultés surgissent, mais lorsqu'ils *y accordent trop d'attention.*

Attends! Ça, c'est quelque chose. Voilà Dieu qui déclare que nous avons des problèmes lorsque nous *faisons attention à la morale.*

Si vous y faites *trop* attention, oui. Si vous y accordez trop crédit.

Et cela peut se produire.

En fait, c'est fréquent.

Votre «morale» est faite de constructions mentales, et rien d'autre – de vos «idées» actuelles. Si ces idées changent par moments...

Voilà le problème. C'est tout à fait cela. C'est ce que nos commentateurs sociaux appellent *la morale changeante.*

Ne serait-il pas intéressant que ces commentateurs aient pris le problème par le mauvais bout? Regarde le monde actuel. Vos problèmes des dernières années n'ont pas été créés par une morale changeante, mais par une *absence de changement* de la morale, parfois depuis des millénaires.

Permets-moi de redire que la morale n'est rien d'autre que des *idées sur l'état actuel des choses et celui dans lequel elles devraient se trouver*, compte tenu de vos croyances à propos de Dieu et de la Vie. Ce sont des *idées*, ni plus, ni moins. Et ce sont *vos* idées, et non celles de Dieu.

Ce sont des humains qui ont attaché Matthew Shepard à une clôture à bétail, dans le Wyoming, et l'ont sauvagement battu, le laissant mourir là, non pas à cause des idées de Dieu, mais bien celles d'êtres humains. Et de la morale qui n'a *pas* changé.

Ce sont des humains qui ont agi d'une façon impitoyablement discriminatoire envers les femmes, les Noirs et autres minoritaires parmi eux, non pas à cause des idées de Dieu, mais bien celles d'êtres humains. Et de la morale qui n'a *pas* changé.

Ce sont des humains qui ont ligoté des gens à des chaises électriques, les tuant de la façon la plus inhumaine, pour enseigner aux autres qu'il est mauvais de tuer, non pas à cause des idées de Dieu, mais des idées humaines. Et de la morale qui n'a *pas* changé.

Et ce sont des humains qui ont créé sur leur

planète un environnement dans lequel tout cela est même *possible*, non pas à cause des idées de Dieu, mais bien celles d'êtres humains. Et de la morale qui n'a *pas* changé.

Vos constructions mentales, fondées sur des croyances fausses et *anciennes* à propos de Dieu et de la Vie, ont donné lieu à des conventions sociales extrêmement dysfonctionnelles, à des comportements que vous trouvez «conventionnels», basés sur le «sens commun».

Bien sûr, les humains n'ont pas développé ce genre de constructions mentales pour être «méchants». Toutes ces constructions sont des tentatives sincères de l'esprit afin d'articuler et d'exprimer des principes sous-jacents de la vie. Mais lorsque vous accordez plus d'attention à ces constructions qu'aux principes sous-jacents qu'elles sont censées exprimer, vous pouvez vraiment «avoir des problèmes».

Qu'entends-tu par «principes sous-jacents»? C'est un nouveau concept ici. De quoi parlons-nous?

Un ensemble de Principes de Vie fondamentaux repose derrière Toute l'Existence, et vous *le savez*, vous *vous le rappelez* sur le plan cellulaire, vous vous le rappelez de quelque époque antérieure au temps, alors que vous n'aviez pas de vous-mêmes l'expérience de qui vous vous imaginez être maintenant.

Et pourtant, malgré tous vos efforts, vous n'avez pas pu vous approcher du centre pour extraire l'essence de ces principes. Les fausses croyances que vous entretenez à propos de Dieu et de la Vie les assombrissent, les recouvrent, vous les cachent, et vous empêchent de les connaître. C'est le nuage de l'inconnaissance. Il vous cache la vérité.

Ce n'est pas que les humains ne veuillent pas vivre selon les principes les plus vrais de la vie, mais qu'il est impossible pour eux de le faire lorsque ces principes fondamentaux sont si embrumés par leurs croyances que les humains ne peuvent même pas savoir quels sont ces principes.

Bref, ces derniers essaient de vivre la vérité à travers des croyances fausses. En cela, ils se sont donné une tâche impossible, et c'est pourquoi une si grande part de la vie sur votre planète ne fonctionne pas.

Alors, s'il vous plaît, permettez-moi de reconnaître ici que votre vie sur terre fonctionne *vraiment*, en partie. Vous avez grandi, vous avez évolué et vous êtes devenus une version plus grandiose de l'humanité. Vous avez tiré des leçons de quelques-unes de vos erreurs, vous avez progressé à certains égards et êtes devenus, sous certains aspects, une espèce magnifique. Comme je l'ai dit, vous l'avez fait contre toute attente.

Voilà pourquoi il semble si honteux, à ce stade de votre développement, que vous fassiez des choix collectifs susceptibles d'avoir un impact aussi radical et aussi négatif sur la vie de votre espèce telle que vous la connaissez... sinon d'y mettre fin pour de bon.

Ces humains qui comprennent profondément l'état actuel des choses voient que le plus triste dans tout cela, c'est qu'une si grande part pourrait s'améliorer si rapidement: il suffirait de quelques changements simples dans vos croyances.

Alors, produisons-les maintenant! Renversons l'état des choses!

C'est précisément le but de ce dialogue. C'est pourquoi nous sommes plongés dans cette discussion. C'est le but de ces Nouvelles Révélations.

D'accord, alors révèles-en davantage. Tu as parlé des «principes de vie» que nous, les humains, cherchons à articuler par nos constructions mentales. Quels sont-ils?

Ce sont:
la fonctionnalité,
l'adaptabilité,
la durabilité.
Toute la Vie confirme ces principes et les démontre.

L'un de ces principes éternels se trouve derrière chacune de vos constructions mentales temporaires, attendant d'être révélé. Mais ils sont tous recouverts et cachés par celles-ci, car à leur tour, ils sont fondés sur des faussetés.

Parce que vos constructions mentales sont des façons déformées d'exprimer des Principes de Vie sous-jacents, elles conduisent à des résultats déformés.

Par exemple, voici trois des constructions mentales les plus populaires de votre espèce. La première, je l'ai déjà mentionnée. Ce sont de simples idées que vous entretenez dans votre tête et que vous avez traduites dans vos conventions, vos coutumes et vos pratiques sociales:
la moralité,
la justice,
la propriété.
Elles font partie de vos concepts philosophi-

ques, politiques et économiques les plus chers.
Quels Principes de Vie cherchent-elles à
exprimer?
Dans le cas de la «moralité», c'est la fonc-
tionnalité.
Dans le cas de la «justice», c'est l'adaptabilité.
Dans le cas de la «propriété», c'est la durabilité.

Eh bien, je ne comprends absolument pas. La fonctionnalité, l'adaptabilité, la durabilité... c'est n'importe quoi.
La «moralité», la «justice» et la «propriété», cela me parle
davantage. Nous avons édifié toute notre vie autour d'elles.
Comment pourrions-nous nous en passer?

Il ne s'agit pas de vous en passer, mais de les
élever, de les soulever jusqu'au prochain plan
d'articulation et d'expression, de passer du
concept au *principe* dans le cours de votre vie.
C'est une question d'élévation de la conscience: il s'agit d'être plus conscients de tout ce
qu'implique le processus de l'expression de la vie.
Pour bien des gens, ce n'est peut-être pas
facile, puisque les humains ont tendance à
entretenir leurs croyances, même si elles sont
devenues (ou ont toujours été) impraticables.
Toutefois, tu peux prendre un raccourci,
disons... une façon de faire plus rapide.

Qu'est-ce que c'est?

Les Cinq Étapes de la Paix. Cela génère non
seulement la paix dans le monde, mais aussi la
paix dans votre monde intérieur.
C'est de la paix que nous parlons ici. La paix
intérieure et extérieure.
Ces derniers temps, la plupart des humains

n'ont pas eu beaucoup de paix, ni intérieure ni extérieure. Ni l'état de votre monde ni votre état d'esprit ne vous l'ont permis.

Mais maintenant, pour élever votre conscience, vous pouvez entreprendre les Cinq Étapes de la Paix, en passant de concept en principe pour envisager, explorer et comprendre la vie en profondeur.

Si vous souhaitez prendre ce raccourci, voici, une fois de plus, ce que vous devez faire. Revoici les Cinq Étapes de la Paix :

1. Reconnaître que certaines de vos vieilles croyances à propos de Dieu et de la Vie ne sont plus efficaces.
2. Reconnaître qu'il y a des aspects de Dieu et de la Vie qui vous échappent, et dont la compréhension pourrait tout changer.
3. Être prêts à susciter une nouvelle idée de Dieu et de la vie qui pourrait engendrer un nouveau mode de vie sur votre planète.
4. Avoir le courage d'explorer et d'examiner cette nouvelle idée et, si elle s'aligne avec votre vérité et votre connaissance intérieures, élargir votre système de croyances de manière à l'inclure.
5. Faire de votre vie la démonstration de vos croyances plutôt que leur reniement.

Tu le répètes sans cesse.

La répétition est parfois fort utile.

Elle peut également déranger, rendre les gens impatients.

L'étudiant sérieux ne s'impatiente jamais des répétitions du maître.

Ceux qui vivent pleinement ne s'impatientent jamais des répétitions de la vie.

La vie même est répétition. Il ne peut rien se produire de neuf. On ne peut avoir de nouvelles expériences de ce qui s'est répété.

Dieu est Répétition. La Vie, c'est Dieu qui se répète.

Développez le goût de la répétition. Vous développerez alors un amour de Dieu et de la Vie.

Vous le saurez ce printemps, en voyant une fois de plus les fleurs s'épanouir. Cet été, en vous prélassant à nouveau au soleil. Cet automne, en sentant encore une fois la fraîcheur dans l'air. Cet hiver, quand vous serez une fois de plus émerveillés par la neige fraîche.

Vous le saurez à ce sourire, en écoutant l'une de vos mélodies préférées, que vous avez entendue si souvent mais dont vous ne vous lassez jamais. Ou en retombant dans la tendre étreinte de l'amour, dont vous ne pouvez vous rassasier.

Ces choses, vous les avez refaites sans cesse, et vous en aimez la répétition.

Ce n'est pas exactement la même chose.

Non. Ces expériences, si merveilleuses soient-elles, sont banales par comparaison avec les répétitions qu'implique l'exploration de la vérité éternelle.

Ne vous lassez pas de chercher la vérité sans la trouver.

Vous m'avez demandé de l'aide à une époque de grande difficulté pour la race humaine. Au cours de l'histoire humaine, les idées énoncées ici ont été redites à maintes reprises, et de bien des façons. Cette forme de répétition n'a entraîné aucun changement dans le comportement fondamental des humains. Vous êtes invités ici à essayer une nouvelle forme de répétition. Le fait d'entendre la même chose plusieurs fois en un court laps de temps aura peut-être des répercussions sur le comportement humain.

Tout cela dépend de vous.

Voulez-vous vraiment que votre monde change?

Oui.

Alors, je vais faire ressortir ici certains points très clairement – par la répétition. La logique circulaire tire son pouvoir du cercle qu'elle crée. Parcourir un cercle, c'est circuler sur le même terrain à maintes reprises. Parcourir sagement un cercle, c'est circuler sur le même terrain pour la première fois. Ainsi, l'ordinaire devient extraordinaire, et le cercle, une façon d'arriver à destination. Et lorsque vous remarquerez enfin que la voie revient sur elle-même, vous réaliserez que vous vous êtes déjà trouvés à destination... et que vous y étiez toujours.

2I

Je n'ai jamais (voilà que je commence à me répéter à mon tour), *au grand jamais*, entendu expliquer avec une telle profondeur autant d'expériences de la vie courante. Mon Dieu, avec toi tout est tellement clair, simple et évident. *Merci.* Et vas-y, répète-toi autant que tu le veux. Maintenant, je vois : c'est parfait.

Vous *pouvez* changer le monde, et le chemin le plus court consisterait à délaisser les erreurs et à accueillir une nouvelle révélation et une nouvelle spiritualité. Ce serait votre plus grand geste de courage depuis des siècles. Il pourrait changer le cours de l'histoire.

Je suis pour ! Alors, revenons à notre discussion sur les

constructions mentales qui produisent des conventions sociales dénaturant les principes de vie fondamentaux. Tu as dit que la «moralité» en faisait partie et qu'elle pouvait vraiment nous égarer.

Non seulement elle le peut, mais elle l'a fait.

Bon, d'accord. Alors, comment vivre sans morale? Et quel est le lien entre la construction mentale appelée «justice» et le principe de vie appelé «adaptabilité», ou entre notre concept de «propriété» et le principe de vie appelé «durabilité»?

Aide-moi à voir la relation entre une construction mentale recréée d'une façon humaine, une convention sociale et un principe de vie. Et qu'est-ce qui rend ce dernier meilleur que la première?

Ce dernier n'est pas «meilleur» que la première sur le plan de la supériorité morale. Il est seulement plus fonctionnel. Les Principes de Vie fondamentaux *fonctionnent*, alors qu'un grand nombre des constructions mentales et conventions sociales de l'humanité *ne fonctionnent pas*. C'est aussi simple que cela.

Un grand nombre des idées et des comportements de l'humanité ne sont pas fonctionnels, mais dysfonctionnels.

N'as-tu pas remarqué, par exemple, que la plupart des relations humaines étaient dysfonctionnelles? Ne fonctionnant pas comme elles le devraient, elles se brisent, elles s'effondrent.

Car les humains ont abandonné les Principes de Vie fondamentaux en faveur de leurs propres constructions mentales et des conventions sociales qui en émergent.

Alors, si les croyances sur lesquelles s'appuient vos concepts mentaux étaient exactes, vos conventions sociales, c'est-à-dire vos comportements collectifs, seraient aussi fonctionnelles que les Principes de Vie fondamentaux. Cependant, ces croyances ne sont pas exactes, mais remplies d'erreurs. Nous avons déjà examiné vos fausses croyances les plus nocives. À présent, voyons comment elles produisent des conventions sociales dont l'effet est négatif sur votre vie.

Magnifique! J'avais hâte d'y arriver. Je veux vraiment comprendre à fond.

Nous ne pouvons pas examiner toutes vos conventions sociales, car ce dialogue ne finirait jamais, mais nous pouvons prendre un très bon exemple qui te permettra de voir comment...

Les fausses croyances créent des conventions sociales donnant lieu à des dysfonctions sociales qui menacent la survie de l'espèce.

La survie de l'espèce, c'est ce dont nous avons parlé ici, bien entendu. C'est notre sujet depuis le début.

Je sais. J'en suis conscient. Pour que notre espèce survive, nous devons nous ressaisir ; nous devons atteindre de nouveaux plans de conscience.

Oui, à cause de la conduite des humains. Vous avez développé votre capacité de destruction mutuelle, mais non votre capacité d'entente mutuelle. Voilà la raison de la crise.

Alors, revenons au premier mot de notre liste d'exemples de conventions créées par les humains : la moralité. C'est là un terme approprié, car il est transculturel. Il rejoint presque toutes les sociétés de la Terre.

D'autant plus que notre «moralité» les a presque toutes détruites.

Cette observation est juste.

Alors, quelle est l'erreur à l'origine du concept mental appelé moralité et des conventions sociales qui en découlent?

Le fait de croire que Dieu a besoin de quelque chose (notamment d'un comportement précis de votre part), voilà l'erreur dont découle votre «moralité».

D'accord. Je comprends. Mais même si Dieu ne veut *pas* que nous nous comportions de certaines manières, qu'y a-t-il de mal à avoir une «morale»? Elle nous aide à vivre.

L'ennui avec la «morale», c'est qu'elle doit être fondée sur une Valeur suprême ou finale. La morale sans autorité morale, comme les monnaies sans étalon-or ni aucune autre valeur de soutien, ne vaut rien.

Entendu. La morale doit reposer sur une certaine autorité.

Et aux premiers temps, alors que des sociétés commençaient à se former, que des cultures humaines émergeaient, sur quelle autorité reposait la morale?

Eh bien, sur leur idée du «bien», je suppose.

Et d'où, d'après toi, leur venaient ces idées ?

De Dieu ?

Exactement. C'était du moins ce qu'on *disait*. Permets-moi d'éclaircir à nouveau cette origine. La plupart des premières civilisations mélangeaient à fond ce qu'on appellerait aujourd'hui la religion et la politique, en citant des codes divins à l'appui des règles terrestres. Les cultures primitives avaient recours aux «dieux» pour susciter n'importe quoi, la pluie ou une bonne récolte, mais aussi l'autorité nécessaire pour établir des règles de comportement, ce que nous appellerions la «morale».

Les cultures suivantes firent de même. La plupart des lois civiles étaient au départ des codes religieux donnés aux gens au moyen de telle ou telle «révélation». Que les humains regroupés autour d'elles aient cru en une pluralité de dieux ou en un Dieu tout-puissant, leurs idées primitives du «bien» et du «mal» provenaient de l'idée qu'ils se faisaient des désirs et des besoins de leur Déité.

D'ailleurs, imagine la différence s'ils avaient décidé *que leur Déité n'avait besoin de rien!*

Hélas, ils ne l'ont pas fait. Ainsi, bien des ensembles de règles régissant la vie quotidienne étaient censés avoir été directement livrés à l'Homme par Dieu. L'une de ces collections fut d'ailleurs appelée les *commandements* de Dieu.

Votre conception des besoins et des désirs d'un pouvoir supérieur au vôtre, nanti d'une sagesse plus profonde et d'une autorité beaucoup plus grande que la vôtre, voilà sur quoi reposent presque tous les ensembles d'impératifs moraux ou les normes comportementales que la société terrestre a conçues.

Cela concerne aussi les sociétés athées, qui ont déclaré que la croyance était erronée ou superstitieuse, rien de plus que «l'opium du peuple».

Ces sociétés ont tout simplement usurpé les premiers enseignements de leurs ancêtres à l'égard du «bien» et du «mal» – enseignements complètement enracinés dans une forme d'idolâtrie et d'attachement à la «volonté des dieux».

Il en a toujours été ainsi, car il est naturel pour les humains d'éprouver qu'ils font partie d'un ensemble plus vaste et de savoir au fond que cela s'appelle Dieu. L'athéisme est une réaction apprise; le théisme est une réaction naturelle, une «connaissance» intuitive, une conscience enracinée sur le plan cellulaire.

Mais ce que les humains «savent» dans leurs cellules à propos de Dieu et ce qu'ils «croient» dans leur esprit à cet égard, ce sont souvent deux choses entièrement différentes.

Aujourd'hui, des millions de gens (pas seulement quelques-uns, mais des *millions*) croient toujours que Dieu a établi un système de lois destinées aux humains, et déclarent que la Loi de Dieu doit gouverner, guider et contrôler l'ensemble des comportements de la société civile. Dans des pays entiers, les gens acceptent la Loi de Dieu comme un Code civil dirigeant chaque aspect de leur vie quotidienne.

Eh bien, nous pourrions faire pire, je suppose. Enfin, qu'y a-t-il de mal à cela?

Rien, pourvu que votre «Loi de Dieu» soit juste.

Si c'est la Loi de Dieu, comment peut-elle ne *pas* l'être?

Si cette loi vous interdisait de penser ou de décider par vous-mêmes et vous obligeait à accepter la Loi de Dieu selon l'interprétation de clercs, serait-elle juste?

Euh... cela ne me semblerait pas juste, mais j'imagine que cela dépendrait de ce que diraient ces clercs sur la Loi de Dieu. Cela dépendrait de leur interprétation.

Si, selon l'interprétation de la Loi de Dieu par ces clercs, le témoignage d'une femme devant un tribunal valait la moitié de celui d'un homme, est-ce que ce serait juste?

Ah, tu en as déjà parlé. Bien sûr que non.

Et si, selon l'interprétation de la Loi de Dieu par ces clercs, une femme n'était pas libre d'épouser qui elle veut, et que ses droits au divorce n'étaient pas égaux à ceux d'un homme, est-ce que ce serait juste?

Non.

Si, selon l'interprétation de la Loi de Dieu par ces clercs, une personne de la «mauvaise religion» ne pouvait aucunement témoigner dans une poursuite contre une personne de la «bonne religion», est-ce que ce serait juste?

Bien sûr que non. Ne sois pas idiot.

Si, selon l'interprétation de la Loi de Dieu par ces clercs, l'héritage d'un garçon était égal à celui de deux filles, est-ce que ce serait juste ?

Et si les clercs disaient que le blasphème envers Dieu ou ses prophètes est passible de mort, et aggravaient les choses en ne précisant pas ce qu'est un «blasphème»? Cela serait-il juste?

Non. Non, ce ne le serait pas. Je comprends l'idée: c'est que des millions de gens sont gouvernés par ces lois «civiles» dans des pays musulmans où la *sharia* est utilisée en lieu et place d'une législation, ou bien où les lois civiles qui existent sont fondées sur elle.

Ce que je comprends, c'est que la *sharia* est une combinaison des paroles du Coran, des enseignements du *hadith* (une consignation de récits oraux sur la vie de Mahomet) et de l'*ijma* (le consensus des enseignants islamiques, docteurs de la loi et clercs pouvant interpréter les deux premiers). Est-ce bien cela?

Ta compréhension est élémentaire, mais pas inexacte.

Et ces «lois» religieuses que tu viens de mentionner ici, elles font toutes partie de la *sharia*?

Oui.

J'ai beaucoup de difficulté à croire que Dieu serait manifestement si injuste. Es-tu certain que les gens qui t'ont cité ont bien saisi? Cette histoire de supériorité masculine, par exemple. C'est la Loi divine?

Pourrais-tu en douter?

Est-ce seulement l'opinion des clercs islamiques, ou bien

un véritable texte sacré appuie-t-il cet enseignement?

Oh, le Coran est très clair là-dessus.

Donne-moi un seul exemple.

Sourate 4, verset 11:
« Voici ce qu'Allah vous enjoint au sujet de vos
enfants : au fils, une part équivalente à celle de
deux filles. S'il n'y a que des filles, même plus de
deux, à elles alors deux tiers de ce que le défunt
laisse. Et s'il n'y en a qu'une, à elle alors la moitié. »

Ouah! En plein dans le texte sacré.
Mais tu ne t'attends pas à ce que j'accepte cela, non,
vraiment, ou que je croie que c'est Ta Parole Sacrée? À notre
époque, la plupart des gens rejetteraient un Dieu qui dirait ce
genre de choses.

Alors, ils seront punis par la damnation éternelle.

Nan. Pas pour avoir seulement divisé ton héritage en
parts égales entre tes enfants, et rejeté un Dieu qui l'interdit.

Lis la sourate 35, versets 36 et 37:
« Et ceux qui ont mécru auront le feu de l'Enfer :
on ne les achève pas pour qu'ils meurent; on ne
leur allège rien de ses tourments. C'est ainsi que
Nous récompensons tout négateur obstiné.
« Et là, ils hurleront: "Seigneur, fais-nous sortir;
nous ferons le bien, contrairement à ce que nous
faisions". "Ne vous avons-nous pas donné une vie
assez longue pour que celui qui réfléchit réflé-
chisse? L'avertisseur, cependant, vous était venu.
Eh bien, goûtez (votre punition). Car pour les
injustes, il n'y a pas de secoureur". »

C'est ce que tu dirais? C'est ce que le Dieu de miséricorde répondrait à l'âme qui réalise son erreur et le supplie de lui donner une dernière chance?

Le Dieu de miséricorde ne fait montre d'aucune miséricorde envers les incroyants. C'est ce que rapportent vos textes sacrés.

Et lorsque des cultures et des sociétés entières fondent leurs lois sur de tels écrits, elles *aussi*, comme Dieu, *ont le droit de ne faire montre d'aucune miséricorde et d'agir de façons horribles en toute impunité.*

Les sociétés humaines créent la «morale» à partir de telles «instructions de Dieu».

Eh bien, peut-être dans certaines cultures, mais pas aux États-Unis. Nous tirons une gloire de la séparation de l'Église et de l'État. Nous ne proclamons pas, comme d'autres pays et cultures, que Dieu est l'autorité sur laquelle s'appuient notre moralité et nos lois.

Vraiment?

Est-ce que le serment d'allégeance à votre drapeau ne décrit pas votre pays comme étant «une seule nation, soumise à Dieu...»?

Tu n'as pas lu «*In God We Trust*» sur les pièces de monnaie?

Est-ce que l'illustration qui figure au dos de votre billet d'un dollar n'a rien à voir avec Dieu?

Est-ce que vous ne prêtez pas serment en posant votre main sur une Bible et en disant «Je le jure devant Dieu»?

Est-ce que vous n'ouvrez pas les séances de votre Congrès par une prière, avant d'adopter des lois qui rendent obligatoire la prière dans les écoles? Lis la troisième strophe de l'hymne national américain*.

Je vois.

Que les gouvernements veuillent ou non
l'avouer (et ils sont de plus en plus nombreux à le
faire), ce sont les valeurs religieuses de la
majorité, dans une société, qui forment, consciemment ou inconsciemment, le fondement de
toutes les lois et de tous les codes moraux locaux.
Afin de donner une autorité à leur système
moral, des millions d'entre vous se sont appuyés
sur ce qu'ils prennent pour la Loi de Dieu.

Bien des gens diraient : « Ce n'est pas ce que nous *tenons
pour acquis* comme étant la Loi de Dieu, c'est ce que nous
savons être la Loi de Dieu. Cette loi est très claire, et elle a
été établie pour nous. »

Et si quelqu'un ne *croit pas* en Dieu ?

Cette personne doit tout de même obéir aux lois civiles.
Mais je vois le sens de ta question. En fait, la plupart de nos
lois civiles sont fondées sur l'autorité morale que nous tirons
de la « meilleure idée » que nous nous faisons de la volonté
de Dieu. Et comme tu le soulignes, certains pays ne font
même aucune tentative pour contourner cela. On *proclame*
que les lois civiles *sont* les lois de Dieu, telles qu'elles figurent
dans les textes sacrés.

---

* Oh ! Toujours tant que l'homme libre vivra
Entre son foyer et la désolation de la guerre,
Béni par la victoire et la paix, secouru par le ciel.
Célébrons le pouvoir qui a su préserver la nation
Et confiants dans la justice de notre cause,
Répétons notre devise « En Dieu est notre espoir ».

Et si, en définitive, vos lois et votre morale sont fondées sur une interprétation de la Volonté de Dieu, alors la Loi de Dieu telle qu'elle est présente dans le texte sacré accepté à cet endroit devient l'«étalon-or».

C'est juste.

Alors, il vaut mieux que la Loi de Dieu provienne de la bonne source.

Ce n'est pas un problème, car Dieu a directement donné la Torah à Moïse. Le Nouveau Testament est également correct jusqu'au dernier mot. Le Coran est tout aussi parfait. La Bhagavad-Gita est magnifique. Les principes éclaireurs du Livre de Mormon ont été livrés directement par Dieu à Joseph Smith, par l'entremise de l'ange Moroni. Le canon pali renferme une sagesse saisissante. Et ainsi de suite.

Ce *sont* les «étalons-or de la moralité» dans ces cultures, et un grand nombre de leurs adeptes les trouvent complètement et littéralement exactes.

Alors, examinons certaines des Lois de Dieu.

Pas encore.

Attends. Il y en a plusieurs que nous n'avons pas encore abordées.

Est-ce nécessaire? Tu vas encore citer un texte sacré qui n'est plus applicable à la société moderne.

Es-tu prêt à concéder que bien des paroles de beaucoup de ces textes saints n'ont *jamais* été applicables à quelque société civilisée *que ce soit*?

Oui, je le suis. Certaines des Lois de Dieu contenues dans divers textes sacrés n'ont probablement jamais eu aucun sens.

Comme la «Parole de Dieu» qui proclame que si leur fils est entêté, rebelle et ivrogne, les parents doivent l'amener à la sortie de la ville et que tous les hommes doivent le lapider jusqu'à ce que mort s'ensuive? Comme celle-là?

Oui, oui, comme celle-là.

Comme celle qui interdit de se couper les cheveux et de se tailler la barbe?

Oui, oui, celle-là aussi.

Et bien d'autres?

Et bien d'autres, oui.

Comme la Loi de Dieu qui dit que quiconque touche à un cadavre est souillé pour sept jours, ou qu'un prêtre peut acheter un esclave, ou qu'on ne peut se livrer à aucun travail le jour du Sabbat, ou que tu peux acheter ton frère pauvre pour en faire ton serviteur, ou qu'après un acte sexuel, les deux partenaires sont souillés? Ou que les sorcières et les sorciers sont passibles de mort?

Alors, il te semblera peut-être que ce ne sont là que quelques textes sacrés qui n'ont aucun sens selon les normes humaines actuelles, mais en vérité, la liste des règles de Dieu qui apparaîtraient absurdes aux yeux d'une personne raisonnable remplirait tout un livre.

En fait, c'est bel et bien le cas.
Au cours de cette conversation, j'ai soulevé ces nombreux exemples (et j'en citerai d'autres plus tard) pour te faire comprendre un argument plus global :
Vous avez fondé votre autorité morale sur des Lois sacrées que vous appliquez selon la règle « c'est à prendre ou à laisser », selon votre façon de les considérer à tel moment, dans telle culture, dans telles circonstances.

Si tu entends que nous négligeons les paroles de tes textes sacrés lorsque nous voyons clairement qu'elles ne s'appliquent plus à notre vie, je te le concède.

En d'autres mots...
Votre moralité n'a d'autre norme que *ce qui fonctionne ou pas.*
C'est la vérité, et tout le reste n'est que fiction.
Même vous, vous acceptez, non pas selon vos paroles, mais selon vos *comportements*, que la Parole de Dieu telle qu'elle est consignée dans vos nombreux textes sacrés ne doit pas être suivie à la lettre, parce qu'elle n'est pas infaillible.

Elle ne l'est absolument pas, car dans tous ces livres, elle a été consignée par des humains. Mais si l'« étalon-or » sur lequel nous fondons notre moralité dans nos diverses cultures n'est pas infaillible, qu'est-ce que ça signifie ?

Que vous fondez votre moralité sur des lois spirituelles qui, dans l'ensemble, n'ont aucun sens. Elles se contredisent *à l'intérieur* d'un même texte, et d'un texte à un autre. Ainsi, la race humaine a reçu des lois que vous devez sélectionner pour les rendre sensées.

Vous ne voulez pas l'avouer, bien sûr, car vous seriez accusés de faire preuve de *relativisme*, un très gros mot de votre vocabulaire. Vous voulez être *absolutistes*. Vous voulez croire et affirmer qu'il existe un Bien et un Mal *absolus*. Mais en définitive, c'est VOUS qui devez décider. Vous ne pouvez vous appuyer sur des lois, ni sur votre Dieu.

Vous *devez* décider vous-mêmes, car les paroles de vos lois et de votre Dieu s'avèrent idiotes lorsqu'on les avale en entier, lorsqu'on les applique sans discrimination, lorsqu'on y adhère absolument, littéralement et sans flexibilité, selon les cas et les circonstances. Elles ne peuvent fonctionner ainsi. Rien ne peut fonctionner ainsi.

Un grand nombre de vos lois religieuses – vous-mêmes l'avouez – doivent tout simplement être ignorées. Elles pourraient difficilement être la source des véritables fondements moraux de votre société entière.

Vous avez donc démontré, par vos propres gestes, que « morale » égale « fonctionnalité ».

Le Principe fondamental et sous-jacent de la Vie est révélé. C'est l'argument que tu as essayé de faire valoir.

Oui, et d'ailleurs, ton espèce l'a déjà déterminé. Vous avez décidé sur votre planète que ce qui est « bon » est *ce qui fonctionne*, selon ce que vous essayez d'être, de faire ou d'avoir. *Vous refusez tout simplement de l'avouer.*

Pour compliquer davantage les choses, vous n'avez pas pu en arriver à un accord sur ce que vous essayez d'être, de faire et d'avoir en tant que collectif appelé l'humanité.

Et ce sont les obstacles (les deuxièmes par ordre

d'importance) à la paix et à l'harmonie sur la Terre.

22

Alors, dans cette Nouvelle Spiritualité dont tu nous parles sans cesse, nous devons tout oublier de la morale, non?

La «morale» est une chose dangereuse, précisément parce qu'elle change d'une époque à une autre et d'une culture à une autre. Et c'est ainsi parce qu'elle est fondée sur des croyances fallacieuses, et bien des gens, en découvrant que certaines instructions morales ne fonctionnent pas dans la vie réelle, *changent de morale sans changer les croyances dont elle émergeait.*

Les gens refusent mordicus de modifier leurs croyances les plus fondamentales, mais changent leur morale (c'est-à-dire leur façon d'*appliquer* leurs croyances) pour un oui ou un non, pour s'adapter à la situation.

Par exemple, la plupart des gens croient fondamentalement que Dieu leur demande d'être honnêtes. Puis, ils fraudent l'impôt... *et prétendent que c'est bien.*

« Tout le monde le fait. C'est normal. »

Ils refusent de modifier leur croyance fondamentale, mais changent leur morale (c'est-à-dire leur façon d'*appliquer* cette croyance) pour un oui ou un non, pour s'adapter à la situation.

Mais s'ils changent leur *morale*, ils ont changé leurs croyances, car la morale n'est que l'expression de ces croyances. Ce sont donc des hypocrites. Ils n'ont pas de croyances. Ils veulent seulement *croire qu'ils en ont.*

Cela les rassure, mais un monde insensé en résulte.

Je crois voir la même chose que toi, partout.

Bien sûr que oui. Il faudrait être aveugle pour ne pas le voir.

Alors, tu *dis* que nous devons tout simplement rejeter toute morale.

Tu veux sans cesse généraliser, tu cherches une formule commode, mais ce n'est pas ce que je dis.

Ce que je dis, c'est que les humains ont créé une construction sociale appelée « morale ». Je suis en train de t'expliquer que votre morale change, même si vous affirmez le contraire. Je te fais observer que sans le reconnaître, vous recourez à la rectitude.

Votre rectitude vous tue.

Vous insistez pour qualifier de décrépitude morale toutes les erreurs de fonctionnalité. Cela engendre le jugement, qui engendre à son tour la justification. Vous vous justifiez en fonction de vos jugements quant à savoir si une personne ou un pays se comporte moralement.

Vous appelez cette réaction votre «obligation morale». Vous vous prétendez moralement obligés d'agir d'une certaine façon.

Votre peine de mort en est un exemple parfait. Vous prétendez que cette punition est justifiée par le code moral (ou la Loi de Dieu) fondé sur le principe «œil pour œil, dent pour dent». Il ne s'agit même pas de la sécurité de la société, car l'emprisonnement à vie y suffirait. Non, il s'agit tout simplement d'être quittes, purement et simplement.

Oui. Nous essayons d'arrondir les coins en l'appelant justice, mais comme le dit l'expression américaine: «*If it looks like a duck, walks like a duck, and quacks like a duck, it's probably a duck.*» Dans ce cas-ci, le canard s'appelle Vengeance.

Et si la morale (qui est malléable, en tout cas) ne faisait pas partie de l'équation? Et si la seule question était la *fonctionnalité* – soit de savoir si une action ou réaction particulière fonctionne ou non, à partir de ce qu'on essaie d'être, de faire ou d'avoir?

Vous pouvez alors envisager votre réaction dans un contexte complètement différent. Vous voyez maintenant les choses d'une manière tout à fait différente. Vous êtes maintenant dans la pensée originale, hors de la cellule dans laquelle vous vous étiez enfermés en tant qu'espèce, dans un cycle infini de violence, de destruction et de mort.

Alors, pour utiliser l'exemple ci-dessus, est-ce que la peine de mort est efficace? Est-ce qu'elle est *fonctionnelle*?

Si le but de la peine de mort est la vengeance, la réponse est oui. Mais si c'est la lutte à la criminalité, c'est non. Les statistiques montrent clairement que les États et nations faisant largement usage de la peine de mort n'ont pas un taux de criminalité plus bas que ceux qui l'utilisent le moins.

Qu'est-ce que cela veut dire? Si la peine de mort met fin à la criminalité violente, pourquoi le taux de criminalité ne baisse-t-il pas et ne reste-t-il pas inférieur?

Serait-ce parce qu'une société qui pratique la violence afin de mettre fin à la violence fonctionne à rebours?

C'est l'ennui de bien des justifications «morales». Elles peuvent naître de comportements malsains. Votre planète en a vu la preuve le 11 septembre 2001.

Une fois de plus.

Mais si nous ne nous fondons pas sur la «morale» pour distinguer le bien du mal (ce qu'il faut faire et ne pas faire), sur quoi nous appuierons-nous?

Sur la fonctionnalité.

Ce mot revient encore. Je me demandais si nous allions revenir à une exploration plus en profondeur de ces Principes de Vie fondamentaux.

Oui, nous y revenons, à commencer par celui-ci.

Alors, ramenons la discussion à un niveau auquel la «fonctionnalité», le principe, se comprend plus aisément dans ses rapports à la «moralité», la construction mentale. Supposons que tu roules vers la côte Ouest américaine et que tu veuilles aller à Seattle. Il ne te servirait à rien de bifurquer vers le sud, en direction de San Jose. Dans ce cas, tu irais alors dans la «mauvaise» direction. Mais cette étiquette serait trompeuse si tu faisais équivaloir l'étiquette «mauvaise» avec le mot «immorale».

Il n'y a rien d'immoral à aller à San Jose. Ce n'est tout simplement pas l'endroit où tu vas. Ce n'est pas ce que tu veux faire. Ni ta destination de choix.

Essayer d'aller à Seattle en roulant au sud vers San Jose, c'est un écart de *fonctionnalité*, et non de *moralité*.

Une pensée, un mot ou une action fonctionnent ou non, étant donné ce que tu essaies de faire, d'être ou d'avoir. Si cela fonctionne, on dit que c'est «correct» ou «bon». Dans le cas contraire, on dit que c'est «incorrect» ou «mauvais».

Lorsqu'on qualifie quelque chose de «mauvais», cela n'a rien à voir avec une dégradation morale ou le fait de contrarier la «volonté de Dieu». C'est *ta* volonté qui a été contrariée. Tu n'es pas arrivé à être, à faire ni à avoir ce que tu voulais.

Votre société ferait bien de ne pas apposer de jugements moraux à des choix ou à des gestes différents. Dans des sociétés hautement évoluées, on remarque tout simplement si les choix et les actions «fonctionnent» ou non, c'est-à-dire s'ils produisent le résultat collectivement désiré.

Dans ta propre vie, en retirant la «valeur morale»

de tes choix, tu en retires l'«autorité morale». (De toute façon, ils n'ont jamais eu d'autorité morale. Vous avez inventé tout cela.)

Vos sociétés terrestres ne pourraient plus, alors, invoquer la Parole de Dieu, ou la Loi divine, ou la sharia, ni aucune autre version de ce qui est censé être un mandat spirituel, pour justifier l'application de codes de conduite ou de restrictions personnelles dans tous les domaines, du régime alimentaire au mode vestimentaire en passant par le décorum.

Mais cela mènerait à l'anarchie! Chacun ferait tout ce qu'il veut, selon son «désir»: un monde fondé sur «ce qui fonctionne» et «ce qui ne fonctionne pas» ne produirait que le chaos.

Cela dépendrait largement de ce que vous voudriez tous, en tant que société mondiale, essayer d'être, de faire ou d'avoir. De quoi cherchez-vous à faire l'expérience?

Si vous cherchiez à faire l'expérience d'un monde de paix, d'harmonie et de coopération, «ce qui fonctionne» et «ce qui ne fonctionne pas» seraient mesurés à cet étalon. Actuellement, vous n'utilisez pas cette mesure, sinon vous n'agiriez jamais ainsi dans votre monde.

C'est pire que cela, à mon avis. Je crois que nous cherchons *vraiment* à créer un monde de paix, d'harmonie et de coopération, mais que nous ne voulons pas regarder, remarquer ni *reléguer* tout ce qui ne fonctionne pas et qui nous donne accès à trop d'*autres* choses que nous apprécions, comme le pouvoir, la complaisance, etc.

Autrement dit, vous ne recherchez *pas* l'expérience de la paix, de l'harmonie et de la coopération. Vous recherchez celle du pouvoir et de la complaisance. Vous dites une chose mais vous en faites une autre.

Quand vous voudrez *vraiment* la paix, l'harmonie et la coopération, vous observerez ce que vous faites maintenant et évaluerez très clairement que cela ne contribue pas à vous apporter l'expérience que vous recherchez, puis vous choisirez des comportements qui *fonctionnent*.

Je me demande encore si un monde basé sur «ce qui fonctionne» et «ce qui ne fonctionne pas» créerait autre chose que le chaos.

Par opposition à la paix et à la tranquillité de votre monde actuel basé sur le «bien» et le «mal»?

D'accord, mais au moins, nous *savons* quand quelqu'un a mal agi, et nous pouvons nous en charger.

Comme le punir et démontrer que deux négatifs donnent un positif?

Il n'est pas «mauvais» de punir quelqu'un!

C'est exact. Il n'est pas «mauvais» de punir quelqu'un. Le «bien» et le «mal» n'existent pas. Il n'y a pas de normes aussi rigides dans l'univers. Une chose n'est «bonne» ou «mauvaise» qu'en fonction du fait *qu'elle fonctionne* ou *non* si on veut obtenir le résultat désiré.

Nous revenons donc à la question: Que voulez-vous produire en punissant quelqu'un? La rétribution? La vengeance? Ou un sentiment de sécurité, par l'élimination d'une menace?

Probablement tout cela. Si nous étions honnêtes, nous répondrions sans doute que c'est un peu de tout cela. Mais c'est surtout une chose que tu n'as pas mentionnée!

Quoi donc?

La justice.
Je dirais que nous cherchons à faire l'expérience de la justice. La punition fait partie de notre système judiciaire.

Hum... une autre de vos intéressantes constructions humaines. Et qu'est-ce donc que la «justice», exactement, telle que tu l'entends?

C'est un système par lequel la société s'assure que le déroulement des événements est «juste». Selon notre dictionnaire, la justice est «l'ajustement impartial de renvendications conflictuelles, ou l'assignation au mérite de récompenses ou de punitions».

Minute, as-tu dit «ajustement»?

Oui. C'est dans le dictionnaire.

Fascinant. C'est très près du Principe de Vie fondamental auquel j'ai relié votre construction mentale appelée «justice».

Ah ouais. Je le vois dans la liste, maintenant. Tu as dit que la justice était une tentative déformée de notre part d'exprimer le Principe de Vie fondamental appelé Adaptabilité.

Oui, et l'adaptabilité n'est qu'un synonyme d'ajustement.

La vie exprime toujours le principe de l'Adaptabilité. La Vie est avant tout fonctionnelle. C'est l'une de ses qualités fondamentales. Elle *fonctionne*. Et elle fonctionne d'une façon particulière qui lui permet de *continuer* à fonctionner. Lorsque la fonctionnalité est menacée, la vie trouve moyen de s'adapter, ou de s'ajuster, pour *continuer à fonctionner*.

Ce principe d'Adaptabilité, c'est ce qu'on appelle, dans la théorie de l'évolution, la sélectivité. La vie choisit, à travers son propre processus, les aspects ou fonctions de tous les êtres vivants qui permettent à toute chose vivante de continuer à vivre. C'est ainsi qu'une espèce évolue. Et alors est exprimé un troisième Principe de Vie fondamental : la Durabilité. La vie devient durable en adaptant sa fonctionnalité.

Partout, toute la vie exprime ces trois principes circulaires, ce qui lui permet de se poursuivre éternellement. La vie, et tout ce qu'elle renferme, est fonctionnelle : si elle ne peut plus fonctionner de telle façon ou sur tel mode, elle s'adapte, s'ajustant de manière à durer. Sa durabilité crée un cercle qui lui permet de redevenir fonctionnelle, et de revenir au cercle, encore et toujours, à jamais et encore à jamais.

En recourant à ce que vous appelez votre « système judiciaire », votre société cherche à exprimer le principe de l'Adaptabilité, en ajustant avec justesse les demandes conflictuelles et en assignant de façon appropriée récompenses et punitions.

En tout cas, elle essaie.

Qu'entends-tu par là ? Le fait-elle ou non ?

La plupart du temps. Nous aimons croire qu'elle le fait la plupart du temps.

La plupart du temps?

En vérité, votre «système judiciaire» comporte tellement de failles (surtout sa vulnérabilité par rapport à l'influence des riches et des puissants, et sa complète inaccessibilité aux pauvres, aux faibles et aux opprimés), que toute ressemblance entre ce qui survient dans vos sociétés et la «justice» dont vous rêvez est trop souvent pure coïncidence.

Et je te le demande: Où est la «justice», là-dedans?

Même si c'est vrai, ce n'est pas un argument pour ne pas au moins *rechercher* la justice. Écoute, nous ne pouvons nous contenter d'ignorer les méfaits. Nous devons «redresser les torts».

Pourquoi ne pas chercher à faire «fonctionner» ce qui «ne fonctionne pas»?

Lorsque vous voulez «redresser un tort», vous vous imaginez que la punition doit faire partie du processus. Car vous voyez le «mal» qui a été fait comme une faute morale plutôt qu'un manque de viabilité fonctionnelle.

Par contre, lorsque vous voulez non pas punir, mais tout simplement faire fonctionner ce qui ne fonctionne pas, vous appliquez tout bonnement une correction. Vous changez de parcours. Vous trouvez une nouvelle voie. Vous modifiez vos pensées, vos paroles ou vos actions. Vous *faites un ajustement.*

C'est un «a-justement».

Nous voyons donc que la «justice» est en fait

un « a-justement ». C'est le système appelé la vie, qui s'adapte afin de continuer d'une manière qui fonctionne.

Dans les sociétés hautement évoluées, tout cela est parfaitement compris. On procède à l'ajustement du comportement et, même si les conséquences font partie de ce processus (c'est par l'expérience des conséquences que l'on se met à envisager l'adaptabilité du comportement), ce n'est pas le cas de la punition.

Tu m'épates, tu sais ? Ce n'est pas la conclusion à laquelle je serais parvenu. Mon propre raisonnement ne m'aurait pas amené là.

Je suis heureux que tu sois prêt à y arriver, d'une manière ou d'une autre. Tu te diriges vers la clarté. Tu passes à un état appelé Clair. Lorsque tu seras clair à propos de ces choses, tu ne pourras plus jamais vivre dans la confusion.

C'est de cet état de confusion que tu as voulu t'extirper. C'est le but de ce dialogue et de ta venue ici. C'est vrai pour chaque lecteur de ce livre. Car le moment est venu où le monde entier appelle tous les gens à examiner les choses d'un autre point de vue.

Mais comment faire ?

Voyez la vérité. Admettez la vérité. Ne soyez pas épris de rectitude. Remarquez que vos faits et gestes évoluent, *s'adaptent* et, bien sûr, que vous « changez les règles » à mesure que vous avancez. Il serait stupide de faire autrement. Vous ne pouvez vivre aujourd'hui selon les règles d'hier. Vous ne pourriez même vivre la vie d'*hier* selon les règles d'hier. Si vous choisissez la paix et l'harmonie, alors *le monde a besoin d'un nouvel ensemble de règles.* C'est le point que je veux faire ressortir ici. C'est l'idée essentielle de tout ce dialogue. La fonctionnalité a presque disparu de l'expérience humaine. Votre espèce ne peut continuer ainsi encore longtemps. Vous allez bientôt devoir exprimer le Principe de Vie fondamental de l'Adaptabilité si vous voulez que la Vie dure sous sa présente forme.

Pouvons-nous parler un moment du troisième principe de vie? Qu'est-ce que la Durabilité a à voir avec la «propriété»? Tu as dit que la «propriété» était une construction mentale humaine et une tentative déformée d'expression du principe de vie de la Durabilité. Je ne comprends pas exactement.

La vie cherche toujours à durer. C'est un Principe de Vie fondamental. En tant qu'expression de la vie, c'est aussi ce que vous cherchez. Vous avez édifié autour de cette durabilité une construction mentale qui se déroule sous la forme d'une convention sociale que vous appelez «propriété».

Vous prétendez à la propriété de tout ce que vous voulez voir durer. En cherchant à exprimer le Principe de Vie de la Durabilité, vous prétendez à la propriété de votre corps, puis du corps de votre conjoint, puis de celui de vos enfants. Vous dites que vos enfants sont «à vous», ainsi que votre conjoint, et vous traitez ces gens comme si vous en étiez «propriétaires».

Il en est de même du sol et d'autres biens et propriétés. Vous considérez que la planète même que vous habitez, cette sphère qui tourne autour du soleil et pivote dans sa majesté à raison d'un cycle par 24 heures, est une chose que vous «possédez» vraiment, du moins sous forme de parcelles.

Vous avez décidé que ce corps céleste, cet élément du ciel, n'appartenait pas à la Vie même, mais plutôt à *des individus*. Ou, dans certains cas, à leurs représentants, c'est-à-dire leurs gouvernements. Vous avez donc divisé la Terre, superposant des frontières imaginaires à ce qui n'en a pas et prétendant à la propriété personnelle du sol, non seulement en surface, mais aussi dans toute sa profondeur avec les minéraux et ressources qu'il contient, et du ciel dans toute son altitude – soit, bien sûr, à l'infini... ce qui mène à d'intrigantes questions de politique internationale sur le droit de survol aérien et l'altitude permise.

Vous prenez ces «droits de propriété» tellement au sérieux que vous déclarez des guerres à leur propos, que vous tuez et mourez pour eux, alors qu'en vérité vous ne «possédez» aucune planète du système solaire, pas même celle sur laquelle votre espèce a évolué.

Vous n'êtes que des gardiens ayant pour rôle de bien prendre soin de ce qui vous a été confié, y compris votre corps, celui de vos compagnons et enfants, le sol sur lequel vous vivez et tout ce qui vous échoit.

Ce ne sont pas vos biens, mais des éléments qui ont été *laissés à vos soins*. Ils vous appartiennent temporairement, tant qu'ils sont sous votre garde. La Vie même vous demande de les soutenir, d'exprimer le Principe de Vie de la Durabilité, mais non de déclarer que vous les «possédez» et qu'ils n'appartiennent à personne d'autre. Cette idée n'est pas fonctionnelle.

Personne ne possède rien éternellement. Rien.

Les choses peuvent se trouver *en votre posses-sion*, mais ce ne sont pas vos *biens*.

La possession est une fiction temporaire. C'est une invention de l'esprit et, comme toutes les constructions mentales, elle est transitoire, car elle n'a rien à voir avec l'ultime réalité.

Quant à toutes vos conventions sociales, l'idée de possession provient des erreurs auxquelles vous croyez fermement, dans ce cas-ci la Deuxième Erreur à propos de la Vie, c'est-à-dire qu'il n'y a «pas suffisamment» de ce qu'il vous faut pour être heureux.

Il *y a* suffisamment de tout ce qu'il vous faut réellement pour être heureux, mais vous ne le croyez pas et vous cherchez à «posséder» tout ce que vous désirez le plus, vous imaginant que sa possession vous permettra de le garder à jamais, que personne ne pourra vous l'enlever, que vous pourrez en faire ce que vous voudrez – et que de cette expérience de propriété proviendront votre sécurité, votre durabilité et votre bonheur.

Rien n'est plus éloigné de la vérité, comme vous le dira quiconque «possède» bien des choses. Mais l'idée persiste.

Cette idée de possession a causé un tort considérable à votre psyché et à votre espèce.

Car vous croyez que la «propriété» vous donne des «droits» intrinsèques que vous n'avez pas.

Écoute, c'est un propos tellement riche. Il y a tant à comprendre, à absorber. Je n'ai jamais eu pareille conversation. J'ai souvent l'impression qu'il va me falloir réviser quatre ou cinq fois tout ce qui m'est révélé pour vraiment le comprendre, le saisir.

Voilà pourquoi j'ai répété à maintes reprises
une large part de mon propos. Tu comprends,
maintenant.

Alors, que puis-je retirer de cette conversation qui
pourrait me servir à aider la vie à continuer ?

Ne te fais pas de soucis pour la Vie même. Elle
continuera. Je te le promets. Vous ne pourriez pas
mettre fin à la vie, même si vous le vouliez. La vie
va tout simplement s'adapter aux conditions, et se
poursuivre. Mais si vous voulez qu'elle continue
sous sa forme actuelle, qu'elle se poursuive
comme elle l'a toujours fait sur la Terre, vous
devrez *créer* l'adaptabilité qu'elle a maintenant
besoin de réaliser, au lieu de rester plantés là à la
regarder.
  C'est ce que ce dialogue vous invite à faire. C'est
l'idée principale de cette conversation. Une invitation vous est lancée à créer le monde de vos
rêves les plus grandioses, à mettre fin à votre
réalité actuelle et à découvrir des outils pour y
arriver.

Crois-tu vraiment que le monde est prêt ? Pouvons-
nous jouer un rôle actif et conscient dans notre processus
d'évolution ?

Le monde est plus prêt que jamais. Il a soif
d'une nouvelle vérité spirituelle, une vérité qui
réussira à faire durer la vie, et non à y mettre fin.
Le monde cherche une nouvelle voie spirituelle et
attend un nouvel ensemble de concepts. La
plupart des gens n'osent tout simplement pas en
parler publiquement. Cela voudrait dire devoir
reconnaître que la voie spirituelle actuelle du

monde ne mène pas les humains où ils allèguent vouloir aller.

C'est très difficile, ce peut être très effrayant pour tous d'aller à contre-courant de la pensée dominante, même lorsque celle-ci les tue.

Alors, que faire?

Encouragez-les à *devenir* les leaders spirituels qu'ils cherchent, à *fournir* le leadership qu'ils anticipent.

Et leur peur?

Demandez-leur de quoi ils ont peur. De la fin de leur mode de vie? De la perte de leur sécurité personnelle? *Ce qu'ils craignent est déjà arrivé.*

Regardez votre monde. Les derniers vestiges de votre mode de vie sont disparus le 11 septembre 2001. Personne ne pourra jamais plus être en sécurité selon les normes humaines.

Le défi actuel n'est pas d'éviter de perdre votre sécurité, mais de la retrouver.

Vous pouvez chercher à accomplir cela sur le plan physique avec des bombes, des chars d'assaut, des soldats, la force politique ou économique, ou vous pouvez choisir de l'accomplir sur le plan spirituel, en changeant les croyances.

La première croyance à changer est celle que vous pouvez *ne* pas être en sécurité.

La perte de la sécurité est une illusion, compte tenu de qui vous êtes. Sur le plan humain, vous l'avez perdue. Du point de vue spirituel, ce ne sera jamais le cas.

La paix intérieure ne s'atteint pas par des moyens extérieurs. Vous l'atteindrez par la compréhension de votre nature. Lorsqu'on y arrive, la paix extérieure devient enfin possible. Faute de paix intérieure, la paix extérieure est impossible, comme votre espèce l'a découvert à maintes reprises. Et comme elle le redécouvre à présent.

Si la paix extérieure de votre société mondiale est si fragile, c'est parce que la paix intérieure de votre société mondiale est pratiquement inexistante. Votre monde continue de s'effondrer, et vous persistez à vouloir le rafistoler avec les mauvais outils. Vous continuez d'essayer d'amener le monde à changer ses comportements plutôt que ses croyances.

Humpty Dumpty était assis dessus un mur;
Humpty Dumpty tomba de haut sur le sol dur;
Tous les chevaux du Roi, tous les soldats du Roi
N'ont pu relever Humpty Dumpty et le remettre
droit.

Mais Dieu le peut.
Et Dieu le fera.
Dès que vous le lui permettrez.
Car Dieu est l'essence de la paix intérieure.
Mais pas le Dieu qu'on vous a enseigné. Pas le Dieu coléreux et guerrier, pas le Dieu de mort et de destruction, ni le Dieu de culpabilité et de rétribution.

Pas le Dieu de faux-semblant en qui vous vous êtes obligés à croire, mais le Dieu d'amour inconditionnel en qui se trouve votre être même.

Si on enseignait *ce* Dieu au monde, ce dernier changerait. Mais où sont donc les leaders spirituels courageux qui abandonneront le Dieu de peur pour enseigner le Dieu d'amour inconditionnel?

Pourrais-tu en être? Les leaders spirituels n'ont

pas à faire partie du clergé. Des gens ordinaires peuvent être ces leaders, qu'ils soient plombiers, médecins ou vendeurs. Des cadres, des membres des forces policières et de l'armée peuvent l'être aussi. Des quincailliers, des mécaniciens, des infirmières et des hôtesses de l'air peuvent être des leaders spirituels. Des animateurs de journal télévisé, des reporters de la presse écrite et des politiciens peuvent être des leaders spirituels. Des enseignants et des joueurs de baseball, des épiciers et des vedettes de cinéma, des postiers et des chercheurs scientifiques, des danseuses nues peuvent tous être des leaders spirituels.

Comprends-tu cela? *Entends-tu ce que je dis?* C'est l'occasion, c'est le défi, c'est l'invitation.

Ainsi, l'idée n'est pas de se cacher, mais de *sortir*, afin que les autres trouvent le courage de faire de même et que le monde entier puisse savoir qu'il n'est pas seul.

Que peuvent faire les gens? Donne-nous des étapes concrètes.

Je te fais remarquer que *tu* te répètes. Nous en avons déjà parlé.

S'il te plaît, reviens sur ce point. Explique-le-moi une fois de plus, d'un seul bloc. Résume-le. J'ai besoin de le réentendre une dernière fois.

La première chose à faire, c'est d'entreprendre les Cinq Étapes de la Paix. Ils reconnaîtront peut-être que leur mode d'action actuel ne fonctionne plus, s'il a jamais fonctionné. Les plus braves d'entre eux peuvent le reconnaître publiquement. Ils peuvent dire: «Eh minute! Quelqu'un a-t-il

remarqué que ce que nous faisons ne fonctionne
plus?»

Oui. Je disais plus tôt que nous pourrions publier les Cinq
Étapes de la Paix dans des journaux et des magazines, et
demander à des gens connus d'y apposer leur signature. Nous
pourrions les imprimer sur des panneaux-réclame et des
dépliants, tenir des réunions autour d'elles, entamer des
dialogues, discuter des directions que peut prendre l'humanité.
Puis, nous pourrions établir les composantes d'une
Nouvelle Spiritualité qui ne rejettera pas complètement
l'ancienne mais offrira aux gens une compréhension
nouvelle et plus grande des vérités anciennes et de certaines
vérités nouvelles qui les accompagnent. À partir de ces
Nouvelles Révélations, nous pourrions nous livrer à des
explorations menant à des révélations plus profondes du
cœur humain. Nous dirions clairement que ces Nouvelles
Révélations ne sont pas «la réponse», mais UNE réponse,
une inspiration susceptible de mener à bien d'autres.

Oui. Ne cherche pas à faire des Nouvelles
Révélations une nouvelle religion. Laisse-les
plutôt révéler la vérité simple et magnifique que *la
nouvelle révélation est possible*. Ce faisant, tu
donneras à l'humanité le pouvoir de révéler la
véritable humanité à l'humanité même.
M'entends-tu? J'ai dit:
*Donner à l'humanité le pouvoir de révéler la
véritable humanité à l'humanité même.*
Car lorsque la véritable humanité se révélera,
on s'apercevra de sa divinité.

23

Voilà une affirmation extraordinaire!

Et vraie. Toutes les qualités les plus grandioses de Dieu (l'amour, la compassion, l'attention, la patience, l'acceptation et la compréhension, la capacité de créer et d'inspirer) forment la nature même de l'humanité.

Mais nous, les humains, n'agissons pas toujours avec autant d'humanité. Qu'est-ce qui nous en empêche?

Les erreurs que vous entretenez dans votre esprit à propos de Dieu et de la Vie, en plus de la peur que créent ces erreurs, ainsi que vos constructions mentales, qui créent des conventions sociales dysfonctionnelles, comme celle qui préconise la violence dans la solution des problèmes humains et proclame que Dieu commande, approuve et *récompense* vraiment ces meurtres.

Toute action ou réaction humaine provient de l'un de ces deux espaces : l'amour ou la peur. Fondamentalement, la vie ne peut émerger de nulle part ailleurs. La pensée, la parole et l'action ne peuvent découler d'aucune autre source. Et des deux, la peur est le facteur prédominant du comportement humain.

La plupart de vos constructions mentales et de vos conventions sociales sont fondées sur la peur. Vous les avez mises en place pour vous protéger.

Votre « morale » vous prémunit contre les « mauvaises » actions et la punition (de Dieu ou de l'homme). Votre « justice » vous protège des « traitements injustes ». Même la construction appelée « propriété » est une forme de protection. Vous imaginez qu'elle vous protège contre le fait qu'on vous enlève quelque chose.

Aucune de ces protections ne fonctionne à long terme, comme l'a démontré votre vie. Ainsi, vos luttes recommencent sans cesse.

C'est sans fin, non?

Oui, et il en sera toujours ainsi, à moins que vous n'abandonniez vos peurs et les erreurs qui les produisent. Puis, vos conventions sociales (vos façons d'interagir qui dirigent votre vie) changeront pour refléter plus fidèlement les Principes fondamentaux de la Vie qu'elles cherchent maintenant, sans succès, à exprimer.

Pourquoi ne nous a-t-on pas révélé ces choses avant? Pourquoi ai-je dû attendre cette conversation avec Dieu pour recevoir ces vérités si clairement articulées?

Grosso modo, à cause d'une autre de vos constructions mentales: «L'ignorance ne fait de mal à personne.»

Les choses qui sont dites ici, vos chefs religieux et politiques ne vous les diront jamais, même s'ils y croient.

Plus d'un mystère religieux a été caché sous prétexte que «les gens ne le prendront pas». Plus d'une vérité sociale a été tenue secrète pour la même justification.

En effet, la dissimulation est devenue un mode de vie chez les humains.

Vous vivez actuellement dans une société essentiellement secrète, où l'on tait beaucoup plus de choses qu'on en dit, où l'on en cache plus qu'on en révèle, où l'on en dissimule plus qu'on en découvre.

Les humains ont créé cet environnement avec intention, craignant que si quelqu'un savait tout sur tout le monde, personne ne serait capable d'être, de faire et d'avoir ce qu'il veut.

Vous croyez que la seule façon d'obtenir ce que vous voulez, c'est de ne dire à personne ce que vous cherchez, encore moins ce que vous faites pour essayer d'y arriver.

Ce qui est étrange, c'est que vous tenez à être totalement transparents. Vous n'aimez pas cacher les choses. Cela ne vous réjouit pas. Mais comme vous êtes convaincus que tous les autres utilisent leur «procédé de dissimulation», vous recourez donc au vôtre.

Je comprends certainement que nous avons élaboré une convention sociale appelée «secret». Nous en avons même défini des catégories. Nous utilisons les termes «mensonge social», «secret industriel», «sécurité gouvernementale» et même «mystère religieux» pour catégoriser nos manières de nous mentir les uns aux autres, par omission ou par perpétration.

> Oui, et les humains ont créé d'autres conventions sociales tout aussi nocives. De la sorte, chacune de vos constructions mentales s'élève à partir de vos croyances erronées à propos de Dieu et de la Vie. Chacune d'elles provient d'une recherche sincère d'amélioration de la vie en suscitant l'expérience d'une vérité supérieure, mais chacune d'elles déforme aussi cette vérité par l'adoption d'un comportement dysfonctionnel – et c'est pourquoi le monde est devenu extraordinairement dysfonctionnel et dangereux.

Je suis en train de me dire que tout notre système de valeurs est plus destructif que constructif. Est-ce ton but, dans ce dialogue, de nous amener à abandonner tout notre système de valeurs?

> Je suis en train de te montrer *que vous êtes déjà en train de le faire.*
> Vous le faites chaque fois que vous le voulez, selon ce que vous cherchez et désirez à un moment donné.
> Je suis en train de proposer que la raison pour laquelle vous abandonnez si souvent vos valeurs, c'est peut-être parce qu'*elles sont fondées sur des croyances erronées* et, qu'au fond, vous le savez.
> Entre autres croyances que, secrètement, vous savez fausses, il y a l'idée que *ce qui est valable*

du point de vue moral ne change jamais.
Vos religions, vos traditions et vos cultures cherchent à vous faire croire que les valeurs morales ne changent jamais, mais votre cœur sait que ce n'est pas vrai.
Au cours de cette conversation, je te confirme ce que tu sais déjà. Je te fais remarquer que tu *sais* que la moralité change vraiment, que les idées qui avaient une valeur morale élevée à telle époque et à tel endroit n'en ont peut-être pas ailleurs, que les croyances entretenues pendant un millénaire ne sont pas nécessairement (en fait, sont *rarement*) applicables au suivant.
Je t'invite ici à adopter un nouvel ensemble de croyances essentielles à partir desquelles tu créeras des valeurs fondamentales que tu pourras adopter. (Car elles sont fonctionnelles.) Des croyances essentielles qui pourront changer à mesure que changeront les conditions, la conscience et les expériences. (Car elles sont adaptables.) Des croyances essentielles qui serviront toujours les fins de l'homme parce qu'elles serviront les *fins de l'âme*. (Car elles sont durables.)
Actuellement, comme les croyances qui soustendent la société humaine servent les fins du *corps*, elles engendrent une dysfonction massive.

Qu'entends-tu par «les fins du corps»?

Les fins du corps sont la survie, la nourriture, la sécurité et le plaisir.
Toutefois, elles sont fort différentes. L'âme sait que la survie n'est pas un problème, ni la sécurité ni le plaisir. L'âme comprend qu'elle est la Vie même manifestée localement. La sécurité et le

plaisir sont ses qualités inhérentes. L'âme ne les cherche donc pas, car c'est ce qu'elle *est*.

Quelle est la différence entre l'âme et l'esprit? Y en a-t-il une?

Votre âme est l'individuation de l'Esprit divin, qui est Tout Ce Qui Est. L'âme est l'énergie vitale universelle, focalisée et localisée, vibrant à une fréquence donnée, dans un espace-temps précis. L'énergie qui vibre avec cette précision est un Flux singulier de la Vie universelle.

En faisant appel à l'Énergie vitale universelle dont elle fait partie, l'âme fait du reste d'elle-même un outil d'élaboration d'une expérience précise. L'Énergie vitale universelle est parfois appelée l'esprit. Les autres outils sont le corps et l'intellect.

Votre âme, c'est qui vous êtes. Votre corps et votre intellect, c'est ce que vous *utilisez pour faire l'expérience* de qui vous êtes dans le Domaine du Relatif.

Le foyer de votre âme est du Domaine de l'Absolu, où réside l'Esprit divin. Votre âme habite maintenant le Royaume du Relatif, en route vers chez elle. Lorsqu'elle arrivera chez elle, elle se joindra à nouveau au reste d'elle-même. C'est-à-dire qu'elle se réunira à l'Esprit divin, fusionnant avec lui pour redevenir Un Seul Esprit.

Dans certaines traditions mystiques orientales, cette fusion en Un Seul s'appelle *samadhi*. Elle s'atteint même lorsque l'âme se trouve dans le Domaine du Relatif, avec un corps et un esprit, bien que l'expérience soit généralement fort brève. L'âme peut également quitter le corps et l'intellect pour se rafraîchir et refaire ses forces. Cela a lieu durant la période que vous appelez le sommeil. Finalement, l'âme peut fusionner avec son Énergie universelle, s'unifiant avec l'Esprit divin pour des périodes longues et étendues. C'est ce qui se produit à l'instant que vous appelez la mort.

Bien sûr, la mort n'existe pas. La mort n'est que le nom que vous avez donné à l'expérience que fait votre âme lorsqu'elle transmute l'énergie de votre corps et de votre intellect au moment où elle se réunit au Grand Tout.

L'âme s'y adonne au sein d'un cycle sans fin. Puis, après avoir revécu l'extase du *samadhi* et de l'ultime Connaissance de l'Unité, l'âme émerge à nouveau du Tout, contrôlant et régularisant sa vibration, et transmutant son énergie en un point précis de ce que vous appelez le continuum spatio-temporel.

Son passage le plus récent à travers ce cycle infini de la Divinité faisant l'expérience d'elle-même engendre l'Être que vous appelez «vous».

Mais s'il te plaît, explique-moi ceci : je n'ai jamais entendu dire que l'âme aspirait à se connaître en union avec Tout ce Qui Est.

C'est vrai.

Mais si l'âme aspire à cela, comment se fait-il, lorsqu'elle finit par se réunir avec le Grand Tout, par revenir chez elle vers Dieu, qu'elle n'y reste pas? Pourquoi émerge-t-elle à nouveau du Tout pour se «réindividualiser»?

Parce que le Divin aspire également à faire l'expérience de tous les aspects individuels de sa divinité. Il veut se connaître complètement, *de façon expérientielle*, et s'étendre et se recréer à neuf, devenir une version de plus en plus grande de lui-même. Et pour cela, il entre dans le Domaine du Relatif sous une forme individualisée.

L'Esprit divin émerge *du* Tout sous la forme de projections individuelles *du* Tout, afin de vivre une expérience totale de Tout Ce Qui Est à travers une multitude sans fin d'expressions distinctives que vous appelez à raison l'incroyable Miracle de la Vie.

C'est *vraiment* un miracle! Et c'est *vraiment* incroyable. Mais aussi belle soit-elle à tant d'égards, la vie sur cette planète est aujourd'hui menacée. Nous sommes en train de la détruire peu à peu, et *nous ne semblons pas savoir comment nous arrêter.*

Voilà pourquoi je suis venu vers toi. Je suis *en train de vous dire* comment vous arrêter. C'est cela, les Nouvelles Révélations.

Lorsque vous étudierez ces révélations, que vous les rassemblerez pour former une seule et même cosmologie nouvelle, vous comprendrez mieux, votre conscience prendra de l'ampleur et vous vous arrêterez *automatiquement.*

Et maintenant, reçois ceci, LA HUITIÈME NOUVELLE RÉVÉLATION :

Vous n'êtes pas votre corps. Vous êtes sans limites et sans fin.

24

Je sais ce que cela signifie. Qu'en tant qu'êtres universels, nous sommes plus qu'un corps...

Non, vous n'êtes pas « plus » qu'un corps, vous ne l'êtes pas *du tout*. Vous l'avez, mais vous ne l'êtes pas. Votre être est sans limites et sans fin.

Je comprends. Tu déclares que je suis ce que j'appelle mon âme. C'est l'essence de mon être. Mais même si j'accepte cela en tant que vérité spirituelle, qu'est-ce que cela a à voir avec les problèmes du monde ?

Bien des choses, et je vais te le démontrer maintenant. Pour ce faire, nous devrons effectuer un détour court mais intense par l'ésotérisme, et il te semblera peut-être alors que cette conversation se sera beaucoup éloignée de la réalité. En vérité, elle touchera profondément la réalité.

Alors, tu devras peut-être rester patient et me faire confiance : même si au départ nous «planerons» avec cette prochaine partie de la nouvelle révélation, je ferai un cercle et ramènerai tout à la question que cette conversation était censée traiter. Plus précisément : ce qui va de travers dans votre monde et ce que vous pouvez y faire.

Es-tu prêt pour cette petite diversion ?

Oui, je peux supporter cela. Mais d'abord, dis-moi comment l'affirmation « vous n'êtes pas votre corps » peut être qualifiée de « nouvelle révélation ». Presque toutes les religions du monde l'ont enseignée sous une version ou une autre.

Tu as raison, par presque toutes les religions organisées parlant d'un au-delà. L'ennui, c'est qu'elle l'a été de manière incomplète. Ce qu'il y a de nouveau dans la présente révélation, c'est qu'elle dépasse cet enseignement traditionnel.

Rappelle-toi : je t'ai dit que la Nouvelle Spiritualité ne constituera pas un rejet complet de l'ancienne, mais plutôt un *élargissement* de celle-ci. Elle éliminera de l'ancienne ce qui ne vous sert nettement plus, et apportera une compréhension nouvelle et plus profonde de ce qui vous sert. Elle retiendra le meilleur de vos sagesses ancestrales. Ainsi, tu as déjà entendu en partie ce que tu trouves ici. Mais à présent, nous faisons un pas de plus, car nous passons à un autre plan de profondeur.

La plupart des religions vous ont enseigné que vous êtes « plus qu'un corps ». Le présent message, c'est que vous n'êtes pas du tout votre corps, que vous êtes plutôt l'essence de ce qui a insufflé la vie *à votre corps.*

Voilà la clé.

Voilà l'essentiel.

Voilà la vérité centrale autour de laquelle doivent désormais tourner toutes les autres vérités des humains si vous ne voulez pas revivre perpétuellement le cycle de violence, de destruction et de meurtres qui afflige votre planète depuis des milliers d'années.

Vous n'êtes pas votre corps. Vous êtes sans limites et sans fin.

Voilà la clé.

Voilà l'essentiel.

Toutes les autres Nouvelles Révélations tirent leur sens et leur force de la compréhension de celle-ci.

C'est la Vérité de Base. Le Nombre Premier. La Première Cause. Tout le reste prend un nouveau sens lorsque cette signification s'éclaire.

La construction de votre nouveau monde commence ici. La fondation de la Nouvelle Spiritualité repose ici :

Vous n'êtes pas votre corps. Vous êtes sans limites et sans fin.

Puis-je te redemander ce que cela a à voir avec le sort actuel du monde ?

Tout, car le fait de croire que vous êtes votre corps, c'est ce qui a poussé et autorisé la race humaine à se traiter comme elle l'a fait.

Cherchons maintenant à comprendre le sens et l'implication des treize mots de la Huitième Nouvelle Révélation.

En soi, ces mots veulent dire exactement ce

qu'ils énoncent. Vous n'êtes pas l'agglomération d'os, de muscles, de tissus et de systèmes internes que vous appelez votre corps. Ce n'est pas Qui Vous Êtes. *Votre corps est à vous, mais il n'est pas vous.* C'est quelque chose que vous utilisez. Un outil. Un appareil. Un mécanisme qui répond et réagit de certaines façons, sous certaines influences, et devant certains stimuli.

Ce mécanisme peut être blessé, endommagé ou détruit, mais « vous » ne pouvez pas l'être. Cet outil peut être rendu complètement inopérant, mais vous ne pouvez pas le devenir. Cet appareil peut cesser de fonctionner, mais vous ne le pouvez pas.

Le Principe fondamental de Vie de la fonctionnalité s'exprime éternellement en vous, en tant que vous et à travers vous.

Pour certains, le corps est ce qui vous retient, ce qui héberge votre essence ; le corps héberge l'Essence de Vie appelée l'âme. Ce n'est pas exact. C'est l'âme qui héberge le corps.

Votre âme ne vit pas dans votre corps. C'est l'inverse. Votre corps vit dans le champ énergétique que vous appelez votre âme. Il loge dans la configuration énergétique ou l'expression localisée de l'Esprit universel, qui est l'Essence de Qui Vous Êtes.

Le champ énergétique, cet emballage rayonnant et palpitant de votre corps, vous l'appelez parfois aura. En réalité, c'est plus que l'aura, mais c'est tout de même une bonne image pour votre première incursion dans la compréhension, car vous pouvez entretenir cette image dans votre esprit.

La partie de vous que certains appellent votre âme est l'énergie de la Vie même, localisée et concentrée en un point particulier de ce que vous appelleriez le continuum espace-temps. Cette énergie vitale vibre et scintille, palpite et luit autour de chaque objet physique de l'univers. Selon la fréquence de cette vibration, cette énergie peut parfois apparaître à la vue. Elle peut également produire d'autres effets, comme la chaleur.

Certaines personnes appellent cette lueur la Lumière, la Flamme éternelle, la Source, l'Âme, ou la désigne par tout autre nom qui convienne à leur poésie personnelle. En fait, c'est la Prime Essence, la Substance de base, la Matière centrale de toutes choses. Cette Lumière, c'est Qui Vous Êtes.

Par méprise, vous avez cru que la Lumière irradiait de tous les objets physiques. En fait, c'est exactement le processus inverse. Cette Lumière irradie *dans* tous les objets physiques : c'est ainsi qu'elle les crée.

Le champ énergétique que vous appelez Lumière ou âme enveloppe l'objet physique qu'il a créé et s'étend de cet objet jusque dans l'éternité. Par conséquent, l'énergie n'a jamais de fin. Nulle part votre champ énergétique ne s'arrête et un autre ne commence. En d'autres mots, nulle part votre *âme* ne s'arrête et une autre ne commence.

C'est comme l'air de votre maison. Chez toi, il y a des pièces séparées, mais il n'y a qu'« un seul air ». L'air d'une pièce n'est pas séparé de celui d'une autre – ce que vous découvrez rapidement lorsque vous êtes dans votre salon et que vous sentez l'odeur du pain qui cuit dans la cuisine. On ne trouve aucun endroit où l'« air du salon » finit et l'« air de la cuisine » commence.

À vrai dire, plus vous vous éloignez de votre cuisine, moins vous avez conscience de la portion de Tout l'Air qui se trouve partout dans la cuisine. Mais votre chien peut sentir cette odeur de pain de *l'extérieur de la maison*. Car l'air qui entoure la maison, qui l'enveloppe, n'est pas séparé de l'air qui est à l'intérieur.

C'est une analogie destinée à vous aider à comprendre. N'ai-je pas déclaré qu'il y a plus d'une demeure dans mon Royaume ?

Plus il s'étend à partir de sa source localisée, plus le champ énergétique de votre âme s'amincit et s'élargit, mais il ne disparaît jamais complètement, ni ne cesse d'être. Il se mélange plutôt, fusionnant avec d'autres champs énergétiques, formant d'autres concentrations localisées et créant un motif complexe et entrelacé qui s'étend à l'infini.

Nous parlons ici d'un champ énergétique sans frontières. Nous décrivons une âme qui est sans fin.

Voilà, en somme, ce que vous êtes.

Vous êtes une énergie qui ne finit jamais dans le temps ou l'espace.

Je n'ai jamais entendu de description pareille de l'âme. Je me fais sans cesse raconter la vie d'une façon qui me donne l'impression que c'est la première fois.

Voilà pourquoi on les appelle les Nouvelles Révélations. Non pas parce que l'*information* est nouvelle, mais parce que la présentation l'est. Bien des gens entendent cette information pour la première fois – et c'est ce qui la *rend* nouvelle.

Mais maintenant, permets-moi de te demander ceci : si mon âme s'étend à l'infini, et que celle de mon voisin s'étend à l'infini, et que chaque âme sur la Terre…

... et dans l'univers...

... et dans l'univers se poursuit à l'infini, et si aucune âme ne prend fin ni ne commence nulle part, et qu'elles se mélangent, se fondent et fusionnent toutes... alors... alors...

Tu as raison, tu as raison... *continue.* Tu as mis en plein dans le mille, tu es arrivé à la vérité. *Dis-la.*

Alors, il n'y a aucune âme individuelle, et chaque âme n'est qu'une Seule Âme, exprimée localement et individuellement !

C'est tout à fait juste.

Alors, cette Seule Âme doit être l'Âme de Dieu, qui se manifeste en tant que Tout Ce Qui Est.

C'est exact. *Et c'est ce que les religions traditionnelles et exclusivistes n'enseignent pas.*
Si les religions organisées enseignaient cette vérité, elles ne pourraient jamais enseigner qu'une personne est meilleure qu'une autre ; ni qu'une âme est plus agréable à Dieu qu'une autre, ni qu'une voie est la seule qui mène à la divinité.
Elles ne pourraient jamais enseigner que certaines âmes vont au « ciel » tandis que d'autres sont condamnées à l'« enfer ».
C'est l'enseignement de leurs philosophies séparatistes et de leurs théologies exclusivistes qui rend certaines religions organisées non seulement inexactes, mais aussi dangereuses.

Mais la Nouvelle Spiritualité peut changer tout cela.

Oui. Elle peut présenter un nouveau point de vue qui n'est ni exclusiviste, ni élitiste, ni séparatiste. Elle peut inviter les gens à envisager sérieusement, pour la première fois depuis des siècles, de nouvelles idées théologiques. Elle peut offrir, pour exploration et discussion, de Nouvelles Révélations.

La Nouvelle Spiritualité ouvrira les esprits à des concepts plus vastes, à des idées plus grandioses et à des occasions plus grandes pour l'expérience et l'expression individuelles que les théologies actuelles.

Comme l'idée qu'en fait il n'y a qu'un seul champ énergétique. Qu'il n'y a qu'une seule énergie. Que c'est l'énergie de la Vie Même, et que c'est cette énergie que certaines personnes appellent Dieu.

Oui. Maintenant, tu y es.

Cette énergie a ce que vous appelleriez, dans vos termes, de l'intelligence. C'est à la fois le dépôt et la source de toute connaissance, de toute conscience, de toutes les données, l'information, la compréhension et l'expérience.

C'est le Tout, l'Alpha et l'Oméga, le grand Je Suis/Ne Suis Pas, que vous avez entendu décrire dans une grande part de vos textes sacrés.

Vous *êtes* cette énergie, et cette énergie est *vous*, et il n'y a aucune séparation entre vous. Vous êtes un en toutes choses, et toutes choses en un, car cette énergie englobe tout. Cela veut dire que vous ne faites qu'un avec tous les autres dans le monde, non pas au sens théorique, mais en un sens très littéral et précis.

Il n'y a personne, aucun être humain nulle part, dont vous ne faites pas partie – d'une *façon intrinsèque et intime.*

Cela sous-entend, en termes pratiques, que ce qui est bon pour un autre l'est pour vous, et que ce qui n'est pas bon pour un autre ne l'est pas pour vous. Cela signifie que ce que vous faites pour un autre, vous le faites pour vous, et que ce que vous ne faites pas pour un autre, vous ne le faites pas pour vous.

C'est la vérité, et si les humains vivaient ainsi, cela aurait un impact remarquable sur la vie que les humains créent collectivement. Plus tôt, tu as demandé si cette exploration spirituelle pouvait avoir des «implications pratiques pour le monde actuel», et je te réponds ceci : Vivre ainsi changerait le monde.

La simple conscience de votre Unité (avec Dieu et avec les autres) et la création de codes de comportement et d'accords internationaux reflétant cette conscience modifieraient la réalité politique, économique et spirituelle sur terre plus que tous les enseignements de vos religions exclusivistes actuelles.

Voilà pourquoi, si vous voulez changer votre monde comme vous prétendez vouloir le faire, vous êtes invités à créer maintenant une Nouvelle Spiritualité fondée sur de Nouvelles Révélations. Car vos vieilles religions exclusivistes et vos théologies élitistes et séparatistes ne vous servent plus.

Vos plus grandes et vos plus puissantes religions organisées vous enseignent que vous êtes séparés les uns des autres et indignes de Dieu. Que vous êtes des créatures honteuses et coupables ; que vous êtes nés dans le péché et ne méritez pas d'être la poussière sous les pieds de Dieu. Elles vous volent votre estime de soi.

Elles vous enseignent à ne pas être trop fiers de vous-mêmes ni de vos talents et accomplissements. Qu'on ne doit ni contempler ni annoncer votre gloire, mais uniquement faire ressortir votre nature pécheresse. Que vous ne devez pas aller vers Dieu en souriant d'émerveillement devant votre magnificence, mais en implorant sa miséricorde pour vos innombrables transgressions.

Mais les gens à qui l'on dérobe leur estime personnelle dérobent celle des autres. Les gens qui ne s'aiment pas ne peuvent aimer les autres. Ceux qui se trouvent indignes trouvent les autres indignes.

Le message essentiel de la plupart des religions organisées n'est pas la joie, l'innocence ni la célébration de soi, mais la peur, la culpabilité et le déni de soi.

Il y a vingt ans, le rév. Robert H. Schuller, le pasteur chrétien américain qui a fondé la fameuse Crystal Cathedral à Garden Grove, en Californie, a dit dans son livre *Self-Esteem: The New Reformation* que l'on a besoin d'une nouvelle réforme dans l'Église pour l'éloigner de son message de peur et de culpabilité, de rétribution et de damnation et l'orienter vers une théologie de l'estime de soi.

«L'Église, a-t-il tout bonnement déclaré, ne génère absolument pas chez les êtres humains cette qualité de la personne qui ferait de notre monde une société sûre et saine»

Il a également dit que «les chrétiens et les ecclésiastiques sincères disposeront d'une plateforme théologique d'entente universelle s'ils peuvent se concerter sur le droit universel et le besoin inconditionnel de chaque personne d'être traitée avec grand respect, du simple fait qu'elle est humaine!»

Ce prêtre extraordinaire a également déclaré: «En tant que chrétien, théologien et ecclésiastique de tradition réformiste, je crois que l'Église peut continuer d'exister, même si elle peut gravement se tromper du point de vue substance, stratégie, style ou esprit.» Mais, finit-il par dire, «les théologiens doivent adopter une norme internationale, universelle, transconfessionnelle, transculturelle, transraciale».

Les observations du rév. Schuller étaient remarquablement justes et incroyablement courageuses. *J'espère qu'il est fier de lui!*

Je propose que cette norme internationale, universelle, transconfessionnelle, transculturelle, transraciale soit l'affirmation suivante: «Nous ne faisons tous qu'Un. Notre voie n'est pas la meilleure; elle n'est qu'une parmi les autres.»

Ce peut être l'évangile d'une Nouvelle Spiritualité. Ce peut être une sorte de spiritualité qui redonne les gens à eux-mêmes.

C'est le travail que je t'invite à faire dans le monde. Les gens redeviennent eux-mêmes lorsqu'on leur redonne l'idée la plus élevée d'eux-mêmes et qu'on leur permet de l'annoncer. Tu redonnes les gens à eux-mêmes lorsque *tu l'annonces en leur nom.*

Ne laisse passer aucune occasion de dire à quelqu'un à quel point il est magnifique. D'offrir des louanges. Offre aux gens l'estime de soi, et tu leur auras fait un don que beaucoup n'auront pas les moyens de s'offrir. Mais lorsqu'ils se trouveront grâce à toi, et reviendront à leur vision la plus glorieuse et à leur propre idée la plus grandiose de qui ils sont vraiment, ils ne seront plus perdus, car tu les auras rendus à eux-mêmes. Ils étaient perdus, mais ils sont retrouvés.

Pour changer le comportement des gens, change l'idée qu'ils se font d'eux-mêmes. Et pour

changer les idées qu'ils se font d'eux-mêmes,
change leurs croyances à propos de la Vie et de
Dieu.

Si tu crois être né dans le péché, et être à
jamais un pécheur, comment seras-tu susceptible
d'agir? Mais si tu crois ne faire qu'Un avec Dieu,
marcher au pas du Divin, comment, alors, te
comporteras-tu?

Je te déclare ceci : Tu es un ange.

Tu es l'ange que quelqu'un attend aujourd'hui.

C'est l'une des choses les plus merveilleuses qui m'ait
jamais été dite. Je voudrais tant que ce soit vrai.

C'*est* vrai. Mais si tu ne peux le croire, c'est peut-
être parce qu'on t'a laissé croire que tu étais un
pécheur indigne.

Je suis d'accord avec toi. Et je ne suis pas le seul.

«Comme je crois en un Dieu qui aime, purifie et par-
donne, disait le rabbin Harold S. Kushner, et comme je suis
partisan de la religion en tant que remède pour les affections
de l'âme, je suis gêné lorsque l'on utilise la religion pour
provoquer la culpabilité plutôt que pour la guérir, et lorsque je
rencontre autant de gens, de toutes confessions, qui se disent
constamment alourdis de sentiments de culpabilité et
d'inadéquation parce qu'ils "ont commis l'erreur de prendre la
religion au sérieux" durant leur enfance.»

Dans son livre *How Good Do We Have to Be?*, le rabbin
Kushner écrit aussi : «Il est si triste de rencontrer des gens qui
se croient aussi profondément religieux et de découvrir que ce
qu'ils imaginent être la religion est en fait une peur puérile de
perdre l'amour de Dieu s'ils vont à l'encontre de sa volonté.»

Le rabbin Kushner a parlé d'une voix courageuse, claire et sincère.

Maintenant, tu as le choix entre deux croyances. Je dis que tu es mon ange. Tu affirmes que tu n'es qu'un humble pécheur obséquieux.

Quelle croyance, d'après toi, te sert davantage? Et laquelle, selon toi, sert mieux l'humanité?

25

Tu rends tout cela tellement... irrésistible. Je ne sais pas quoi dire.

Tu n'as qu'à proférer la vérité, puis à l'être. Dis seulement quelques mots et ton âme sera guérie.

«Je suis un ange. Je ne fais qu'Un avec Dieu, et Dieu est Un avec moi.»

Bien. Très bien.

Est-ce que cela peut être vrai? Vraiment vrai? Je ne suis pas séparé de toi? Toute ma vie, on m'a répété...

Vos religions élitistes, exclusivistes, ne vous ont pas servis et n'ont pas servi l'humanité, mais ont créé chez vous un immense malentendu. Car ces religions apportent un message de séparation de Dieu, alors qu'en réalité vous êtes éternellement unis à moi.

Tu dis que, fondamentalement, toute la *vie* est unifiée.

Oui.

Mais les humains ont toujours eu à l'esprit une question à ce sujet. La science essaie de résoudre cette question depuis des siècles, n'est-ce pas? N'est-ce pas le but de la recherche d'une théorie du champ unifié?

C'est exactement cela.

Et maintenant, nous entendons des termes comme la théorie des supercordes et autres descriptions semblables dans la bouche de nos physiciens lorsqu'ils tentent de nous expliquer scientifiquement ce que tu viens de nous expliquer en fonction d'une approche spirituelle.

Oui, la science et la spiritualité se rejoignent de plus en plus sur votre planète, et on découvrira bientôt qu'elles n'ont toujours fait qu'une. C'est la même discipline abordée sous deux angles différents. C'est l'étude de la vie, de ce qu'elle est réellement, examinée et explorée selon des points de vue différents.

Très bientôt, à présent, la science confirmera bien des choses que la spiritualité vous a toujours dites.

Alors, l'espèce humaine sera confrontée à des décisions éthiques et philosophiques sans précédent.

Qu'est-ce que cela signifie? Je ne comprends pas.

La spiritualité vous a appris que la vie est éternelle, que vous êtes immortels et que la mort n'est qu'un horizon. La science est maintenant sur le point de vous montrer cela – et de vous montrer des façons de repousser cet horizon très loin dans le futur.

Tu veux dire à élargir nos vies?

Oui. Au-delà de tout ce que vous auriez pu imaginer.

La spiritualité vous a appris que vous créez votre propre réalité, que vous détenez en vous tous les secrets et le pouvoir de la vie. La science est maintenant sur le point de vous le montrer – et de vous montrer des façons d'utiliser ce pouvoir et ces secrets.

La spiritualité vous a appris que vous étiez Dieu. Non seulement que vous *faites partie de Dieu*, mais que vous *êtes des dieux sous forme humaine*. («Ne vous ai-je pas dit que vous étiez des dieux?») La science est sur le point de vous le montrer – et de vous montrer des façons d'agir sur la vie avec le pouvoir de dieux.

Lorsque vous commencerez à pouvoir le faire – et cela viendra bientôt, ce n'est pas une question de décennies, mais d'années, et même de mois –, vous serez confrontés à bien des décisions. «Allons-nous jouer à Dieu?» vous demanderez-vous.

Ce sera la question centrale du XXIe siècle.

Dans quelle mesure devrez-vous «interférer» dans des questions qui, selon vous, étaient censées être «laissées à Dieu», et dans quelle mesure Dieu vous demande-t-il d'utiliser les outils qu'*il* vous a laissés pour accomplir des miracles ?

C'est là le genre de questions éthiques que les religions espèrent vous préparer à poser à l'avenir, tout comme elles ont tenté dans le passé de vous aider à prendre des décisions d'ordre social, politique et économique. Mais à moins d'élargir leurs propres systèmes de croyances, les religions (si bien intentionnées soient-elles) n'auront pas plus de succès demain qu'elles n'en ont eu hier.

La religion organisée devra largement étendre et approfondir ses conceptions de la Vie et de Dieu avant de pouvoir s'attaquer aux problèmes d'*aujourd'hui*, encore plus à ceux de demain.

Les problèmes de demain seront-ils pires encore ?

Pas pires, mais plus complexes. Il serait difficile d'avoir de pires problèmes à affronter que la menace de votre propre extinction, que vous affrontez à ce jour. Mais les défis de demain seront beaucoup plus compliqués que la simple question de vouloir vivre ou mourir.

Plus compliqués que la question de vouloir vivre ?

Oui. À l'avenir, si vous dépassez cette décision, la question ne sera pas de savoir *si* vous voulez vivre, mais *comment*. Et combien de temps.

D'accord, minute. Tu as ouvert tout un champ de discussion. D'abord, tu ramènes les problèmes d'aujourd'hui à une «simple question» de vouloir vivre ou mourir. Est-ce ainsi que tu le vois ?

Certainement, car c'est vraiment ainsi. C'est tout ce que l'espèce humaine est en train de décider à présent.

Comme pour la plupart des cultures naissantes, votre espèce est en train de prendre l'une des toutes premières décisions de son développement : veut-elle continuer ou choisit-elle l'extinction ? Veut-elle survivre ou choisit-elle l'autodestruction ?

En effectuant chacun de vos choix à ce stade premier de votre développement, vous prenez une décision plus vaste.

Je suis certain que nous ne le voyons pas ainsi.

Non, en effet, et c'est caractéristique d'une culture aux premiers stades de son développement. Comme des enfants, vous ne voyez pas les implications à long terme de vos décisions momentanées. Comme des enfants, vous ne vous intéressez surtout qu'aux résultats à court terme. Vous voulez ce que vous voulez, et vous le voulez maintenant.

Mais en passant de l'enfance de votre culture à son adolescence, vous identifierez peu à peu des buts à long terme ne pouvant être atteints par une pensée à court terme. La gratification instantanée devra être remplacée par des satisfactions à long terme, si vous voulez prolonger votre existence et en faire une expérience paisible et joyeuse.

Ce n'est aucunement une question fermée. Ce n'est aucunement une décision déjà prise. Si vous aviez déjà décidé de le faire, vous ne vous comporteriez pas comme vous le faites, à bien des égards, individuellement et collectivement.

En un sens très réel, vous prenez cette décision chaque jour, à chaque instant. Chaque moment est un «point de choix». C'est à chaque instant que vous décidez si vous voulez «vivre longtemps et prospérer», comme dirait M. Spock, votre personnage de science-fiction populaire à la télévision, ou mourir jeune.

Nous décidons cela à chaque instant?

Ah oui, pour vous-mêmes et pour votre espèce. De certaines façons évidentes et d'autres façons subtiles. Votre décision de respirer est un choix de vie. Votre décision de manger en est un autre.

Oui, *bien sûr*, sur ce plan-*là*, nous choisissons entre la vie et la mort, mais qui décide de ne pas respirer? Qui décide de ne pas manger?

Toutes sortes de gens prennent ces décisions à tout moment. Tu n'as jamais entendu parler d'une personne qui avait décidé de cesser de manger? Ou qui avait demandé qu'on débranche un respirateur?

Ce n'est pas juste. Ces gens sont déjà en train de mourir, et on les garde en vie en adoptant des mesures extraordinaires. Ils demandent tout simplement des «mesures non extraordinaires».

Et s'ils sont en train de mourir, c'est à cause *d'autres* décisions qu'ils ont prises *tout au long de leur vie*. Des décisions collectives et individuelles. Celle de polluer l'environnement, puis de vivre dans la pollution. Celle d'empoisonner le sol, puis de consommer des aliments cultivés dans ce poison. Celle d'inhaler et d'ingérer des choses qui ne devraient jamais entrer dans le corps, n'ont rien à voir avec celui-ci, n'y sont pas à leur place. Toutes *sortes* de décisions, petites et grandes, prises tout au long du jour, chaque jour.

Ces décisions ne sont pas pour vous des «questions de vie ou de mort», parce que vous êtes une culture en éveil, c'est-à-dire pas encore pleinement consciente des conséquences de ses propres actions – et lorsque vous *êtes* conscients, vous ignorez ce que vous savez parce que vous ne pouvez refuser une gratification à court terme.

À mesure que vous acquerrez de la maturité, individuellement et en tant qu'espèce, vous abandonnerez la gratification à court terme en faveur de buts à long terme, et un grand nombre de vos choix et comportements quotidiens et momentanés changeront.

Puis, vous finirez par décider que vous voulez vivre longtemps et prospérer, et que vous souhaitez la même chose à toute votre espèce. C'est alors que les questions plus complexes surgiront.

J'y ai pensé, et je crois connaître le genre de questions dont tu parles.

Oui? Bien. Quelles sont-elles, d'après toi?

Eh bien, j'ai lu un article paru le 8 mars 2002 dans l'*Arizona Republic*, un texte de l'Associated Press selon lequel «pour la première fois, des scientifiques disent avoir utilisé la technologie controversée du clonage thérapeutique pour traiter la maladie d'un animal de laboratoire».

L'article rapporte également ceci: «Selon certains experts, cela démontre le potentiel de cette approche pour corriger un grand nombre des maladies courantes qui affectent les humains.»

C'est exactement le genre de chose dont je parle. Et ce n'est que le début.

Je sais, je sais. Je viens également de prendre connaissance d'une nouveauté coûteuse qui va bientôt apparaître au menu des meilleurs restaurants : du steak de bœuf cloné.

Pardon ?

Du steak de bœuf cloné. *USA Today* annonçait, au printemps 2002, que «à la recherche du steak parfait, des scientifiques ont créé la première vache clonée à partir de la côte d'un bœuf âgé de deux jours. Cet exploit signifie que les producteurs de bétail pourraient choisir des cellules de bœuf d'une bête abattue après que sa viande eut été classée, puis créer un troupeau de clones de catégorie A. Ce premier clone est né à l'université de Géorgie et fait partie d'une collaboration sur le plan de la recherche entre le Collège des sciences agricoles et environnementales de cette institution et une compagnie privée».

Oui, eh bien, c'est un bon exemple de la direction qu'adopte votre société avec ses nouvelles technologies, et les humains vont très bientôt devoir prendre des décisions que vous n'auriez jamais imaginées.

La recherche sur les cellules souches va ouvrir des horizons que vous croyiez appartenir aux films de science-fiction, y compris la possibilité d'une forte longévité, la réparation de lésions corporelles, la guérison de maladies importantes au moyen d'une simple injection, et la prévention de nombreuses maladies graves par la manipulation génétique prénatale.

Ouah! Cela va soulever des questions comme: «Est-il approprié de laisser naître un enfant ayant une prédisposition génétique pour la dystrophie musculaire, par exemple, si la thérapie de transplantation génique prénatale peut l'empêcher? Ou: Qu'est-ce qui fait que c'est bien de traiter un enfant pour la sclérose en plaques *après* la naissance, mais pas *avant*?»

Exactement.

Mais n'est-ce pas à *Dieu* de décider quel enfant va pouvoir vivre normalement et lequel sera infirme? Nous ne sommes pas censés *l'empêcher*, n'est-ce pas? Si tu ne voulais pas qu'un enfant naisse infirme, tu ne l'aurais pas permis.

C'est ce que vous croyez?

Certains d'entre nous. Des choses arrivent parce que tu le veux. C'est la «volonté de Dieu».

Je vois. Et qui a fait en sorte que des chercheurs en médecine trouvent une façon d'empêcher de telles tragédies grâce à la thérapie génique prénatale?

Le diable! *C'est le diable qui les y a poussés!* C'est la science en folie! C'est aller trop loin! C'est ce que diront bien des gens. C'est ce que beaucoup expriment *déjà* maintenant. Oui. C'est ce que croient bien des gens sur terre: que Dieu décide quels humains souffrent et lesquels ne souffrent pas. L'humanité aura un grand choc en apprenant que *c'est vous tous qui prenez cette décision*. Vous la prenez chaque jour en faisant semblant du contraire.

Vous allez refuser de «jouer à Dieu» jusqu'à ce que vous ayez la preuve incontournable que vous étiez toujours *destinés* à agir en dieux.

Comme Hermann Kümmell à Hambourg à la fin du XIXe siècle, vos chercheurs auront beaucoup de difficulté à vous convaincre du bien-fondé des techniques médicales pour la prévention de maladies débilitantes, jusqu'à ce que vous ayez la preuve pénible (et je pèse mes mots : jusqu'à ce que vous ayez la preuve *pénible*) qu'il serait inhumain de ne pas le faire.

Écoute, si ce n'était qu'une question de science, cela ne ferait aucun doute. Mais vous n'avez pas permis que ce soit une pure question d'ordre scientifique. Vous en avez fait une question théologique.

La question s'embrume lorsque vous arrivez à ce que, selon vous, « Dieu » veut, lorsque vous commencez à proclamer que la génétique est le « domaine de Dieu » et non celui de la science médicale.

Cela devient maintenant une question « morale », une question de « bien » et de « mal », et non de fonctionnement.

Même si on peut démontrer que cela « fonctionne » pour prévenir des maladies débilitantes chez des enfants par la thérapie de transplantation génique avant la naissance, cela ne fera aucune différence. Des humains insisteront encore pour alléguer que c'est « mal » s'ils croient que c'est « immoral ».

C'est le genre de questions complexes que vous affronterez et de décisions difficiles que vous devrez prendre dans un avenir très proche et tout au long du XXIe siècle, en tenant pour acquis que vous répondez oui à la première question : « Voulons-nous survivre en tant qu'espèce ? »

Mais vous ne pourrez même pas explorer cette

question avec efficacité, encore moins y répondre, tant que vous vous considérerez comme étant séparés du monde, et c'est le message essentiel de vos systèmes de croyances actuels.

Mais je ne comprends pas pourquoi cette pensée (même si elle est inexacte) a constitué une force si destructive dans l'expérience humaine. Même si nous croyons ne pas faire qu'Un, les êtres qui se voient comme des individus ne peuvent-ils pas trouver une moyen de s'entendre?

Le problème est le suivant: l'instinct premier de votre espèce est la survie. Rappelle-toi ce que je t'ai dit. Les Principes fondamentaux de la Vie sont la Fonctionnalité, l'Adaptabilité et la Durabilité.

À ce stade de votre développement collectif, vous ne savez pas encore clairement que votre Durabilité n'est pas remise en question.

Tu veux dire qu'elle ne l'est pas?

Non. Il ne vous est pas possible de ne pas survivre. Cela vous sera expliqué plus tard, quand nous explorerons la Neuvième Nouvelle Révélation. Pour l'instant, je vais te demander de l'accepter.

D'accord.

Ce Que Vous Êtes (rappelle-toi, vous n'êtes *pas* votre corps) « survivra » toujours. Cela ne peut pas *ne pas* survivre, car c'est l'essence de la Vie même – et la Vie exprime le Principe de la Durabilité en vous, en tant que vous et à travers vous, éternellement.

Alors, il ne s'agit pas de savoir si vous survivrez, mais sous quelle forme.

À supposer que nous voulions survivre sous notre forme actuelle, une *forme humaine*?

Eh bien, évidemment, c'*est* la forme sous laquelle vous voulez survivre, en grande partie parce que vous n'en connaissez pas d'autre. Vous avez oublié. Vous ne vous rappelez pas.

Beaucoup d'entre vous ne sont même pas certains de survivre à la mort de leur corps, sous *aucune* autre forme. Il est donc compréhensible que vous soyez si profondément attachés à la survie dans le corps physique.

Qu'y a-t-il de mal à cela? C'est sain, à mon avis.

Il n'y a pas de mal à cela. On pourrait même affirmer que «cela fonctionne», pourvu que vous sachiez que ce «corps» auquel vous vous identifiez est beaucoup plus grand qu'il n'y paraît. Pourvu, en somme, que vous réalisiez que TOUS les corps font partie d'Un Seul Corps. Dans ce cas, votre lutte pour la survie sera *collective* et exprimera un Principe fondamental de Vie même, le principe de la Durabilité.

Si vous croyiez que tous les corps font partie d'Un Seul Corps, vous ne feriez rien pour réduire les chances de survie de toute l'humanité et feriez tout pour les augmenter.

C'est exactement le contraire de ce que vous faites maintenant.

Avec votre mauvais traitement de l'environnement, de votre écologie, votre mésusage de la politique et de l'économie, votre conception incomplète de la vérité spirituelle telle qu'elle s'exprime dans tant de vos religions, vos constructions mentales et vos conventions sociales erronées, et avec tous les comportements qui émergent de tout cela, vous faites bien des choses qui réduisent les chances de survie de la collectivité appelée humanité. *Tant* de choses, en fait, que ces chances diminuent de jour en jour.

Les humains les font précisément parce que la plupart n'ont pas l'impression de faire partie d'une collectivité. Ils se considèrent comme des *êtres séparés vivant des vies séparées* sur une planète où *d'autres êtres séparés vivent d'autres vies séparées.*

Et même s'ils savent et comprennent pleinement, sur un certain plan, que les êtres séparés peuvent faire mieux lorsqu'ils coopèrent les uns avec les autres, ils reviennent très vite à une mentalité de « survie du plus fort » chaque fois qu'eux ou leurs proches se sentent menacés.

Cette mentalité qui prône « ma survie d'abord et la vôtre ensuite si j'y consens et que je peux la supporter » (qui n'est pas celle de tous les humains, mais de la plupart) s'oppose au bien collectif et, en fait, crée un monde dans lequel le bien collectif est constamment menacé, et pourrait bientôt être détruit.

Parce que vous vous voyez comme des corps séparés, vous croyez que les expériences que vous vous créez ne sont vécues que par vous. Vous croyez aussi que vos pensées, vos paroles et vos gestes à l'égard des autres n'ont aucun effet direct sur vous. C'est cette idée qui permet aux humains de commettre des actes de violence impensables et impitoyables.

Mais ce ne sont pas tous les gestes humains et tous les êtres humains qui sont violents. En chaque personne, il y a de la bonté, du courage, de la charité, de la gentillesse et de la compassion.

C'est profondément vrai, et cela émerge souvent dans les comportements humains. Des gestes d'héroïsme et de gentillesse, de compassion et de bonté abondent dans les annales de l'histoire humaine, et ils sont en évidence partout aujourd'hui.

Alors, la question est de savoir quel aspect de la nature humaine va l'emporter.

Non!
Non, non, mille fois non.
La violence ne fait pas partie de la « nature humaine ».

Je déteste dire cela, mais d'après mes observations, cela me semble plutôt normal.

« Normal » n'est pas « naturel ».
Dire qu'une chose est *normale* signifie tout simplement qu'elle est fréquente et habituelle. Dire qu'une chose est *naturelle* signifie qu'elle fait intrinsèquement partie d'un ensemble.
La violence n'est pas intrinsèque chez les humains. Mais l'illusion de son efficacité dans la résolution des problèmes humains est devenue si répandue qu'on la *suppose naturelle* dans la condition humaine. Cependant, les humains ne sont pas violents *par nature*.

Certains assurent que la violence est dans la nature de la

vie. Ils prétendent que la vie même est violente. Ils soulignent la violence dans le règne animal, dans la nature, et dans l'univers, lorsque des étoiles explosent et implosent, des astéroïdes entrent en collision et des galaxies entières disparaissent, pour soutenir leur affirmation que, *bien entendu*, les humains sont violents par nature. *La violence est la nature des choses.*

Il y a une différence immense entre les résultats d'événements naturels (tels que le processus des systèmes stellaires que tu décris) et les résultats d'une création consciente (telle qu'une réaction violente et délibérée à une situation humaine).

Il y a également une différence entre la réaction instinctive d'une certaine espèce vivante et la réaction consciente des autres.

La vie s'exprime sur bien des plans de conscience. Plus le plan de conscience est élevé, plus grand est le degré d'autodétermination, plus grande est la capacité de choisir et de décider, d'annoncer et de déclarer, d'exprimer et d'accomplir l'idée la plus grandiose que l'on a de notre propre nature.

Tout acte est un acte d'autodéfinition.

Je suis confus. Je croyais t'avoir entendu dire que l'idée d'être «meilleur» cause des problèmes aux humains. À présent, tu avances que certains êtres vivants fonctionnent sur un plan de conscience plus élevé que d'autres. Comment tout cela est-il compatible avec ton affirmation précédente, à savoir que la supériorité est une illusion?

Un plan de conscience plus élevé n'est pas «meilleur» qu'un plan de conscience plus bas. Il n'est que plus élevé.

Le fait d'être en sixième année n'est pas « meilleur » que d'être en troisième. C'est tout simplement le fait d'être en sixième année. Selon leurs actions, leurs comportements, les animaux annoncent de quelle classe ils sont. Ainsi en est-il des humains.

Les animaux ne démontrent pas la vraie nature de la vie, mais *leur plan de conscience* à propos de la vraie nature de la vie. Ainsi font les humains, par leurs actions.

Les humains se sont déjà déclarés le plus grand accomplissement de Dieu, celui dont le développement est le plus élevé, capable de dominer les créatures qui rampent, les oiseaux qui volent et les poissons de la mer. Telle était leur arrogance.

Mon Dieu, c'est une vision qu'entretiennent *encore* certaines des religions du monde.

Oui. Mais c'est une vision que même les observateurs détachés du comportement humain ne peuvent plus entretenir sérieusement.

Alors, si la violence n'est *pas* naturelle, pourquoi est-elle si normale ? Pourquoi la colère est-elle un aspect aussi constant du comportement humain ?

Minute. Tu fais équivaloir violence et colère. Tu les fais paraître identiques. La colère et la violence sont deux choses et ne doivent pas être confondues.

La colère est une émotion naturelle. Il est fort naturel d'être parfois en colère. C'est également très correct et efficace, si vous voulez avoir une vie harmonieuse.

Quoi ? Je ne comprends pas. La colère m'a toujours paru dérangeante.

C'est parce que tu n'as pas connu de manière paisible et affectueuse de l'exprimer.

Exprimée avec amour, la colère *décharge* la dysharmonie, elle ne la *crée* pas.

Je n'ai jamais entendu cela. Je n'y ai jamais pensé ainsi.

C'est le seul rôle de la colère. Elle est intégrée à votre système. Elle fait partie de l'être humain. C'est une soupape qui libère de l'énergie négative.

Ce n'est pas le fait de libérer de l'énergie négative, mais celui de ne pas en libérer qui vous apportera des ennuis. Ce n'est pas l'expression de la colère, mais la façon dont elle est exprimée, qui vous donne des soucis.

La colère peut être libérée sous bien des formes qui n'impliquent aucune violence, ni physique ni verbale. Apprendre à libérer la colère ainsi, c'est un signe de maturité.

Comment faire ?

Diverses approches sont possibles, et bien des gens peuvent t'aider à les apprendre. Certaines personnes suivent des cours de gestion de la colère. D'autres apprennent à méditer. D'autres encore commencent tout simplement à faire de nouveaux choix sur la façon dont elles vont exprimer leur colère à partir de nouvelles décisions de qui elles sont. Si on veut sérieusement apprendre comment exprimer la colère avec amour, on peut trouver des ressources assez facilement.

Pour l'instant, comprends que la colère n'est pas une émotion négative, mais un guérisseur. La colère libère de l'énergie négative. Cela en fait une émotion positive qui t'aide à te débarrasser de ce dont tu ne veux pas, et à profiter d'une vie harmonieuse.

La colère et l'harmonie vont main dans la main. La colère *pleinement* exprimée, lorsqu'on *s'émerveille* de ses qualités thérapeutiques, est merveilleuse, et cela peut enrichir n'importe quel moment entre humains, car c'est le signe de l'authenticité et de la vérité, et il n'y a pas de plus grand guérisseur ni de meilleur raccourci vers l'harmonie.

La colère qui n'est pas merveilleusement exprimée, mais manifestée par la violence verbale ou physique, ne guérit pas mais inflige des blessures.

La blessure ne peut guérir la blessure, malgré tous ses efforts.

Alors, pourquoi continuons-nous de recourir à la violence comme moyen principal de tenter de résoudre les conflits?

Parce que celle-ci a été profondément injectée dans votre culture moderne.

Les humains l'ont permis de cent façons, qu'ils nient avec véhémence.

Certains humains nient avec véhémence que les images de violence (dans les films et à la télévision, dans les bandes dessinées, les jeux vidéo, et le constant déluge de scènes de violence sous toutes les formes concevables) ont un effet sur le comportement humain. Mais en même temps, ils versent des *millions de dollars* pour présenter *soixante secondes* d'images publicitaires au Super Bowl, précisément parce qu'ils *savent à quel point les images affectent le comportement humain.*

Sociologiquement, il semblerait impossible de conclure que les images violentes constamment présentées aux humains n'ont rien à voir avec le fait que ceux-ci conçoivent la violence comme un moyen acceptable de résoudre les conflits.

Et j'ajoute ceci : *Vous recevez ce que vous concevez.*

Le processus de la création humaine est fort simple. On peut l'appeler la « ception ».

La ception ? C'est un mot ?

C'est la composante dun mot qui décrit parfaitement le processus par lequel les humains mettent des créations en place. C'est ainsi que vous édifiez la vie que vous vivez.

Ensuite, une idée fait l'objet d'une con-ception. Partant, elle naît dans votre culture. Ensuite, c'est au tour de sa per-ception. Dès lors, vous adoptez un point de vue à son égard. Finalement, c'est sa ré-ception. Ici, vous en refaites l'expérience, cette fois sous forme physique. En définitive, elle est passée d'une pensée intérieure à une réalité physique extérieure.

Pour comprendre plus clairement, examinons comment ce processus a réussi à créer l'expérience de l'augmentation de la violence sur votre planète.

D'abord, remarquez que l'idée de pouvoir utiliser la violence comme solution efficace aux problèmes humains est née à bien des endroits de votre culture. Dans les temps anciens, il aurait été difficile pour bien des gens de concevoir une chose pareille. De nos jours, ce genre d'idées est même partagé par les très jeunes, de diverses manières.

À mesure que ce message faisait l'objet d'une dissémination étendue, les gens de votre espèce, en particulier les jeunes (qui n'ont aucun souvenir d'une époque où la violence n'était *pas* montrée comme la façon de résoudre des problèmes), se forment un point de vue personnel sur l'idée. Ce qui est passé par la con-ception fait maintenant l'objet d'une per-ception, et la violence est perçue comme efficace et par conséquent acceptable.

Cette idée revient alors à ceux qui y pensent. Elle retourne sous une manifestation physique. De la con-ception et la per-ception, elle passe maintenant à la ré-ception.

Les résultats de ce processus, vous les constatez chaque jour.

Mais les humains étaient violents longtemps avant que les technologies des médias ne répandent l'idée de violence comme moyen de résolution de conflits.

En effet, c'est vrai. Vos médias et vos technologies, votre capacité actuelle de partager d'une façon vivante et instantanée vos communications les plus violentes, n'ont fait qu'accentuer le problème jusqu'à des proportions menaçantes pour la planète. Mais le problème, comme tu le soulignes, existe depuis des siècles.

Il a d'abord émergé des premiers malentendus de l'homme à propos de la Vie et de Dieu. Relis la première portion de ce dialogue qui le décrit. En bref: les humains ont tenu pour acquis que les forces de la nature, de temps à autre apparemment dressées contre eux, résultaient des décisions conscientes d'un autre être plus fort qu'eux. D'où l'idée d'une Déité courroucée. Par la suite, les indigènes cherchèrent à ne pas «mettre les dieux en colère». En effet, ils développèrent des rituels pour les apaiser et les amadouer.

Plus tard, ces idées primitives firent place à une idée plus grande de la nature, mais il n'était pas si facile de se débarrasser de la superstition. Des systèmes de croyances avaient déjà été édifiés, et lorsque des preuves physiques solides du fonctionnement du monde démentirent ces croyances, celles-ci furent tout simplement ajustées pour accommoder la nouvelle connaissance.

Des religions organisées finirent par émerger, et nombre de ces institutions (en particulier celles qui promulguaient des doctrines de supériorité et d'exclusivité) encouragèrent la *perception* d'un Dieu en colère désireux que les choses aillent d'une façon, *la sienne*, et qu'il fallait apaiser et soudoyer.

Ainsi, la rétribution et la violence devinrent un trait divin, et il en est précisément question dans maints textes sacrés, comme nous l'avons vu souvent avec éloquence dans ce dialogue.

Et que les religions à l'origine de ces textes encouragent vraiment la violence ou non, un grand nombre de leurs fidèles, jusqu'ici, ont voulu *croire* que c'était le cas, car c'est sur ce genre de croyances que repose leur justification de choses injustifiables... en les appelant justice.

Je ne comprends toujours pas. À mesure que les humains se sont développées et ont développé une compréhension de plus en plus sophistiquée de la nature et de la vie et du fonctionnement de tout, ils auraient dû abandonner leur idée que la violence était «naturelle», et par conséquent correcte. Comment avons-nous pu continuer à croire cela?

Parce que cette croyance est soutenue par d'autres croyances *sous-jacentes* qui n'ont jamais été sérieusement remises en question.

Ce sont vos croyances les plus fondamentales, inculquées à la société tout aussi sûrement que la violence massive est inculquée dans votre culture actuelle.

Le mythe de la Création de presque toutes les cultures humaines raconte, sous une forme ou une autre, l'histoire d'une Déité en colère qui se sépara des humains par une tirade à propos de leur incapacité de lui obéir.

Pour renforcer ce message, les textes sacrés de presque toutes les religions principales contiennent des passages décrivant avec force les nombreux actes de colère et de violence d'un Dieu courroucé.

L'illusion de la désunion et de l'indignité (l'idée que toute la vie est séparée, plutôt qu'intrinsèquement unifiée, et que les humains sont en soi mauvais) est la cause de comportements dysfonctionnels et violents.

Les humains agissent avec violence parce qu'ils se croient seuls (isolés, en définitive) et qu'ils doivent, par tous les moyens, se préserver, se protéger et se défendre dans un monde de mal.

Et quel est ce «soi» qu'ils doivent défendre? Eh bien, c'est le corps, bien sûr. C'est ce qu'ils croient. Ainsi, la survie du corps devient la motivation première des humains, et chaque fois qu'ils sentent menacée la sécurité ou la survie de leur corps, ils *attaquent les autres pour défendre le soi qu'ils croient être, et appellent cela de l'auto-défense.*

Parce que vous avez vu d'autres corps comme le vôtre faire la chose que vous appelez «mourir», vous croyez que vous aussi, vous pouvez mourir, et ainsi, vous faites tout en votre pouvoir pour empêcher cela – car vous croyez que la mort est votre fin.

L'observation que le corps peut «mourir» (c'est-à-dire cesser de fonctionner) est juste, mais pas l'idée que *vous êtes votre corps.*

C'est là que repose votre confusion, c'est de là que provient votre peur, et c'est la source de toute l'horreur que vous avez créée collectivement et vécue conjointement au cours de votre vie sur terre.

Mais maintenant, il est temps que votre confusion prenne fin. Il est temps, à présent, que vous cessiez de créer l'enfer sur votre planète. Ou bien vous cesserez de le créer, ou bien vous créerez l'ultime horreur, qui sera la fin de la *vie* ici-bas.

Alors, voici mon invitation aujourd'hui :

Ne mettez pas fin à votre vie, mais à votre confusion.

26

C'est *vraiment* le choix qui nous reste, n'est-ce pas?

Oui, vraiment.

Si je l'ai énoncé en termes bruts, c'est pour que vous puissiez rapidement saisir la gravité de votre situation actuelle.

Ne vous y trompez pas. Vous vous êtes placés dans la situation la plus sinistre. Le cœur de millions d'humains a été rempli de désespoir, de colère, de haine et d'une intention désespérée. Et maintenant, grâce à la course de vos technologies modernes, vous avez accordé à ces humains en colère la capacité d'exprimer leur négativité avec des outils de destruction qui dépassent vos pires cauchemars.

Tu répètes sans cesse cet argument ! Veux-tu nous décourager complètement ?

Non, *j'essaie de vous réveiller.*

D'accord, d'accord. *Je suis déjà réveillé.* Mais maintenant que je suis éveillé, tout cela semble *pire*, plutôt que *meilleur.* Y a-t-il de l'espoir ?

Il y a un espoir *énorme* ! Une ouverture *extraordinaire* ! Une possibilité *saisissante* ! Mais vous devez à l'instant, *tout de suite*, saisir cette occasion.

Vous devez décider (ici et maintenant, ces jours-ci, et non dans quelque avenir lointain) si le monde doit être modelé avec des outils de dévastation ou de re-création, avec des paroles de haine ou d'espoir, avec des gestes de guerre ou de paix, avec des pensées de peur ou d'amour.

Vous devez décider si vous allez DÉtruire ou CONStruire.

Vous pouvez désormais vous détruire complètement, ou vous re-créer à neuf sous la prochaine version la plus grandiose de la plus grande vision que vous ayez jamais eue de qui vous êtes – en tant qu'individus et qu'espèce.

Comment pouvons-nous nous re-créer ? Comment pouvons-nous recréer un Nouvel Humain ? Une Nouvelle Société ? Une Nouvelle Spiritualité ? Une Nouvelle Politique ? Une Nouvelle Économie ? Un Nouveau Monde ? *Comment faire ?*

Puisque tu le redemandes, je te répondrai à nouveau. Commencez sur le plan de la croyance.

Je te dis que la cause première des problèmes de l'humanité, c'est ce que vous croyez tous. Mais bien des gens ne veulent pas le croire. Ils préfèrent s'en tenir aux croyances qui ont produit l'incroyable.

Vos systèmes de croyances actuels ont engendré une incroyable horreur, une incroyable dévastation, une incroyable destruction, une incroyable cruauté, une incroyable tristesse ou souffrance, une incroyable oppression, colère, haine et guerre, un incroyable conflit, un incroyable meurtre.

Le comportement des humains, les choses qu'ils se font les uns aux autres sont invraisemblables. Mais bien des humains préfèrent accepter ce qu'ils ne croient pas plutôt que changer ce qu'ils font.

Alors, c'est *vraiment* sans espoir...

Non, ce ne l'est pas, car pour la première fois depuis très longtemps, le nombre de ces gens est à la baisse.

Le nombre de ces gens qui voient que *leurs vieilles croyances ne fonctionnent plus* est à la hausse. Le nombre de gens prêts à dire : « Il doit y avoir un autre moyen » augmente sans cesse.

Ce nombre est rapidement en train d'atteindre une masse critique – et ce que tu peux faire, c'est l'aider à l'atteindre.

Alors, tu dois savoir une chose. La « masse critique » n'est pas si difficile à atteindre. Ce nombre n'est pas aussi élevé que ne le croient la plupart des gens. Un très petit pourcentage suffit à former une masse qui affectera l'ensemble.

La masse critique n'atteint pas la moitié, ni

25 ou 30 %. Ce n'est même pas 10 %. *On peut
atteindre cette masse critique avec moins de 5 %
de l'ensemble.*

Autrement dit, il suffit d'un seul domino pour
faire basculer le reste.

Je l'ai déjà répété. Ce qu'il faut à présent, c'est
un petit nombre de gens (un minuscule pourcentage) désireux de devenir (dans leurs pays, leur
ville, leur village, leur quartier, leur église, leur
synagogue, leur temple, leur mosquée, leurs
salles communautaires, leurs réunions de partis
politiques et même chez eux) le Premier Domino.

À quoi cela ressemble-t-il ? Comment peut-on faire cela ?

Cela ressemble à des gens qui défendent leurs
idées – mais qui sont d'abord prêts à examiner ce
en quoi ils croient, à mettre à l'épreuve leurs
croyances contre les résultats qui sont produits,
et à changer ce qu'ils croient, si le besoin s'en
manifeste clairement.

Autrement dit, cela ressemble à entreprendre les Cinq
Étapes de la Paix.

Oui. Chaque personne doit le faire individuellement.

Puis, cela revient à avoir l'ouverture d'esprit et
le courage d'explorer et d'examiner sérieusement
les nouvelles révélations qui sont données à
l'âme humaine lorsque le cœur humain s'ouvre
pour permettre ensuite à l'esprit de s'ouvrir aussi.

Vous pouvez prendre comme point de départ
ces Nouvelles Révélations. Ne les écartez pas du
revers de la main, n'en faites pas de louanges
excessives non plus, mais examinez-les plutôt en

profondeur. Voyez s'il pourrait y avoir une vérité en elles pour vous; déterminez s'il pourrait y avoir en elles de la valeur pour la race humaine.

Vous vous le devez. Aucune nouvelle construction théologique sérieuse n'a été présentée à la race humaine depuis des millénaires. Vos théologies n'ont pas subi d'expansion depuis cent générations. *Vous n'avez pas contesté votre Dieu depuis fort longtemps.*

Le temps est venu pour vous d'avoir plus de courage qu'aucune guerre ne vous en a demandé, qu'aucune épreuve ne vous en a exigé, qu'aucune souffrance ne vous en a requis. Le temps est venu pour vous de vous confronter sur le plan de la croyance. La raison pour laquelle cela exigera autant de courage, c'est que vos croyances forment la base de qui vous croyez être.

Vous devez vous contester.

Vous devez contester votre société.

Vous devez contester votre monde.

Vous devez collectivement vous demander:

Est-ce qui nous sommes? Est-ce qui nous choisissons d'être? Est-ce la seule façon connue de vivre? De nous comporter? Est-il possible qu'il y en ait une autre?

Cette autre façon pourrait-elle nous rapprocher de ce que nous disons, en tant qu'espèce, de ce que nous voulons vraiment? *Y a-t-il quelque chose que nous ne saisissons pas?* Avons-nous le courage de regarder sérieusement ce que cela pourrait être? D'accepter la réponse que notre recherche dévoile?

Comment pouvons-nous faire cette recherche, cette quête, d'une manière qui puisse faire une différence? Les gens se sont posé ces questions depuis toujours. Je ne vois pas pourquoi le fait de demander, de chercher ou même de trouver de nouvelles réponses change grand-chose au fonctionnement du monde ou de la vie. Les choses continuent plutôt comme avant.

L'action collective, c'est ce qu'il vous faut maintenant. Vous ne pouvez faire cela seuls, et aucun chef charismatique, aucun enseignant spirituel ne produira de miracle. Le temps des gourous venus changer le monde est fini. C'est désormais le temps de la conscience et de l'action collectives en vue de changer la réalité collective.

C'est ainsi que cela doit se passer, car votre réalité actuelle a été créée collectivement. Il est maintenant temps pour vous de la re-créer à neuf.

Par conséquent, travaillez en commun. Ne suivez pas de maîtres particuliers, mais maîtrisez individuellement la conscience collective. Puis, travaillez ensemble à éveiller le collectif appelé Humanité.

Le monde est prêt et capable d'entamer une telle action, car la communication de groupe a plus de possibilités que jamais. Le monde entier est maintenant relié. La planète entière est dorénavant branchée. Vous avez des outils que vous n'avez jamais eus.

Tu fais allusion à Internet?

À toutes vos technologies modernes. Toutes. Au réseau Internet. Aux téléphones portables (cellulaires). Aux télécopieurs. Au courrier électronique. Aux vidéos maison faciles à tourner. Aux CD que vous pouvez graver avec vos ordinateurs domestiques et envoyer partout.

Tout ce que vous voulez. Vous êtes passés à

l'ère de la communication mondiale facile et instantanée.

On a dit que le progrès rapide de vos technologies menaçait de détruire l'humanité. C'est également ce qui peut la sauver.

Utilisez-les pour créer la Nouvelle Réalité que vous voulez vivre. Pour créer le Nouvel Humain que vous souhaitez devenir. Pour bâtir la Nouvelle Spiritualité que vous voulez exprimer.

Mais prenez soin de les utiliser *collectivement*. Comme *l'action collective* est en train de détruire le monde, elle seule peut le sauver.

Oui. C'est pourquoi on a suggéré ici que les gens forment des groupes qui s'engageront collectivement à entreprendre les Cinq Étapes de la Paix. À faire signer des pétitions. À parrainer des discussions et des dialogues. À imprimer des brochures et des tracts.

À publier les Cinq Étapes dans le journal, quelque chose comme ceci :

EN VUE DE CRÉER L'HARMONIE DANS NOTRE MONDE, NOUS, SOUSSIGNÉS, NOUS ENGAGEONS PUBLIQUEMENT À ENTRE-PRENDRE CES CINQ ÉTAPES DE LA PAIX :

1. Nous reconnaissons que certaines vieilles croyances à propos de la Vie et de Dieu ne sont plus fonctionnelles.
2. Nous reconnaissons qu'il y a certains aspects de Dieu et de la Vie que nous ne comprenons pas, et dont la compréhension pourrait tout changer.
3. Nous sommes prêts à recevoir de nouvelles idées de Dieu et de la Vie, idées qui pourraient entraîner une nouvelle façon de vivre sur cette planète.
4. Nous sommes prêts à explorer et à examiner ces nouvelles idées et, si elles s'alignent à nos vérités et connaissances intérieures, à élargir notre système de croyances de manière à les inclure.
5. Nous sommes prêts à vivre en démontrant nos croyances.

Demandez à des personnages éminents de la communauté (y compris des leaders politiques et économiques) de signer cela avant de le publier, et incluez leurs signatures au bas. Lancez une vague de soutien. Amenez des groupes à s'engager : des groupes de citoyens, des groupes civiques et de services, ecclésiastiques et religieux, culturels et éducatifs, des groupes de citoyens âgés et de jeunes, des groupes gouvernementaux et législatifs. Créez des coalitions de groupes existant actuellement. Formez de nouveaux groupes. *Ne laissez pas filer cette idée.*

Mais que peut-on faire pour motiver les gens à monter ainsi au front ?

L'excitation de nouvelles possibilités. Et l'assurance qu'ils ont le pouvoir de changer le monde. Si les gens se croient impuissants, ils ne feront rien. Si les gens croient vraiment pouvoir agir, ils le feront.

Il faut d'abord les convaincre qu'ils peuvent agir. Ensuite, montrez-leur que cela peut être plus facile qu'ils ne l'imaginent s'ils commencent par créer un état d'être et s'ils laissent leurs gestes découler naturellement de leur état, au lieu de chercher quelque chose à faire seulement pour «faire quelque chose», sans rien changer à ce qu'ils sont.

Le fait d'agir n'est pas la seule solution. Depuis longtemps, la communauté mondiale tente de «faire quelque chose» à propos de ses problèmes. Rien n'a donné lieu à un changement durable. L'espèce humaine agit de la sorte depuis des siècles.

«Être quelque chose», voilà la réponse. Il y a longtemps que la communauté mondiale a tenté d'«être quelque chose» pour répondre à ses problèmes. Mais c'est pourtant ce qui produirait un changement durable si elle y arrivait. L'espèce humaine pourrait alors cesser d'agir comme elle l'a fait depuis des siècles.

Lorsque votre action est un reflet de votre être, plutôt qu'une tentative en vue de provoquer ce que vous voudriez être, vous savez que vous avez déclenché un changement *en vous-même*. Voilà ce qui produit un changement durable dans le monde.

Rappelez-vous ce qui a été dit plus tôt. Vous ne pouvez «faire» paisible, vous ne pouvez qu'«être» paisible. Vous ne pouvez «faire» amoureux, vous ne pouvez qu'«être» amoureux. Vous ne pouvez «faire» unis, vous ne pouvez qu'«être» unis.

Cherchez alors à transformer votre état d'être. Ne cherchez pas d'abord à changer le monde ;

cherchez d'abord à changer le soi.

Lorsque vous y serez arrivés, vos actions changeront *automatiquement*.

Minute. Ne cherchez pas à changer le monde? *Toute cette conversation* a porté sur le fait de changer le monde!

J'ai dit: ne cherchez pas *d'abord* à changer le monde. Vous ne changerez pas le monde en essayant d'abord de changer le monde. Vous changerez le monde en vous changeant d'abord vous-mêmes. Vous devez d'abord décider certaines choses importantes sur vous-mêmes, en venir à certaines nouvelles conclusions en vous-mêmes à propos de qui vous êtes, de Dieu et de la Vie, *puis commencer à vivre ces décisions.*

En fait, ce processus intérieur peut créer des changements dans le monde qui vous entoure, car le monde que vous rejoindrez se transformera à votre contact.

Votre être et votre *manière* d'être affectent le monde dans une plus grande mesure que vous ne l'imaginez. Mais rappelez-vous ceci: vous ne pourrez atteindre la paix intérieure dans l'agitation, encore moins la paix extérieure.

Par conséquent, ne reliez pas vos efforts de transformation personnelle à un résultat appelé transformation planétaire, sinon vous pourriez n'en obtenir aucun.

Partagez avec les gens du monde entier, si vous voulez, mais partagez avec eux non pas ce que devrait être leur expérience selon vous, mais ce qu'a été la vôtre. Enseignez aux autres s'ils vous le demandent, mais ne leur enseignez pas que *vous* avez leurs réponses, mais qu'ils ont les leurs.

Et cessez de vous attendre à ce que l'une ou l'autre de vos décisions ou informations sur qui vous êtes et ce que vous choisissez d'être ait quelque impact sur quoi que ce soit ou qui que ce soit d'autre que vous.

N'exigez pas ces résultats.

Pourquoi? Je ne comprends tout simplement pas. Les résultats ne nous apportent-ils pas un sentiment de satisfaction qui nous permet de continuer?

Si ce sont les résultats qui vous apportent le sentiment de satisfaction vous permettant de continuer, alors le *manque* de résultats vous apportera un sentiment de frustration qui vous poussera à *ne pas* continuer. Et ainsi, vous vous mettrez en échec.

Je vois, mais comment pouvons-nous éviter cela?

En étant clairs dès le départ quant à la *raison* qui vous pousse à vous engager dans tout ce que vous êtes et faites.

Et c'est?

L'accomplissement de soi. Le fait d'accomplir le Soi sur le plan le plus élevé. Le fait de savoir qui vous êtes vraiment et d'en faire l'expérience.

Cela s'appelle l'évolution.

C'est l'œuvre de toute l'humanité. Et c'est sa joie. Car votre joie consiste à grandir et à connaître cette grandeur. L'espèce entière évolue de cette façon, et d'aucune autre.

Ne changez pas vos croyances parce que vous voulez que d'autres changent les leurs. Changez-les parce que les nouvelles annoncent plus exactement qui *vous* êtes.

Mais alors même que vous changez, ne soyez pas surpris si d'autres changent et si le monde qui vous entoure change aussi. Car le changement en catalysera un chez les autres. Non pas parce que vous aurez *cherché* à amener le changement chez les autres, mais plus probablement parce que vous ne l'aurez pas cherché.

Les gens ne changent pas parce qu'on leur dit de changer. Ils peuvent temporairement modifier leur comportement parce que ceux qui ont du pouvoir sur eux leur ont demandé de le faire, mais ce n'est pas un véritable changement. Ce n'est qu'un changement superficiel du comportement extérieur. La vérité intérieure n'a pas changé. Dès que le pouvoir a été levé, ou ne peut plus être exercé, les gens reviennent au comportement qui a été motivé par leur vérité intérieure.

Tout parent d'adolescent le sait.

Tout tyran le sait.

Le changement est un geste de liberté, et non d'obéissance.

L'obéissance n'est pas la création, et la création est le seul geste d'évolution.

Par conséquent, ne cherchez pas à changer le monde. Cherchez à ÊTRE le changement que vous voulez VOIR dans le monde.

Est-ce que ce n'est pas Gandhi qui a dit ça?

Oui. Et il en a fait la démonstration.

Il a d'abord atteint un état d'être. C'est le travail qu'il a fait de l'intérieur. Ce n'est qu'ensuite que son « effort » extérieur est devenu le genre d'« effort » qui a changé le monde.

Il n'a pas atteint un état d'être à la suite de ce

qu'il faisait. *Ce qu'il faisait reflétait l'état d'être qu'il avait atteint.*

Comprends-tu cela, à présent ?

Je comprends, tu l'as d'ailleurs fort bien expliqué, mais je ne sais pas comment le faire *fonctionner.* Comment démarrer, comment susciter tout cela. Comment change-t-on son état d'être intérieur ? Ce qu'on fait n'affecte-t-il pas ce qu'on est ? L'écoute d'une musique douce n'aide-t-elle pas parfois à « être » plus calme ? La prière ou la méditation n'aide-t-elle pas parfois à « être » en paix ?

Oui. Tu peux atteindre un état d'être par ce que tu fais. Tu as bien raison là-dessus. Tu l'as remarqué, et c'est vrai. Mais atteindre un espace d'être en faisant quelque chose, c'est prendre un très long détour. Et surtout, c'est généralement temporaire.

Pour la plupart des gens, il ne suffit pas de faire jouer une musique douce pour rester calmes toute leur vie. Pour la plupart, il ne suffit pas de prier pour vivre en paix à chaque instant.

Si l'on décide de *procéder* d'un espace de paix et d'amour, au lieu d'essayer d'y *arriver,* cela change tout. Cela modifie complètement l'axe de votre expérience. Cela place en vous ce que vous désirez, plutôt qu'à l'extérieur. Cela vous le rend accessible n'importe quand, n'importe où.

C'est le pouvoir authentique. Le genre de pouvoir qui change des vies et le monde.

Ce niveau de paix intérieure complète et d'amour total pour toute l'humanité peut être atteint en un instant. Mais cela peut aussi prendre toute une vie. Tout dépend de vous, de la profondeur de votre désir.

Vous pouvez atteindre l'état d'être intérieur que

vous voulez : il suffit de le choisir et de le susciter.

À présent, la plupart de vos états d'être sont des «réactions». Ils n'ont pas à en être. Vous pouvez en faire des «créations».

Peux-tu m'expliquer ? Qu'entends-tu par là ? De quoi parles-tu exactement ?

Laisse-moi te donner un exemple en guise d'explication.

Maintenant, quand tu passes à un instant donné, tu le fais rarement dans un état déterminé à l'avance. Tu attends de voir ce que l'instant contient et fournit, puis tu y réagis par un état donné.

Peut-être la tristesse. Peut-être le bonheur. Peut-être la déception ou la joie.

Mais suppose, maintenant, que tu aies décidé à l'avance comment tu seras à cet instant. Suppose que tu aies décidé d'être paisible, peu importe comment se présente cet instant. Crois-tu que cela ferait une différence dans ta façon de vivre l'instant même ?

Bien sûr que oui.

Laisse-moi te dire une chose. C'est lorsque tu décides comment tu vas te présenter avant l'instant que tu commences à passer à la maîtrise. Tu as alors appris à maîtriser l'instant : c'est le début de la maîtrise de la vie.

Lorsque tu décides à l'avance que ton état d'être intérieur sera fait de paix et d'amour, de compréhension et de compassion, de partage et de pardon, peu importe ce qu'apportera l'instant extérieur, le monde extérieur perdra son pouvoir sur toi.

Les autres ne peuvent te convaincre de te joindre à eux dans leurs comportements si ces derniers ne coïncident pas avec ton état d'être intérieur. Les chefs politiques et religieux chercheront à te rallier à leur cause, mais cela ne servira à rien – sauf si tu es en harmonie au plus profond de ton être avec ce qu'ils expriment ou font.

Cela paraît si merveilleux ! Mais qu'est-ce qui pourrait me faire choisir un état d'être intérieur différent de ce que le monde extérieur m'envoie ? Comment puis-je « être » quelque chose que le monde ne me laisse pas être ? Saisis-tu ma question ? Par exemple, comment puis-je être « en paix » si le monde est en train de se détruire ?

Tu peux être en paix malgré les gestes du monde extérieur – et la merveilleuse ironie de cela, c'est que les gestes du monde extérieur seront très souvent affectés par ce que tu fais.

Je suis certain que tu as déjà entendu ce conseil : si tu rencontres un serpent à sonnette, la meilleure chose à faire est de rester calme, de reculer lentement, et tu t'en tireras sain et sauf. Il ne faut surtout pas te retourner en courant.

Et je suis certain que tu as déjà entendu cet autre conseil : lorsque tu montes un cheval, il ne faut surtout pas qu'il sente que tu as peur. Si tu ne lui donnes pas l'impression de maîtriser la situation, il prendra le contrôle.

Tu as déjà entendu cela, non ?

Oui.

Bien. J'utilise ici ces deux exemples comme des métaphores de la vie.

Comment restes-tu en paix lorsque le monde démontre tout sauf la paix ? Dans l'amour, lorsque le monde démontre tout sauf l'amour ? Dans le pardon, lorsque le monde démontre tout sauf le pardon?

Tu insistes pour être qui tu es, peu importe l'état du reste du monde.

Lentement, le monde que tu rejoins changera.

À présent, imagine ce qui se passerait si chacun faisait cela.

Mais tu ne peux insister pour être qui tu es si tu ne *sais* pas qui tu es. Ainsi, cette décision doit être prise *à l'avance.*

Rappelle-toi toujours ceci : tu es ton « être ».

Tu n'es pas ton « faire ».

Tu es un *être* humain.

27

Dieu, avec toi, tout cela paraît tellement facile. Mais ce ne l'est *pas*.

Les plus efficaces de vos maîtres et enseignants sur terre ont démontré que ce l'était.

Nous y revoilà. Crois-tu que nous puissions être comme eux?

Ils l'ont tous *promis*! N'était-ce pas leur plus grande promesse?

Bien des maîtres spirituels ont partagé avec vous le secret: le fait de décider qui tu es vraiment, et de l'être, est le moyen le plus rapide d'affecter et de créer ton être intérieur et ton monde extérieur. Ce n'est pas un nouvel enseignement. Mais ce qui peut être nouveau, c'est ta décision de l'essayer.

Je l'*ai* essayé. Toute la race humaine l'a essayé. Crois-tu que nous n'ayons jamais entendu ces choses? Que nous ne les ayons pas essayées?

Je remarque que bien des humains ont une peur bleue d'essayer *vraiment*. De retrouver la souveraineté de leur propre vie, de croire que Dieu leur a donné ce pouvoir, et même cette autorité.

Je remarque que bien des humains ont peur de croire que la sagesse de la divinité repose en eux.

Que bien des humains se sentiraient vraiment coupables de créer une Nouvelle Spiritualité fondée sur leurs véritables conversations avec Dieu, de former une authentique amitié avec Dieu et de créer une expérience de communion avec lui.

Je remarque que la peur et la culpabilité sont les plus grands ennemis des humains.

De quoi avons-nous si peur?

Eh bien, de moi, évidemment! Vous avez peur de la mort, c'est clair, mais c'est à cause de ce qu'on vous a dit à propos de la Vie et de Dieu.

La plupart des humains ont tellement peur de mourir qu'ils ont peur de vivre. Ainsi, ils *cèdent* leur vie à ceux qui n'ont *pas* peur de mourir: les pilotes kamikazes et les pays qui ont les plus grandes armées et le plus grand nombre de bombes.

Mais vous ne pouvez continuer ainsi. Votre monde ne peut survivre si la peur est son principe éclaireur. L'amour doit devenir ce principe éclaireur.

Mais comment pouvons-nous croire en l'amour et ne pas craindre de mourir? On nous a enseigné à croire en un Dieu qui nous aime sans amour, puis qui nous laisse mourir et nous punit après la mort.

C'est pourquoi, pour vivre dans la paix et l'harmonie, vous devez changer votre monde sur le plan des croyances. Une personne à la fois. À commencer par toi.

Et maintenant, je t'ai donné de nouveaux outils. Ici, dans cette conversation, tu as pris connaissance de nouvelles étapes qui peuvent t'éloigner de la peur et te rapprocher de l'amour. Ici, certaines nouvelles révélations peuvent t'aider à trouver la voie.

Ce sont des affirmations philosophiques et théologiques majeures. Elles comportent des implications monumentales pour toute l'humanité.

Et maintenant, je veux t'apporter la dernière de ces révélations. Considère-la avec soin. Pénètre bien son message global.

Voici la **NEUVIÈME NOUVELLE RÉVÉLATION**: *Vous ne pouvez mourir et ne serez jamais condamnés à la damnation éternelle.*

Oh, mon Dieu, si c'était vrai, cela changerait tout!

Mais c'*est* vrai, et cela *changera* tout dès que vous déciderez d'en faire votre vérité personnelle.

La plupart des religions de votre monde ont enseigné les quatre premiers mots de cette vérité, mais ce qu'elles vous ont dit après ces mots a transformé cette vérité en cauchemar.

Elles vous ont dit que votre âme ne mourrait jamais, mais aussi que votre âme pourrait passer l'éternité en enfer. Et leur description de ce qui pourrait vous *faire* passer l'éternité en enfer (ou au ciel) *a créé un enfer sur la Terre*. Car certaines religions vous ont enseigné que *le meurtre* pour les «bonnes raisons» vous enverra droit au ciel, et d'autres, que le fait de *croire en Dieu*, mais «de la mauvaise façon», vous enverra droit en enfer.

De quoi nous donner le tournis!

Je vous déclare maintenant que ces enseignements sont intégralement et complètement faux.

Ils ont été apportés dans votre monde non pas par Dieu, mais par des humains. Des humains qui tenaient pour acquis que Dieu est coléreux, vindicatif, vengeur et punisseur parce que les *humains* le sont.

Des humains qui ont imaginé que Dieu est tracassier, pinailleur, exigeant et exclusif parce que les humains le sont.

Des humains qui ont cru que Dieu avait conçu la vie éternelle à partir d'un système de récompenses et de punitions parce que les humains fondaient la vie sur terre sur un tel système.

La récompense et la punition, comme je l'ai souligné, constituent une convention sociale humaine qui n'a rien à voir avec la divinité. Ce n'est pas une notion divine, mais un stratagème humain qui remplace la notion divine d'amour inconditionnel.

La récompense et la punition constituent la tentative humaine d'exprimer le Principe de Vie de la Durabilité. Les humains ont créé des «récompenses» et des «punitions» pour se motiver à adapter leurs comportements aux volontés qu'ils prêtaient à Dieu. Mais cette convention sociale est déformée par les erreurs qu'ils entretiennent à propos de Dieu et de la Vie – et ainsi, certains font montre d'un comportement dont *aucun* Dieu ne pourrait *jamais* vouloir.

Bien entendu, ce n'est pas le cas de millions de gens qui voient de la beauté dans la profondeur de l'âme, qui répandent et partagent cette beauté partout où ils vont.

Ils n'enseignent que l'amour et apportent la guérison par leur simple état d'être. Vous connaissez tous ce genre de personnes. Il est tout à fait possible que vous en soyez. Il est absolument certain que vous cherchiez à en être, sinon vous vous engageriez difficilement dans le genre de travail de croissance spirituelle et personnelle qui pourrait vous mener à ce genre de conversation avec Dieu.

Ainsi, c'est à vous que vont les remerciements de l'humanité. C'est sur vous que repose l'espoir de l'humanité. C'est en vous que réside la vision la plus élevée de l'humanité.

C'est une vision qui s'élève au-delà des croyances limitées de l'humanité dans les choses qui ne sont pas vraies.

Certains voient le monde tel qu'il est et demandent «Pourquoi?». Et d'autres rêvent de choses qui n'ont jamais existé et demandent «Pourquoi pas?».

À ceux qui rêvent les rêves des anges, je déclare que je les aiderai à créer ce rêve et à le transformer en réalité.

C'est ainsi que je suis venu vous apporter cette Neuvième Nouvelle Révélation, et vous la répéter maintenant, afin que l'humanité ne puisse la manquer et l'ignorer, ni ignorer ses implications:

Vous ne pouvez mourir et ne serez jamais condamnés à la damnation éternelle.

Avec cette dernière Nouvelle Révélation vient votre vision. À travers elle vient votre liberté et votre mouvement dans votre Soi véritable.

Lorsque vous comprendrez que vous n'êtes pas votre corps et que Qui Vous Êtes ne pourra jamais mourir ET... que vous ne serez jamais condamnés par un Dieu de jugement, de colère et de vengeance... ALORS vos inquiétudes de toujours à propos de votre heureuse survie prendront fin.

La fin de ces soucis vous transformera complètement et vous poussera à interagir avec le monde d'une façon tout à fait nouvelle. Vous deviendrez littéralement un Nouvel Humain. Vous vivrez naturellement une Nouvelle Spiritualité. Et vous créerez spontanément une Nouvelle Société.

Vous serez enthousiasmés par votre nouveau regard sur la vie et les gens, et par votre manière de les aborder. Vous serez soulevés par vos nouvelles priorités et vos nouvelles idées sur l'importance des choses – y compris celles, il va sans dire, pour lesquelles vous étiez prêts à vous entretuer.

Vous serez étonnés du fait d'avoir tourné en rond toutes ces années, comme dans un labyrinthe. Votre enfoncement dans ce cycle de violence aura été étonnant, et vous en serez libérés par votre rédemption.

Mais si nous croyions ne jamais être jugés ni condamnés, nous n'aurions aucune raison d'être « sauvés » de quoi que ce soit. *Et alors, qu'est-ce qui nous empêcherait de faire pire que jamais ?*

Avez-vous besoin de la menace de la damnation éternelle pour ne pas blesser les autres, pour faire ce qui est dans le meilleur intérêt de tous?

Nous ne sommes pas convaincus qu'il soit dans notre meilleur intérêt d'agir dans le meilleur intérêt de tous. Nous croyons qu'il est dans notre meilleur intérêt d'agir d'abord en notre propre nom.

Bien sûr que oui. Et c'est là un instinct fondamental programmé tout au long de la vie. C'est le Principe de Vie de la Durabilité qui s'exprime ainsi. L'intérêt personnel passe avant tout. Et c'est bien ainsi.

Alors, je ne comprends pas. Je suis vraiment confus. Si l'intérêt personnel passe avant tout, et que c'est *bien* ainsi, alors tout le reste de ce que tu as dit tombe à l'eau.

Seulement si tu as une définition très limitée du Soi. Nous revenons ainsi à notre point de départ. Ce sont vos fausses croyances qui limitent votre définition du Soi. Lorsque vous considérez que le Soi inclut tous les autres, votre définition de l'intérêt personnel s'élargit – et le monde change du jour au lendemain.

Au tout début de cette conversation, je t'ai dit que le problème auquel est actuellement confronté le monde était facile à résoudre. La réponse est évidente. Il vous suffit d'élargir votre définition du «Soi».

À présent, vous êtes à même de comprendre encore plus cette affirmation.

Étendre notre définition du «Soi»? C'est aussi simple que cela?

Oui, vraiment. Lorsque vous croirez que votre Soi ne fait qu'Un avec tous les autres, vous abandonnerez vos comportements autodestructeurs. Lorsque vous croirez ne faire qu'Un avec Dieu, vous créerez de nouveaux comportements, de nouvelles façons d'*être* qui changeront votre vie et votre monde à jamais.

Les Nouvelles Révélations que je vous ai données ici peuvent servir à catalyser l'élargissement de votre conscience et à vous ouvrir à une conscience qui vous permettra d'étendre votre définition du Soi.

Oui, je vois. Ces Nouvelles Révélations semblent tellement *rédemptrices*, puisqu'elles nous délivrent du mal, nous rappelant que le royaume, la puissance et la gloire nous *appartiennent* à jamais. Elles nous libèrent de la peur et nous permettent d'aimer à nouveau. D'aimer Dieu à nouveau et de nous aimer les uns les autres. Elles nous redonnent à nous-mêmes. Nous pouvons *nous* aimer à nouveau. Et la vie. Et oui, même la mort.

À présent, vous pouvez croire l'incroyable : que Dieu ne vous veut que du bien. Vous pouvez cesser de le craindre. Vous n'avez jamais eu à le faire, et n'aurez jamais plus à le faire non plus. Vous *pouvez* avoir une conversation avec Dieu. Vous tous. N'importe quand. Vous *pouvez* entretenir une amitié avec Dieu. Vous tous. Chaque jour. Vous *pouvez* vivre en communion avec Dieu. Vous tous. À chaque instant.

Vous pouvez enfin abandonner la pensée que Dieu *veut* vous voir souffrir... que la souffrance est *bonne*... que vous *n'êtes pas censés être heureux*.

Mais que dire de l'épître de saint Jacques, chapitre 4, verset 8, dans le Nouveau Testament? On peut y lire ceci:

« Purifiez vos mains, pécheurs ; sanctifiez vos cœurs, gens à l'âme partagée. Voyez votre misère, prenez le deuil, pleurez. Que votre rire se change en deuil et votre joie en tristesse. Humiliez-vous devant le Seigneur et il vous élèvera. »

J'en parlais plus tôt. C'est la religion du manque d'estime de soi. Si vous voulez vivre dans la paix et l'harmonie, c'est l'une des religions à réformer.

Je ne veux pas que votre rire tourne à la peine, ni votre joie à la tristesse. Pourquoi donc le voudrais-je? Il y a là une légère erreur. Jacques était trop zélé sur ce point.

Et saint Pierre était-il lui aussi dans l'erreur? Il a dit, dans son épître I, chapitre 4, verset 19:

« Ainsi, que ceux qui souffrent selon le vouloir divin remettent leurs âmes au Créateur fidèle, en faisant le bien. »

Oui, c'était une erreur, là aussi. Ma volonté n'est pas de vous voir souffrir.

Mais le *Coran* rapporte aussi que c'est *la volonté d'Allah* que certains soient amenés à la connaissance et à la vérité et d'autres non, et que ces derniers en souffrent.

Ces textes sacrés sont fautifs. C'est aussi simple que cela. Il est temps que vous abandonniez certaines des pensées que vous avez gardées à propos de ce que je veux de votre part. Et l'une des idées les plus importantes que vous devriez abandonner, c'est celle que je veux vous voir tuer des gens pour moi.

Mais il est difficile de croire que Dieu n'ordonne pas cela. Surtout lorsqu'on lit des passages dans tous nos textes sacrés. Prends celui-ci, tiré de la Bhagavad-Gita, par exemple. La Gita est aussi un livre de dialogues, dans lequel Arjuna (qui, en un sens, représente M. Tout-le-monde) entretient une conversation avec son Dieu, le Seigneur Sri Krishna. Dans l'extrait qui suit, Arjuna s'adresse à Krishna à la veille d'une bataille et lui demande comment le meurtre peut être justifié.

Écoute les réponses du Seigneur Krishna...

ARJUNA : Je ne vois pas l'utilité de tuer mes parentés dans cette guerre.

Je ne désire pas la victoire, ni les plaisirs, ni royaume, O Krishna.

Hélas ! Nous sommes prêts à commettre un grand péché, en cherchant à massacrer nos proches par convoitise du plaisir de la royauté.

KRISHNA : Ne te laisse pas aller à la couardise, O Arjuna, car cela ne te convient pas. Chasse cette faiblesse insignifiante de ton cœur et lève-toi pour le combat, O Arjuna.

Le Seigneur Krishna lui explique ensuite que l'âme ne meurt jamais. Que, par conséquent, «l'Esprit qui demeure dans le corps de tous les êtres est éternellement indestructible». En d'autres mots, tu peux aller tuer le corps «sans pleurer».

Crois-tu cela ?

Je crois la partie qui dit que l'âme ne peut mourir. Je n'accepte pas comme une vérité que cela me donne la permission de tuer sans pleurer.

Pourquoi pas ?

Parce que ce n'est pas qui je suis ni qui je choisis d'être. Parce que je voudrais aider à créer un monde différent.

Je vois.

La plupart des gens le veulent.

Tu as raison, ils le veulent.

Mais ils ne savent pas comment passer de l'endroit où ils sont à leur destination.

Tu peux les aider. Vous pouvez tous vous aider mutuellement. Reconstruisez votre monde à neuf. Travaillez ensemble à créer une nouvelle réalité. D'abord intérieure, puis extérieure.

Commencez là où la race humaine aurait eu avantage à commencer il y a longtemps. N'essayez pas de changer vos comportements ; cherchez à changer vos croyances. Ce sont elles qui parrainent vos comportements et les font se répéter sans fin.

J'ai saisis. Maintenant, je comprends. Et j'ai vu, grâce à cette conversation, quelles croyances en particulier engendrent le plus de comportements autodestructeurs. Ce sont celles que je vais examiner très attentivement. Celles que je vais changer.

Bien. Car tu dois les changer, si tu fais vraiment les choix que tu exprimes, c'est-à-dire vivre longtemps, en santé et heureux, en paix et en harmonie avec les autres ; si tu choisis la survie de l'humanité.

Votre espèce est maintenant en train de décider, par ses actions, à chaque heure de chaque jour, si elle survivra à son adolescence et passera à la maturité de l'âge adulte, croissant dans la compréhension et finissant par rejoindre les autres espèces hautement évoluées de l'univers, ou si elle se dirigera vers l'extinction.

Chaque instant, vous prenez une décision ayant trait à la vie ou à la mort. Choisissez-vous de vivre plus longtemps ou de mourir plus vite ?

Lorsque vous fumez une cigarette, choisissez-vous de vivre plus longtemps ou de mourir plus vite ?

Lorsque vous mangez ce gros morceau de viande rouge à chaque repas, choisissez-vous de vivre plus longtemps ou de mourir plus vite ?

Lorsque vous passez des jours, des semaines et des mois sans le moindre exercice physique, choisissez-vous de vivre plus longtemps ou de mourir plus vite ?

Lorsque vous vous usez à travailler dix, douze et quatorze heures par jour, sans garder de temps pour un peu de folie, une soirée de plaisir, un moment de rire – pas même pour une accolade, un câlin ni aucune intimité réelle avec ceux qui le voudraient autour de vous –, choisissez-vous de vivre plus longtemps ou de mourir plus vite ?

Lorsque vous vous querellez et argumentez avec votre famille et vos voisins à propos de questions qui ne veulent absolument rien dire à long terme, choisissez-vous de vivre plus longtemps ou de mourir plus vite ?

Lorsque vous êtes en dispute ou en guerre avec d'autres pays par rapport à des questions qui pourraient être résolues avec juste un peu de compromis et de confiance (une volonté de pardonner le passé et une conscience que la seule façon de créer un avenir viable est de le créer ensemble), choisissez-vous de vivre plus longtemps ou de mourir plus vite ?

Lorsque vous insistez pour continuer à croire, comme s'ils étaient vrais, les doctrines et les dogmes qui vous tuent, choisissez-vous de vivre plus longtemps ou de mourir plus vite ?

À partir des moindres décisions quotidiennes aux décisions plus grandes qu'affronte à présent la race humaine, choisissez-vous de vivre plus longtemps ou de mourir plus vite ?

Le choix est toujours le même : vivre plus longtemps, ou mourir plus vite.

Bien sûr, comme je vous l'ai répété maintes fois, la mort n'existe pas. Ce mot est employé ici dans le contexte dans lequel vous l'avez compris. Il signifie la fin de la vie telle que vous l'avez connue, individuellement et collectivement.

Dans le contexte de l'aventure humaine, quelle sera l'expérience de la vie ? En effet, que seront les humains ? Existeront-ils toujours ?

Shakespeare, votre merveilleux écrivain, l'a exprimé parfaitement :

Être ou ne pas être ?
Voilà la question.

28

À présent, apportez ce message au monde. Portez-le à tous ceux dont vous rejoignez la vie à travers la vôtre.

Je m'adresse maintenant à toute l'humanité : marchez dans l'exubérance et la joie, car votre période la plus extraordinaire se trouve devant vous.

L'occasion est merveilleuse et votre potentiel, illimité. Le défi est grand, mais vos habiletés, vos capacités et vos ressources sont plus grandes encore.

Chaque fois que vous avez eu confiance en vos capacités et utilisé le maximum de vos talents, n'avez-vous pas toujours eu le dessus ? Bien sûr, et vous pouvez gagner à nouveau. Et en ayant le dessus, vous pouvez *sauver* la situation pour vos proches et tous ceux qui suivront votre séjour sur terre.

Vous le pouvez en suscitant vos idéaux les plus élevés et en les appliquant dans votre expérience quotidienne, en rassemblant vos pensées les plus grandioses et en les changeant en réalités vivantes, en vous armant de votre courage et de votre plus grande force et en les mettant à la disposition de chacun.

Vous pouvez le faire en partageant votre amour, votre compassion, votre sagesse et votre abondance.

Prenez librement ce qu'on vous a donné. À présent, donnez librement.

Oh, mes merveilleux amis, comme chaque pièce s'éclaire lorsque vous entrez avec votre sourire et que vous faites don du merveilleux être que vous êtes! Comme les vies que vous rejoignez sont guéries lorsque vous les touchez avec la gloire de votre être le plus élevé, reflétant sur elles la gloire de leur être le plus élevé! Comme le monde change lorsque vous vivez à votre manière, en proposant un monde possible par votre seul état d'être!

Pour créer la vie que vous désirez pour vous-mêmes et pour tous les autres, il reste à accomplir certaines grandes choses. La bonne nouvelle, c'est qu'il suffit de petites choses pour y arriver.

Un sourire. Un toucher. Un rire. La décision de pardonner. La volonté de partager.

La capacité de pleurer – et d'entendre les pleurs des autres.

L'amour de la vie. La confiance en Dieu. L'acceptation mutuelle.

Le choix de vivre dans l'union.

La détermination d'oser.

Voilà des choses dont vous êtes capables. Voilà des choses que vous avez tous déjà faites. Refaites-les, maintenant, toujours, et vous ne serez qu'à un pas du paradis.

N'est-ce pas merveilleux? N'est-ce pas inspirant? Avec ces simples outils de la vie, vous pouvez *changer* votre vie. Avec la sagesse de votre âme, vous pouvez re-créer votre monde à neuf.

J'ai dit que c'était une époque cruciale, et c'est bel et bien le cas. J'ai dit que c'était une époque décisive, et c'est bel et bien le cas. J'ai dit que dans le passé, beaucoup d'humains avaient refusé de changer, d'avancer, de se décoincer. Ils se sont coincés dans leurs méthodes désuètes et les vieilles croyances sur lesquelles ils s'appuyaient. Mais c'est l'aube d'un nouveau jour et vous pouvez contribuer à sa naissance.

Car tout ce que j'ai dit du passé deviendra une *partie* du passé, dès que vous déciderez que *c'est vous, l'avenir*. Que dans votre esprit repose la sagesse, dans votre cœur l'amour, et dans votre âme la vérité qui libérera votre monde.

Car vous *êtes* tous la sagesse, l'amour et la vérité nécessaires à tout moment pour que celui-ci soit guéri.

Votre vie et votre monde *peuvent* être guéris, un instant à la fois. Par chacun de vous.

En fait, c'est l'unique moyen d'y arriver.

Allez, maintenant, et accomplissez ce travail joyeux. Soyez dès à présent mes messagers. Prenez mes Nouvelles Révélations et implantez-les fermement dans votre esprit, au plus profond de votre cœur, et à jamais dans votre âme.

Je vous laisse ces paroles, je vous offre ces cadeaux. Ils peuvent changer à jamais votre monde.

1. Dieu n'a jamais cessé de communiquer directement avec des humains. Depuis le début des temps, il communique avec et à travers eux. Il le fait encore.

2. Tout être humain est aussi exceptionnel que tous ceux qui ont vécu, vivent à présent ou vivront un jour. Vous êtes tous des messagers. Chacun d'entre vous. Vous portez un message à la vie *à propos de* la vie, chaque jour, à chaque heure ou instant.

3. Aucune voie menant à Dieu n'est plus directe qu'une autre. Aucune religion n'est la « seule véritable », aucun peuple n'est « le peuple élu » et aucun prophète n'est « le plus grand ».

4. Dieu n'a besoin de rien. Dieu n'exige rien pour être heureux. Dieu *est* le bonheur *même*. Par conséquent, il n'exige rien de quiconque ni de quoi que ce soit dans l'univers.

5. Dieu n'est pas un Super Être singulier habitant quelque part dans l'univers ou à l'extérieur, ayant les mêmes besoins émotionnels et étant sujet aux mêmes tourments émotionnels que les humains. Ce Qui Est Dieu ne peut être aucunement terni ni perturbé et n'a donc aucun besoin de vengeance ni de punition.

6. Toutes choses ne font qu'Une. Il n'y a qu'Une chose, et tout fait partie de La Seule Chose Qui Soit.

7. Le bien et le mal n'existent pas. Il n'y a que Ce Qui Fonctionne et Ce Qui Ne Fonctionne Pas, selon ce que vous cherchez à être, faire ou avoir.

8. Vous n'êtes pas votre corps. Vous êtes sans limites et sans fin.

9. Vous ne pouvez mourir et ne serez jamais condamnés à la damnation éternelle.

Ces affirmations sont vraies. Ces révélations sont réelles. Elles peuvent servir de base, si vous le voulez, à une Nouvelle Spiritualité. Mais tout d'abord, tournez-vous vers la vérité, la sagesse et l'amour de votre être. Qu'ils vous servent de baromètres. Qu'ils vous servent d'étalons de mesure.

Rappelez-vous que votre plus grand outil pour créer non seulement une nouvelle spiritualité, mais tout un nouveau monde, c'est la vie telle que vous la vivez.

Utilisez les moments de votre vie pour démontrer votre propre vérité ultime, pour offrir votre propre amour authentique et guérir les blessures que vous et les autres vous êtes infligées.

Vous n'avez pas à vivre ainsi. Les humains sont capables de vivre ensemble dans la paix et l'harmonie. Mais certains doivent décider de montrer la voie. Certains doivent déclarer par leur vie qu'ils *sont* la voie. Certains doivent choisir d'être le premier domino.

Je vous invite à faire ce choix. Je vous invite à *faire des instants de votre vie...*

... les Nouvelles Révélations.

EN TERMINANT...

Les pages de ce livre extraordinaire nous ont donné toute l'information nécessaire pour changer nos vies et guérir notre monde. Une question demeure toutefois : Choisirons-nous de le faire ?

À présent, l'humanité a besoin d'aide. Dieu nous en a fourni, mais l'aide doit désormais venir de vous.

Oui, c'est à vous, maintenant.

Vous et moi.

Nous devons nous joindre aux autres – les politiciens et les économistes, les industriels et les cadres, les chefs religieux et tous ceux que nous avons « tenus responsables » dans le passé. Nous devons nous joindre à eux pour les aider à voir quel genre de monde nous voulons vraiment créer, car ils n'ont pas produit, jusqu'ici, les résultats que nous disons tous désirer. Notre monde est encore au bord de la catastrophe planétaire, et il se *rapproche*, au lieu de s'éloigner, de l'autodestruction.

Nous ne pouvons plus ignorer que les réalisations de nos chefs et de nos institutions sociales *ne fonctionnent pas*. Regardez autour de vous. Des entreprises géantes s'effondrent sous le poids de leur comptabilité truquée. Des Églises ont perdu toute crédibilité à cause de leur propre hypocrisie éhontée. Des armées de milliers de soldats et des budgets militaires de milliards de dollars sont devenus inutiles devant une demi-douzaine de gens qui n'ont pas peur de mourir. Et le système politique apparemment le plus juste et le plus démocratique du monde ne peut mener à bien une élection présidentielle.

Il appartient donc aux gens ordinaires n'ayant aucun titre de faire partie de l'équipe. De *mener* l'équipe. Nous allons devoir nous y mettre avec les autres, prendre le leadership, en reconstruisant notre monde, une personne à la fois, une famille, un village, une ville, un État, un peuple – une *idée* et un *instant* – à la fois.

Nous avons trop attendu. Chacun de nous doit se mettre à la tâche de changer l'idée dominante de qui nous sommes en relation les uns avec les autres, et de la vraie nature de la vie.

Ce livre nous donne les outils pour y arriver. Il suffit de s'engager. Nous devons nous soucier. Oser. Nous devons partager.

Nous devons nous soucier d'être à notre meilleur.

Nous devons oser l'être maintenant.

Nous devons partager suffisamment pour rejoindre le monde entier, chacun à notre façon, avec l'éclatante lumière de notre amour et la vérité de qui nous sommes vraiment et de qui nous choisissons d'être.

Nous avons besoin, à présent, d'une nouvelle idée pour l'humanité, sur l'humanité même. D'une idée qui pourrait créer un changement énorme et durable dans notre vision et notre expérience de nous-mêmes, et dans nos vies.

La difficulté, c'est que bien des gens ne *veulent* pas changer. Certains ne croient pas le changement possible, tandis que d'autres ne croient pas que l'humanité affronte un véritable péril. Et d'autres encore ne semblent tout simplement pas avoir la volonté de faire ce qu'il faut pour donner lieu à une différence. Mais un âge d'or de paix est à notre portée. Tout ce qui manque, c'est la volonté de le créer.

Tout se crée avec trois outils de base : la Compréhension, la Capacité et la Volonté. Au moins, nous avons la Compréhension et la Capacité. La Volonté est l'élément final de tout processus de choix. C'est l'ultime outil de création. Qui veut peut. Sans volonté, nous ne pouvons rien.

Debout devant un auditoire à Zurich, au printemps 2002, j'ai parlé de la résistance humaine au changement, même lorsque l'absence de changement peut entraîner des résultats potentiellement désastreux.

« Nous voulons dans cette vie nous accrocher à nos croyances, à nos préjugés et à nos comportements anciens, et nous ne voulons pas les changer, ni même les voir sérieusement remis en question, même si nous disons demander un monde différent. Même si la solution se trouvait devant nous, la plupart d'entre nous ne pourraient en profiter.

« Nous ne voulons pas changer ni lâcher prise. Nous voulons que tous les autres changent. Que le monde change, mais pas NOTRE monde.

« Mais si nous voulons que le monde change, nous devrions chercher les contradictions frappantes dans nos propres comportements.

« Je ne suis pas différent de vous. Pas plus que vous, je n'ai corrigé mes comportements d'autosabotage les plus graves. Ce n'est donc pas "l'hôpital qui se moque de la charité". Je suis comme vous. Mais je le sais. Si nous ne nous aidons pas les uns les autres, si nous ne nous soutenons pas mutuellement, ne nous mettons pas au défi, ne nous soulevons pas pour accéder à un nouveau plan de conscience, mes amis, nous allons tous tomber ensemble.

«Et je ne veux pas que cela nous arrive. Nous pouvons faire mieux. Nous pouvons changer notre vie et notre monde, mais... *nous devons désirer profondément de le faire.* Et nous devons nous engager à commencer ici même et non «là-bas» où se trouve cette autre personne.

«Alors, je vous mets au défi de me lancer un défi. Chaque fois que vous me verrez me conduire d'une façon qui n'est pas à la hauteur de ce que vous savez de moi, ou qui m'apporte des résultats que, vous le savez, je ne veux pas, dites-le-moi.

«Pas en critiquant. Pas avec colère, mais avec amour.

«Dites tout simplement: "Je sais que ce n'est pas qui tu es. Je sais que ce n'est pas ton choix véritable. Et j'aimerais te redonner à toi-même".

«Alors, donnez-moi la permission de faire de même pour vous.

«Si nous faisons cela les uns pour les autres, *the sky is the limit.* »

Et maintenant, ô lecteurs, je vous dis la même chose.

Réveillons-nous mutuellement. Mettons fin à notre long cauchemar planétaire. Soyons le phare qui éclaire le chemin lorsque les autres se perdent. Soyons les messagers de la lumière. Soyons le Premier Domino.

Comme l'explique ce livre, nous serons plus efficaces lorsque nous choisirons de nous y mettre ensemble, en tant que collectif. Il y a bien des moyens d'y arriver. L'un d'eux pourrait être de vous joindre à la fondation Conversations with God, notre organisation éducative sans but lucratif, en tant que partenaires dans une création conjointe.

La Fondation a pour mission d'inspirer les gens de partout à *être le changement qu'ils veulent voir*. Notre désir est de rendre le message de *CAD* accessible et compréhensible de la façon la plus rapide et au plus grand nombre.

La fondation Conversations with God offre des livres, des cassettes audio et vidéo, des cours interactifs en ligne et par courriel, et d'autres contenus éducatifs, en plus des cours, des retraites et des séminaires.

Si vous êtes aussi enthousiastes que nous à propos de ce livre, et si vous croyez qu'il serait utile au monde entier d'attirer l'attention du plus grand nombre de gens possible sur ce contenu, vous voudrez peut-être jouer un rôle personnel dans la création de ce résultat. Notre campagne *Inspire the world* vous offre une chance de le faire directement, en partageant, en partenariat avec nous, vos talents, votre temps, votre énergie et vos ressources. Il y a beaucoup à faire.

Pour en savoir plus, allez à l'adresse **www.inspire theworld.com**, qui vous amènera directement à la page de la campagne sur notre site Web principal. Si vous n'avez pas accès à Internet, vous pouvez joindre le bureau de la Fondation à cette adresse :

The Conversations with God Foundation
PMB #1150, 1257 Siskiyou Blvd.
Ashland, Oregon 97520, USA
Tél. : 541-482-8806

Notre Fondation gère aussi un répertoire mondial et un réseau de gens et d'organisations qui cherchent à se relier à d'autres pour renouveler leur énergie dans leur travail d'élévation et d'amélioration de toute la vie sur cette planète en étant le changement qu'ils veulent voir. Pour vous brancher à ce réseau, allez à **www.beingthechange.net**.

Si vous vous sentez personnellement appelés à explorer activement un partenariat avec nous, notre site Web principal vous offre une information complète sur qui nous sommes et ce que nous faisons, de même que des occasions supplémentaires d'apprentissage et d'études, si vous choisissez d'approfondir l'extraordinaire matériel de la série de livres *Conversations avec Dieu*. Cette offre comprend un cours interactif par courriel de seize semaines et un cours sur *Les Nouvelles Révélations* que vous pouvez suivre à votre propre rythme, pour vous permettre d'intégrer ses puissants messages dans votre vie quotidienne. Vous pouvez avoir un accès immédiat à tout cela et nous rejoindre directement à notre principale adresse Internet, **www.cwg.org**.

Je suis très reconnaissant que vous ayez été attirés par ce livre et que vous ayez choisi de le lire jusqu'à la fin. Même si vous et moi ne nous accordons pas sur la façon d'arriver à un lendemain meilleur, nous pouvons au moins savoir que nous recherchons le même but. Partager un but, c'est le commencement de l'unité – et l'unité d'intention peut guérir le monde.

La vie procède de nos intentions à son égard, et je sais que si le monde change, ce sera grâce à vous et à d'autres comme vous qui choisissent de faire une différence dans leur vie quotidienne.

Puissiez-vous vivre en abondance les bénédictions de Dieu et les partager avec tous ceux dont vous rejoignez la vie.

Neale Donald Walsch
Londres
15 avril 2002

VIVRE INSPIRÉ

Partageons la lumière, restons en contact nous dit Neale. Où que vous soyez vous n'êtes pas seul.

Abonnez-vous à VIVRE INSPIRÉ. Le chemin le plus direct en français, en vous, l'auteur et votre démarche – alimentez votre propre conversation avec Dieu

Vivre inspiré est un livret riche de textes et de réflexions, déposé tous les mois dans votre courriel. En guise de remerciement obtenez gratuitement tous les trimestres CONVERSATIONS un supplément plus volumineux encore. Ou partagez votre joie avec un abonnement gratuit.

ABONNEZ-VOUS DÈS AUJOURD'HUI. Lisez tous les détails sur notre site français :

http://www.conversationsavecdieu.com

Un trésor d'informations sur l'auteur, son travail de lumière à l'échelle planétaire, le matériel disponible en français à ce jour, comment prendre contact avec nous, etc. Visitez le site

http://www.conversationsavecdieu.com souvent et créez votre vie.

Yves Groleau

**Quelques exemples
de livres d'éveil publiés
par Ariane Éditions**

Anatomie de l'esprit
Marcher entre les mondes
L'effet Isaïe
L'ancien secret de la Fleur de vie, tomes 1 et 2
Les enfants indigo
Célébration indigo
Aimer et prendre soin des enfants indigo
Le futur de l'amour
Série *Conversations avec Dieu*, tomes 1, 2 et 3
L'amitié avec Dieu
Communion avec Dieu
Questions et réponses au sujet de Conversations avec Dieu
Moments de grâce
Le pouvoir du moment présent
Mettre en pratique le pouvoir du moment présent
Le futur est maintenant
Sur les ailes de la transformation
L'amour sans fin
Le retour
Série Soria :
Les grandes voies du Soleil
Maîtrise du corps ou Unité retrouvée
Voyage
L'Être solaire
Série Kryeon :
Graduation des temps
Allez au-delà de l'humain
Alchimie de l'esprit humain
Partenaire avec le divin
Messages de notre famille
Franchir le seuil du millénaire
Un nouveau départ

Transcontinental
IMPRESSION
IMPRIMERIE GAGNÉ